元江县羊街乡
语言使用现状及其演变

The *Status Quo* and Evolution of Language Use in Yangjie of Yuanjiang County

戴庆厦　主编　　白碧波　副主编

Edited by
Dai Qingxia and Bai Bibo

作者　戴庆厦　　白碧波　　常俊之
　　　赵　敏　　赵燕珍　　杨　艳
　　　季红丽　　白居舟　　普亚强
　　　朱茂云　　白岩松

Authors　　Dai Qingxia　　Bai Bibo　　Chang Junzhi
　　　　　Zhao Min　　　Zhao Yanzhen　Yang Yan
　　　　　Ji Hongli　　　Bai Juzhou　　Pu Yaqiang
　　　　　Zhu Maoyun　　Bai Yansong

商務印書館
The Commercial Press
2009 年 · 北京

图书在版编目(CIP)数据

元江县羊街乡语言使用现状及其演变/戴庆厦主编. —北京:商务印书馆,2009
（新时期中国少数民族语言使用情况研究）
ISBN 978-7-100-06603-7

Ⅰ.元… Ⅱ.戴… Ⅲ.哈尼语－语言调查－调查研究－元江县 Ⅳ.H254

中国版本图书馆 CIP 数据核字(2009)第 034497 号

所有权利保留。
未经许可,不得以任何方式使用。

YUÁNJIĀNGXIÀN YÁNGJIĒXIĀNG YǓYÁN SHǏYÒNG XIÀNZHUÀNG JÍQÍ YǍNBIÀN
元江县羊街乡语言使用现状及其演变
戴庆厦　主编

商 务 印 书 馆 出 版
（北京王府井大街36号　邮政编码 100710）
商 务 印 书 馆 发 行
北京瑞古冠中印刷厂印刷
ISBN 978-7-100-06603-7

2009年9月第1版　　　开本 787×960 1/16
2009年9月北京第1次印刷　印张 14½　插页 4
定价:34.00元

调查组成员在羊街乡

目　录

第一章　绪论 ·· (1)
　第一节　选题说明 ·· (1)
　第二节　羊街乡概况 ··· (3)
　第三节　羊街乡各民族及其语言使用概况 ·· (7)

第二章　羊街乡哈尼族语言使用现状 ·· (11)
　第一节　聚居区的语言使用情况 ·· (11)
　第二节　杂居区哈尼族语言使用情况 ·· (45)

第三章　羊街乡拉祜族（苦聪人）语言使用现状 ································· (56)
　第一节　羊街乡拉祜族（苦聪人）概况 ·· (56)
　第二节　拉祜族（苦聪人）保存母语的状况及成因 ·························· (57)
　第三节　汉语使用情况 ··· (61)
　第四节　哈尼语使用情况 ·· (63)

第四章　羊街乡中梁子彝族语言使用现状 ·· (78)
　第一节　中梁子彝族的语言转用 ·· (78)
　第二节　中梁子彝族的语言兼用 ·· (91)

第五章　羊街乡各民族的语言关系 ·· (96)
　第一节　羊街乡的不同语言存在功能差异 ······································· (96)
　第二节　羊街乡各民族语言的和谐发展 ·· (101)
　第三节　羊街乡哈尼语的语言接触关系 ·· (104)

第六章　小结与预测 ··· (126)

附录 ·· (129)
　一　访谈录 ·· (129)

二　田野调查工作日志 …………………………………………………（148）
三　哈尼语词汇 ………………………………………………………（153）
四　照片 ………………………………………………………………（224）

参考文献 ………………………………………………………………（225）

后记 ……………………………………………………………………（226）

Contents

Chapter 1   Introduction .... (1)

1.1   A brief account of the program .... (1)

1.2   A survey of Yangjie in Yuanjiang .... (3)

1.3   A survey of nationalities in Yangjie and its language use .... (7)

Chapter 2   The *Status Quo* of Use of Hani in Yangjie .... (11)

2.1   The use of languages in the Hani communities .... (11)

2.2   The use of languages in the Hani communities and other nationalities .... (45)

Chapter 3   The *Status Quo* of Use of Lahu (Kucong) in Yangjie ...... (56)

3.1   A brief introduction to Lahu (Kucong) people in Yangjie .... (56)

3.2   The conservation of Lahu (Kucong) language and its reasons ..... (57)

3.3   The use of Chinese .... (61)

3.4   The use of Hani .... (63)

Chapter 4   The *Status Quo* of Use of Yi in Zhongliangzi of Yangjie ... (78)

4.1   The language shift in Zhongliangzi of Yangjie .... (78)

4.2   The bilingualism in Zhongliangzi of Yangjie .... (91)

Chapter 5   The Language Relationships among Nationalities in Yangjie ...... (96)

5.1   Functional differences among languages in Yangjie .... (96)

5.2   The harmonious development of languages in Yangjie .... (101)

5.3   Linguistic contacts of Hani in Yangjie .... (104)

Chapter 6   Brief Summary and Prediction .... (126)

Appendices ·· (129)
   1 Interviews ·· (129)
   2 The Journal of Investigation ·· (148)
   3 Hani Words ·· (153)
   4 Photographs ·· (224)

References ·· (225)

Postscript ·· (226)

第一章 绪论

第一节 选题说明

一 选题目的

本书记录、分析、论述的对象是云南省元江哈尼族彝族傣族自治县羊街乡各民族的语言使用现状及其演变，目的是为我国语言国情调查提供一份新的语料。

语言国情调查是我国语言工作的一个重要部分，具有重要的理论价值和应用价值。语言国情调查，能够为我们认识语言的现状、演变规律，以及制定语言政策、解决语言使用问题提供理论依据。由于我国的民族成分多、分布广，各地民族语言的使用情况存在差异，因而语言国情调查应该选择不同类型进行，从而具有广泛性。

羊街乡是一个以哈尼族为主体的多民族聚居乡，除哈尼族外还有汉族、彝族、拉祜族（苦聪人）等民族。① 其语言使用复杂，具有不同于其他地区的特点，在我国语言关系中是一种类型。羊街乡既有聚居的语言，如哈尼语；又有杂居的语言，如彝语、苦聪话；既有语言兼用，如拉祜族（苦聪人）兼用汉语和哈尼语；又有语言转用，如彝族已大部转用汉语；既有兼用一种语言的，如大部分哈尼族只兼用汉语；又有兼用两种语言的，如拉祜族（苦聪人）普遍兼用汉语和哈尼语。

本课题的目的是在深入、微观地调查羊街乡各民族语言使用情况的基础上，论述为什么有的语言能够长期稳定使用，其条件是什么；为什么有的民族出现了语言转用，是由什么因素决定的；为什么不同民族之间语言兼用出现差异，其原因是什么。

鉴于以上目的，我们中央民族大学"985 工程创新基地"《元江县羊街乡语言使用现状及其演变》调查组，于 2007 年 11 月至 2008 年 3 月，开展了羊街乡各民族语言使用现状及其演变的调查研究。我们亲赴羊街乡哈尼族、彝族、拉祜族（苦聪人）居住的村寨做田野调查，走访了 15 个有代表性的村寨。在调查中，我们力求获得第一手材料，从材料中总结理论。我们希望这份调查成果有助于认识我国民族语言的演变发展及其相互关系，能够为构建我国多民族的语言和谐提供理论参考。

---

① 苦聪人 1985 年划归拉祜族。其语言归属尚有不同意见，本书均称为"苦聪话"。

二　调查设计

（一）选点依据

我们根据民族、聚居、杂居等不同类型,从羊街乡6个村委会,54个村民小组中选出15个较有代表性的村寨,进行穷尽式调查。本次调查详细了解了羊街乡3292人的语言使用情况,调查所涉及的人口占羊街乡总人口的18.5%。所选村寨及其类型列出如下:

1. 哈尼族聚居、周围均为哈尼族聚居的村寨:党舵村委会伙甫寨、戈垤村委会搓塔旧寨、昆南寨,坝木村委会田房寨,垤霞村委会帕罗寨、阿寺党寨。

2. 哈尼族聚居、周围有其他民族聚居的村寨:羊街村委会新村寨,党舵村委会党舵寨,朗支村委会孟义寨。

3. 哈尼族与拉祜族(苦聪人)杂居的村寨:党舵村委会的坡头寨。

4. 汉族、彝族、哈尼族杂居的村寨:朗支村委会勾着寨。

5. 汉族聚居、周围有哈尼族聚居的村寨:羊街村委会沙梏寨,坝木村委会东瓜林寨。

6. 彝族与汉族杂居的村寨:朗支村委会中梁子寨。

7. 拉祜族(苦聪人)聚居、周围有哈尼族聚居的村寨:党舵村委会烧灰箐寨。

（二）调查方法

我们主要采用个案调查法。先根据各村民小组提供的"人口统计表",将每户家庭的"姓名、出生年月、民族、家庭成员、文化程度"等项目逐一输入电脑,然后请各村领导和村民提供每个家庭各个成员的第一语言、第二语言和第三语言使用情况,然后入户进行核实。

为了全面掌握羊街乡各民族的语言观念、家庭内部和不同场合、面对不同对象所使用语言的真实情况,我们还发放了大量的调查问卷。为掌握羊街乡各民族的实际语言能力,我们使用"400词测试表"对羊街乡各民族的母语能力及第二语言能力进行测试。此外,我们还分头到学校、机关、集市等单位进行调查,并走访了村民、村干部、公务员、教师、学生等各方面有代表性的人物。

我们以社会语言学的研究方法为主,此外还综合运用民族学、人类学、文化学、统计学的知识和方法,对个案进行综合分析。试图通过不同学科的知识和方法的有机结合,对调查对象进行全面的统计与分析,在综合分析的基础上,力求得出科学的结论。

（三）调查步骤

此次调查大致可分为三个阶段:

1. 准备阶段（2007.11.1—12.25）。搜集、了解与课题相关的地理、历史、人口、民族分布等资料,对元江县羊街乡人文、社会概况做大致了解。制订相应调查计划,设计调查问卷和调查表。

2. 田野调查阶段(2007.12.26—2008.1.12)

(1) 入户调查(2007.12.26—2008.1.11)。深入羊街乡各村寨访谈，详细了解村民语言使用情况并做记录。走访学校、机关等单位，积累大量的第一手原始材料。

(2) 整理分析材料阶段(2008.1.6—1.12)。对调查、收集到的材料进行整理分析，并在此基础上拟定写作提纲。

3. 成书阶段(2008.1.13—2.27)。依照写作提纲，完成初稿。对缺少的材料进行补充，对文字加以润色。最后统一体例，对注释、图表、标点符号等加以规范，设计封面。

(四) 几点说明

1. 关于语言能力等级的划分

本书对语言能力的等级划分仅从听、说两方面进行。在体现科学性的同时，充分顾及分类的可操作性。本书将语言能力分为四个等级："熟练"、"一般"、"略懂"和"不会"级。四个等级的划定标准为：

(1) 熟练：听、说能力俱佳，能在日常生活中自如运用。

(2) 一般：具备一定的听说能力，但在日常生活中不能自如运用。

(3) 略懂：具有部分交际能力，能听懂简单的会话，但不能自如运用。

(4) 不会：听、说能力较低或完全不懂，日常生活中不能使用。

2. 关于年龄段的划分

依据语言习得特点和实际语言使用情况，调查中将年龄段划分为三段：青少年段（6—19岁）；成年段（20—59岁）；老年段（60岁以上）。由于6岁以下儿童（0—5岁）的语言能力还不稳定，所以本书将调查对象的年龄划定在6岁（含6岁）以上。成年段年龄跨度40岁，实际上涵盖了青年、中年两大年龄段。虽然这两个年龄段跨度较大，但属于该年龄段的母语人语言能力已成熟、稳固，"代际差异"不明显，因而不做进一步的细化切分。

第二节 羊街乡概况

一 人口分布

羊街一带属元江境，两汉时期属益州郡。汉蜀西晋时期属兴古郡。东晋宋齐时期属梁水郡。唐属黎州地。宋大理国时期属威远治地。元朝属元江路，隶云南行省。明属元江军民府，隶云南布政司。清属元江府，后元江府改为元江直隶州，今羊街乡一带属元江直隶州。1913年（民国二年）设立中乡（今那诺乡、羊街乡及红河县境内的大羊街乡）。1922年羊街属第五区（猪街）。1939年设观音乡，辖羊街、党舵、坝木、垤霞、莫垤一带。1949年8月设立西南区辖新民区（羊街乡属新民区）。1950年9月设第七区,辖今羊街、那诺所属。1958年为羊街公社。1960年划归元江农场,设元江农场牛街片。1962年由元江农场划出与那诺公社合并,成立第四区。1970年第四区改称羊街公社。1981年再次恢复那诺公社,由朗支、党舵、羊街、垤霞、戈垤、坝木六个大队组成羊街公社。1984年5月改人民公社为区,设立羊街区,1988年改区为乡镇,乡辖55个自然社,1999年撤村建乡。

羊街乡现下辖6个村委会,53个自然村,54个村民小组。6个村委会以乡政府所在的羊街村委会为中心,北面有戈垤（又叫"锅底"）村委会、坝木村委会,南面有垤霞村委会,西南是党舵村委会,东南有朗支（又叫"郎支"）村委会,总人数17804人,共4045户。各民族人口分布如下：

表1-1 羊街乡各民族人口分布表

民族	人口	占全乡总人口百分比
哈尼族	15357	86.3
汉族	1914	10.8
彝族	307	1.7
拉祜族（苦聪人）	201	1.1

此外还有白族13人,傣族11人,苗族1人。

二 自然地理

羊街乡位于云南省玉溪市元江哈尼族彝族傣族自治县东南部,距乡政府西北10公里的观音山是当地哈尼族崇拜的圣山,其山腰草坪上逢农历属羊日赶集,因此而得名。乡政府驻地羊街村,距元江县城46公里。全乡土地总面积202.05平方公里,东西长17公里,南北宽13公里。元羊公路横穿全乡。羊街乡东北与澧江镇接壤,南与那诺乡和红河哈尼族彝族自治州的红河县毗连,西与因远镇隔清水河相望。其地理位置见图1-1（见下页）。

羊街乡位于北纬23°22′—23°31′,东经101°57′—102°8′之间,最高海拔2580米,最低海拔600米,呈立体气候,年平均气温18℃,年平均降雨量在1200毫米至2000毫米之间。低海拔地带年平均气温20℃,霜期少见,可种植双季稻、甘蔗、香蕉、芒果等热带、亚热带作物。高海拔地带年平均气温15℃,无霜期达9个月,适宜种植水稻、玉米、小麦、烤烟、茶叶等温带作物。全乡森林覆盖率达33%。境内山脉属哀牢山系,呈南北走向,主要有阿波里山、观音山、昆嵩山、牛街山。清水河、戈垤河（者嘎河）、南满河、昆洒河、昆嵩河等河流顺山势自西向东流入元江。全乡耕地面积25348亩（其中田8268亩,地17080亩）,主要分布于各河流之间。

羊街乡气候温和,雨量充沛,土地肥沃,水资源丰富,盛产稻谷、玉米、小麦、烤烟、甘蔗、茶叶等,历史上以盛产茶叶著称。

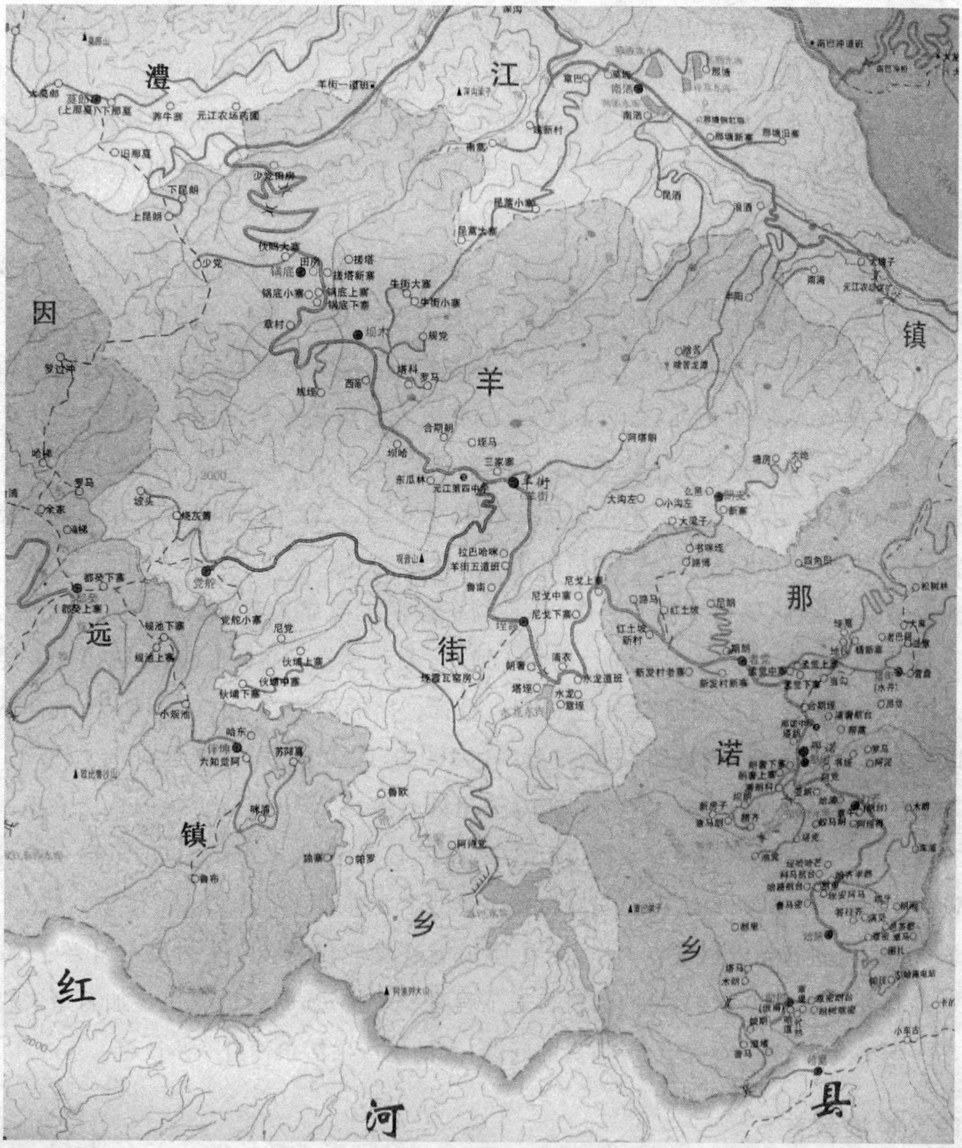

图 1-1

此外,羊街乡还有丰富的自然资源,素有"观音山前玉镜悬,倩影倒映水龙天"的美誉。境内与乡政府驻地毗连的观音山,被本地哈尼人尊为"阿布尼求"($a^{55}\,po^{55}\,mi^{31}\,tɕhv^{31}$,哈尼语,意为"祖先的宝地")。观音山主峰海拔2368.9米,孤峰独立,似笔插天,是哀牢山余脉之间的奇观。距羊街乡政府驻地18公里处的章巴老林是省级自然保护区,林中有黑叶猴、菲氏叶猴、豹、黑鹿、黑熊等20余种国家保护动物以及元江栲、云南樟、山樱桃、厚皮香等263种名贵珍稀植物。羊街乡东面的沙桔寨一带还蕴藏有优质红宝石矿。

三 经济状况

羊街乡是山区农业乡,经济发展滞后,农民生活比较贫困。全乡劳动力10321人,农业从业人员9193人,占全乡劳动力总人口的89.1%;工业从业人员59人,占全乡劳动力总人口的0.57%;批发、零售、住宿、餐饮等第三产业从业人员153人,占全乡劳动力总人口的1.48%。此外还有建筑业从业人员20人,从事交通、邮电、运输业62人。据2005年数据统计,全乡外出打工人员3009人,其中省外1147人。近年来,随着经济社会的发展和市场经济的带动,全乡外出打工人员也在逐渐增加。

粮食、烤烟、甘蔗、畜牧是羊街乡农民增收的重要来源。近年来,羊街乡提出了发展的"213"工作思路(即稳住粮食,抓死甘蔗和烤烟,大力发展蔬菜、畜牧和旅游业),以此来促进全乡经济全面发展。2007年人均有粮400公斤,每年均有粮食剩余。2007年农民烤烟收入1840万元,甘蔗收入1200万元,畜牧业收入1500万元。羊街乡的烤烟生产和甘蔗生产均居元江十个乡镇第三位。蔬菜是羊街乡农民增收的新亮点,2007年农民蔬菜种植收入超过1000万元。2007年农村经济收入达6400多万元,人均2200元。近20年以来,人民生活环境进一步改善,群众住房条件也普遍改善,生活水平不断提高。

新中国建立之前,羊街乡没有公路,各种物资运输主要靠人背马驮。1957年始修公路,1967年正式通车。2002年6月元羊公路竣工通车,大大改善了交通面貌,促进了全乡经济的发展。现在羊街乡乡村公路通路率达100%,村社公路通路率达90%,全乡53个自然村有80%以上的街道铺设了水泥道路,电网覆盖率达100%,广播电视覆盖率达96%。

羊街乡水利设施比较完善,距乡政府10公里处有库容2340万立方米的章巴水库。乡境内还有库容310万立方米的水龙水库以及3228米的输水隧洞,长24公里的章巴东西沟引水配套设施工程,大小沟渠纵横交错,贯穿覆盖全乡的主要耕地。

羊街乡积极进行新农村试点工作,投入15万元在党舵村委会7个村民小组兴建10个公厕、4个垃圾处理池、400米街道硬化;村村通工程进一步推进,81%的农民参加新型农村合作医疗,进一步缓解了农民看病难、看病贵的问题;人民生产生活条件进一步改善。

四　学校教育

羊街乡的小学教育始于20世纪初。羊街乡中心小学创办于1919年,当时只有1位老师,20个学生,1个班级,学生年龄参差不齐。之后各村小学陆续创办:1933年垭霞小学创办,1947年坝木小学创办,1954年朗支小学创办,1957年党舵小学创办,1969年戈垤小学创办。改革开放以后,羊街乡的初等教育全面发展,现羊街乡有6个村完小,17个村小,73个教学班,在校学生有2027人,入学率达99.5%;学前班有4个,在校幼儿112人,非正规学前幼儿班5个。为了方便教学、集中办学,2007年小学实行撤并。原党舵小学合并到羊街乡中心小学,现羊街乡中心小学有640个学生,教职工121人。

羊街乡的中学教育始于20世纪70年代。1976年羊街中学创办,始称元江县第四中学,属早期县办初级中学之一。初期的羊街中学规模小,基础设施差,仅有3个教学班,150余名学生,15个教职工。1986年元江县第四中学易名为元江县羊街中学,后经多次扩建,现羊街中学占地66700平方米,有10个教学班,433名教职工。

现在羊街乡的九年制义务教育已经全面普及,羊街中学每年都能为上一级学校和社会输送合格的新生和建设人才。

第三节　羊街乡各民族及其语言使用概况

羊街乡一带自古以来都是多民族杂居的地区。现羊街乡境内居住着哈尼族、汉族、彝族、拉祜族(苦聪人)、白族、傣族、苗族7个民族。各民族长期互帮互助、和谐共处。

一　哈尼族

哈尼族是羊街乡的主体民族。哈尼族内部分为哈尼、豪尼、卡多、碧约、西摩洛、白宏等众多支系。羊街乡的哈尼族属哈尼族中的糯美、糯比支系。戈垤、党舵、坝木三个村委会的哈尼族属糯美支系,朗支、羊街、垤霞三个村委会的哈尼族属糯比支系。糯美支系约有9000人,约占羊街乡哈尼族总人口的60%;糯比支系有6000多人,约占羊街乡哈尼族总人口的40%。

据传,羊街乡的糯美支系是由红河石屏迁入的。1988年,在糯美支系生活的哈尼族山寨出土了战国时期的羊角扭编钟。出土在哈尼山寨的这种早期乐器表明:这里很早以前就是人类的生息繁衍之地,且出现了贵族酋长统治的强大部落。距离乡政府约10公里的垤霞村是一个糯比支系的聚居村。传说红河垤玛的一对哈尼族父子打猎来到垤霞,见这里山清水秀,是个繁衍后代的好地方,父亲便劝儿子在这里安家,父亲则原路返回。儿子在这里定居下来后,便以他的名字为寨命名,垤霞寨的哈尼族不断发展壮大,形成了如今羊街乡的哈尼族糯比支系。羊街乡的这两个哈尼支系语言基本相同,只是节日习俗稍有不同。

羊街乡哈尼族有"十月年"、"祭寨神"、"祭竜节"、"黄饭节"、"苦扎扎节"等传统节日。糯比支系的"十月年"从农历十月的第一个辰龙日开始,至申猴日结束,历时5至6天。糯美支系相隔一星期左右。祭寨神,一般是在农历三月到五月之间。各个自然村寨神不同,祭寨神的时间和规模也不相同。祭竜节,糯比支系在农历十月以后,约定一个属牛的日子,用黄色糯米饭和红鸡蛋,向报春的布谷鸟虔诚敬献。苦扎扎节从每年农历五月的第一个申猴日起,历时3至5天,是预祝"五谷丰登、人畜康泰"的节日。有的糯美支系不过苦扎扎节。

羊街乡哈尼族常年以大米为主食,兼食少量玉米、荞麦。蔬菜以青菜、白菜、豆类为主,也食蕨菜、树头菜、甜菜、羊奶菜、水芹菜、棠梨花等野菜。他们嗜烟酒,喜酸辣,善做豆豉。逢年过节喜欢吃糯米饭或粑粑。过去,每个哈尼族家中都有一个火塘,不分白天黑夜,不论烧煮食物与否,一年365天不熄灭,火塘是全家人团聚的"核心"。现在除了个别盖新式住房的家庭,一般哈尼族家里都有火塘。

羊街乡哈尼族喜欢用自己亲手纺织的青色或蓝色小土布做衣裤。过去,男子上身穿有领对襟短衣或无领左大襟短衣,袖长齐腕,用别致的布纽或发光的银币、银珠做扣,下穿宽裆长裤,头缠青土布"包头"。成年女子下穿宽裆长裤,裤脚锁边,脚缠绑腿。糯美支系裤子稍短,露出绑腿;糯比支系裤子长,不露绑腿。糯比支系女子服饰还随年龄和社会角色的转变而变换。年轻姑娘头戴自织小帽,帽前钉着无数小银泡,小帽四周缠绕着两股银制串珠。成年女子上穿无领剪口左半大襟短衣,前后下摆略成箭头状,领前缀着一串闪闪发光的银珠。婚后的女子须在臀部系上一块青布条特制的"批甲"。生育后的女子则在头上改缠一块青布帕子,称"帕常"。总的看来,糯美支系服饰颜色较浅,糯比支系服饰颜色较深,且更多地保留传统服饰。现在,羊街乡哈尼族男子基本改穿汉服,妇女则更多地穿传统服饰,还有的妇女上着汉装,下着传统服饰。

羊街乡哈尼族的糯比、糯美支系都实行父子联名制,实行一夫一妻的血缘外婚制,严禁同宗、同姓通婚,并且长期保留相对保守的族内婚。哈尼族未婚男女享有充分的社交自由,常利用欢乐的节日来谈情说爱,选择对象。青年男女一旦建立感情,私下确定关系后,便转告父母,男方请媒人到女方家说亲,经多次反复后才能订婚。结婚时,有"哭嫁"习俗。

哈尼族在历史上曾普遍经历过漫长的火葬时期。据清乾隆时期《开化通志·风俗·人中》卷九载:"窝尼丧无棺……采松为架,焚而葬其骨。"直至清代中叶以后,火葬习俗才逐渐演变为木棺土葬。现在,羊街乡哈尼族一般都实行土葬,非正常死亡则必须火葬。

羊街乡哈尼族的宗教信仰是一种原始的宗教崇拜。他们崇拜自然、崇拜祖先、崇拜神灵,认为山有山灵,水有水神,树有树灵,日月星辰、风雨雷电都有自己的神灵。每个村寨都有一个寨神,有的大寨甚至有几个寨神。除了供奉寨神之外,还会供奉水神、田神等。

羊街乡哈尼族人口众多,并且呈高度聚居。他们普遍都能熟练使用自己的母语,并且熟练程度没有太大的地域和年龄差异。同时羊街乡哈尼族还普遍兼用当地通用的汉语方言,约有70%的人既能熟练使用哈尼语,又能熟练掌握汉语,是哈尼语—汉语双语人。但是汉语的熟练程度因地域、年龄、性别等不同而有差异。在和汉族杂居的村寨,或者是在周围有其他民族聚居的村寨里,哈尼族的汉语水平较高;而在地域上较偏僻、周围都是哈尼族聚居的村寨里,能熟练使用汉语的人相对较少。从年龄层次上来看,在那些周围都是哈尼族聚居的寨子里,6岁以下的儿童基本不会汉语,只有在进入小学之后才逐渐学会汉语;在一些偏远的寨子里,50岁以上的老人和长期不出门的中年妇女汉语水平不高,大多只是略懂,不能用汉语进行交流。另外,哈尼族掌握汉语的程度还存在性别差异,一般是男性掌握汉语的人数比女性多;在掌握汉语的人中,男性的汉语水平普遍高于女性。

二 汉族

羊街乡有汉族1914人,占全乡总人口的10.8%。羊街乡的汉族主要聚居在羊街村委会的半阳寨、沙梏寨、羊街寨和坝木村委会的东瓜林寨,还有少部分杂居于朗支村委会的勾着寨、孟义寨和中梁子寨。

自元朝派兵征服萝槃部,建立元江府(路)之后,一部分从事手工业的汉族逐渐进入元江境内,并散居于元江各个主要乡镇。明朝平南征战推行"军屯"、"民屯"政策之后,大量汉族从内地经四川、叶榆(大理)、临安(建水)等地迁入元江定居。

羊街乡汉族喜食酸辣,婚娶时讲究合"八字",丧葬均实行木棺土葬。主要节日有春节、清明节、端午节等。

虽然汉族聚居寨周围大多是哈尼族聚居的寨子,但是由于汉语是当地通用的强势语言,汉族人大多是汉语单语人,能兼用哈尼语或其他语言的人很少。

三 彝族

羊街乡有彝族307人,其中73%聚居在羊街乡朗支村委会的中梁子寨。据传,中梁子寨的彝族是100多年前从今红河州的红河县、石屏县及元江县的洼底等地陆续迁入的,大多属彝族尼苏支系和倮倮支系。由于长期与汉族杂居,受汉族影响较深,中梁子寨的彝族已基本汉化。传统节日与汉族基本相同,也过春节、中秋节等汉族传统节日,彝族传统的冬月年、火把节、祭龙节等则逐渐淡化,甚至不过。村中除了少数老年彝族妇女还穿简化的彝族服装外,均已改穿汉服。

羊街乡中梁子寨是汉族和彝族杂居的村寨。虽然村民主体是彝族,但是由于受强势语言汉语的影响,羊街乡大部分彝族已转用汉语。50岁以上的彝族人基本能熟练使用彝语,但使用范围仅限于部分老年人之间。50岁以下的彝族人,已基本转用汉语,且第一语言多为汉语。30至49岁的彝族人掌握一些彝语基本的日常用语,但已不能熟练使用,在日常生活中以使用汉语为主。20至29岁这个年龄段的彝族人,多只是略懂彝语,在日常交际中基本不使用。20岁以下的彝族人,除了部分由祖父母带大者的彝语较熟练外,几乎都不会彝语。彝语的使用在羊街乡的彝族中已出现代际断层。在家庭内部,只有祖父母之间使用彝语,祖父母和父母之间多使用汉语,偶尔使用彝语。父母和子女之间全部使用汉语。由于周围多为哈尼族聚居的村寨,因此村中有一部分人还掌握一定程度的哈尼语。

四 拉祜族(苦聪人)

羊街乡有拉祜族(自称"苦聪人")201人,主要聚居于党舵村委会的烧灰箐寨,还有少数与哈尼族杂居于烧灰箐临近的坡头寨。据村中老人回忆,他们迁至羊街乡一带约有四五代(约100年),原来生活在烧灰箐对面山上的土部堡旧寨,新中国成立以后,政府为他们进行集体搬迁,迁至现在的烧灰箐寨。搬迁之前,多以狩猎为生,同时种一些玉米、荞麦等作物。迁至烧灰箐后,拉祜族(苦聪人)逐渐改变了原来的生产生活方式,开始学习农耕。现在,除了种植玉米、荞麦、稻谷、蔬菜外,还种植甘蔗、烤烟等经济作物,生活水平有了极大提高。

烧灰箐的拉祜族(苦聪人)至今仍保留着传统习俗。他们信奉多神,崇拜祖先。饮食上,习惯日食两餐,喜食酸辣。传统的节日有春节、祭龙节、火把节、端午节、清明节等。

羊街乡的拉祜族(苦聪人)在较好地保持自己母语的同时还普遍兼用当地的强势语言——汉语和亚强势语言——哈尼语,属全民双兼用语,汉语水平甚至高于哈尼语。由于20世纪五六十年代政府帮助拉祜族(苦聪人)集体搬迁,并派驻了工作队和他们一起生活,因此拉祜族(苦聪人)的老年人也多能熟练掌握汉语。同时因为周围多是哈尼族聚居的村寨,在与哈尼族的交往中,他们也逐渐学会了哈尼语。儿童则出生以后先学习母语,到四五岁时父母有意识地教他们说汉语,入小学后,汉语水平逐渐提高。由于他们在学校中接触到的也多是哈尼族,因此也大多都能比较熟练地掌握哈尼语。

第二章 羊街乡哈尼族语言使用现状

哈尼族是羊街乡的主体民族。羊街乡的哈尼族总人数为15357人,占全乡总人口的86.3%。在全乡下辖的戈垤、坝木、党舵、羊街、垤霞、朗支6个村民委员会中都有哈尼族。就整个羊街乡而言,哈尼族的分布呈"大聚居,小杂居"状态。全乡52个村寨①中,有43个村寨属于哈尼族聚居的村寨,占村寨总数的82.7%,有3个村寨属于哈尼族与其他民族杂居的村寨(包括羊街乡机关),占村寨总数的5.8%。在羊街乡,哈尼语被广泛使用。不仅哈尼族会说哈尼语,部分汉族、拉祜族(苦聪人)和彝族也会使用哈尼语。但聚居区和杂居区哈尼族的语言使用情况有差别。本章依据调查组实地调查的材料,分别描述哈尼族聚居区和哈尼族与其他民族杂居区的语言使用现状,并分析形成这种使用现状的各种因素。

第一节 聚居区的语言使用情况

全乡共有43个哈尼族聚居的村寨,占全乡村寨总数的82.7%(见表2-1)。从统计情况看,43个哈尼族聚居村寨中哈尼族人数比率最低的为97.9%,最高的达100%(有28个),平均比率为99.8%。其高度聚居特点如下表所示:

表 2-1 哈尼族聚居村寨表

序号	村寨名称 村委会	寨	总人口	总户数	哈尼族人口数	哈尼族人口占总人口的百分比
1	党舵	伙甫	535	118	535	100
2	党舵	尼当	338	80	338	100
3	党舵	拖垤	104	25	104	100
4	党舵	党舵	451	98	451	100
5	垤霞	依垤	58	14	57	98.3
6	垤霞	落欧	128	28	128	100
7	垤霞	帕罗	204	45	204	100
8	垤霞	阿寺党	164	32	164	100
9	垤霞	大地	168	43	167	99.4
10	垤霞	尼果上寨	296	70	293	99.0
11	垤霞	尼果中寨	136	28	136	100

---

① 这里52个村寨对应54个村民小组。其中,伙甫上寨、伙甫中寨、伙甫下寨合并为伙甫寨进行统计。

(续表)

12		尼果下寨	170	34	170	100
13		拉巴哈米	521	107	519	99.6
14	垤霞	甫衣	78	18	78	100
15		浪施	206	46	206	100
16		垤霞	1536	354	1536	100
17		水龙	859	184	857	99.8
18		鲁南	276	58	276	100
19	羊街	新村	258	57	255	98.8
20		阿太龙	510	117	510	100
21		孟义	194	43	190	97.9
22	朗支	大梁子	148	36	147	99.3
23		大地	146	35	146	100
24		唐房	190	42	190	100
25		戈垤上寨	87	16	87	100
26		戈垤大寨	334	71	334	100
27		戈垤小寨	321	73	319	99.4
28		哨当	548	133	548	100
29	戈垤	伙麻大寨	640	142	639	99.8
30		伙麻小寨	376	84	376	100
31		搓塔旧寨	187	40	183	97.9
32		搓塔新寨	108	22	107	99.1
33		昆南	436	92	436	100
34		归垤	469	100	469	100
35		它科	267	59	266	99.6
36		罗马	119	27	119	100
37		牛街	1040	257	1036	99.6
38	坝木	规党	182	44	182	100
39		伙期龙	213	50	213	100
40		田房	251	57	251	100
41		西龙	132	68	132	100
42		坝行	545	117	545	100
43		坝木	998	230	997	99.9
合计			14927	3394	14896	

哈尼族聚居区主要使用两种语言:哈尼语和汉语。不同村寨的哈尼语使用情况基本一致,普遍被不同年龄段的哈尼族使用。汉语的使用情况则存在差异,主要是受到村寨地理位置以及周围村寨的民族分布等条件的影响。下面对哈尼语和汉语的使用情况做具体的介绍。

一 哈尼语的使用情况

在43个哈尼族高度聚居的村寨中,我们选择了6个村委会的9个寨子进行深入调查。调查结果是:昆南、搓塔旧寨、田房、帕罗、阿寺党、伙甫、孟义、新村以及党舵寨,都属于哈尼族聚居的村寨,哈尼语是最主要的交际工具,寨子里的生产生活、娱乐庆典都离不开哈尼语。

我们对9个聚居的村寨进行了穷尽式的调查。调查总人数为2680人,占哈尼族聚居区总人数的18%。具体情况如下:

表 2-2　哈尼族聚居村寨的哈尼语能力统计表[①]

调查点	总人口	熟练		一般		略懂		不会	
		人口	百分比	人口	百分比	人口	百分比	人口	百分比
昆南	411	411	100	0	0	0	0	0	0
搓塔旧寨	167	167	100	0	0	0	0	0	0
田房	223	216	96.86	5	2.24	2	0.90	0	0
帕罗	179	177	98.88	2	1.12	0	0	0	0
阿寺党	148	148	100	0	0	0	0	0	0
伙甫	496	496	100	0	0	0	0	0	0
新村	234	229	97.86	5	2.14	0	0	0	0
孟义	178	175	98.32	1	0.56	0	0	2	1.12
党舵	393	393	100	0	0	0	0	0	0
合计	2429	2412	99.30	13	0.54	2	0.08	2	0.08

(一) 使用哈尼语的特点

从表2-2可以看出,9个调查点的哈尼语使用情况相当一致。掌握母语情况有两个特点:

1. 绝大多数人熟练掌握母语。在9个村寨中,100%熟练掌握母语的有5个村寨(昆南、搓塔旧寨、阿寺党、伙甫以及党舵寨),9个村寨的哈尼族熟练掌握母语的平均值是99.30%。这说明,在现阶段,哈尼语在聚居区保持着强大的生命力。据我们了解,哈尼语是这一类村寨哈尼族人最主要的交际工具,村民日常生活的交际完全依赖于哈尼语。部分外族媳妇(嫁入后民族成分已改为哈尼族,也列入统计)因为长期和哈尼族人生活,也基本掌握了哈尼语。

2. 只有极少数人哈尼语水平不高。哈尼语水平属于"略懂"级和"不会"级的只有4人,二者相加仅占总人数的0.16%。

从整体情况上看,聚居区的哈尼语使用情况较好,各村寨仍然完好地保留哈尼语。

(二) 对哈尼语水平"一般"、"略懂"以及"不会"级者的分析

虽然绝大多数哈尼族村民较好地掌握母语,但村寨内仍有哈尼语水平属于"一般"、"略懂"和"不会"级的。是什么原因造成这种差别?下面我们对这种现象做进一步分析。

1. 9个调查点内共有13人的哈尼语水平属于"一般"级。他们是田房寨的胡得林、王万兴、胡力发、胡来冲、胡者顺;帕罗寨的白者顺、白哈者;新村寨的李建保、李明芬、张春云、王福艳、王正才以及孟义寨的沙晶妹。其家庭情况如下:

---

① 统计对象不包括六岁以下儿童及残障人,下同。

表 2-3　哈尼语水平"一般"级者家庭情况表①

序号②	家庭关系	姓　名	出生年月	民族	文化程度	第一语言及熟练程度	第二语言及熟练程度
19	户主	白立者	61/05	哈尼	小学	哈尼语熟练	汉语不会
	配偶	白来色	62/03	哈尼	小学	哈尼语熟练	汉语不会
	儿子	白者阿	80/07	哈尼	初中	哈尼语熟练	汉语一般
	儿媳	白友百	81/05	哈尼	小学	哈尼语熟练	汉语不会
	长孙	白者顺	00/10	哈尼	小学	哈尼语一般	汉语略懂（脚有残疾）
4	户主	白哈者	49/07	哈尼	脱盲	哈尼语一般	汉语不会（手有残疾）
	长子	白者生	84/08	哈尼	初中	哈尼语熟练	汉语略懂
	次女	白收努	94/04	哈尼	初中	哈尼语熟练	汉语不会
35	户主	胡牛者	38/08	哈尼	半文盲	哈尼语熟练	汉语一般
	配偶	胡忙努	37/05	哈尼	半文盲	哈尼语熟练	汉语略懂
	儿子	胡者卫	80/12	哈尼	小学	哈尼语熟练	汉语熟练
	儿媳	胡白色	78/03	哈尼	小学	哈尼语熟练	汉语略懂
	孙子	胡顺产	97/11	哈尼	小学	哈尼语熟练	汉语一般
	孙女	胡得林	00/10	哈尼	学前	哈尼语一般	汉语略懂
18	户主	王学林	48/05	哈尼	小学	哈尼语熟练	汉语一般
	儿子	王浪那	77/12	哈尼	小学	哈尼语熟练	汉语一般
	儿媳	胡皮又	79/01	哈尼	初中	哈尼语熟练	汉语一般
	女儿	王爱努	79/06	哈尼	小学	哈尼语熟练	汉语不会
	孙女	王永芬	98/02	哈尼	小学	哈尼语熟练	汉语一般
	孙子	王万兴	01/02	哈尼	学前	哈尼语一般	汉语不会
8	户主	胡忙保	57/02	哈尼	小学	哈尼语熟练	汉语略懂
	配偶	李皮沙	57/01	哈尼	脱盲	哈尼语熟练	汉语熟练
	长子	胡建军	76/12	哈尼	初中	哈尼语熟练	汉语熟练
	长媳	陈闹爱	76/05	哈尼	初中	哈尼语熟练	汉语熟练
	次子	胡建伟	79/01	哈尼	小学	哈尼语熟练	汉语熟练
	三子	胡力发	82/01	哈尼	大学	哈尼语一般	汉语熟练（外地居住）
	孙子	胡　涛	02/06	哈尼	学前	哈尼语略懂	汉语熟练
36	户主	胡白者	67/02	哈尼	小学	哈尼语熟练	汉语熟练
	配偶	李发又	69/09	哈尼	脱盲	哈尼语熟练	汉语熟练
	女儿	胡来冲	91/08	哈尼	高中	哈尼语一般	汉语熟练（外地居住）
	儿子	胡者顺	97/02	哈尼	小学	哈尼语一般	汉语熟练

① 此类家庭情况表中的"家庭关系"、"姓名"、"出生年月"、"民族"、"文化程度"均依据当地教育部门的文化户口册。下同。户口册中的拉祜族（苦聪人）都标为"拉祜族"。
② 序号是各个村寨内部每户家庭的编号。下同。

(续表)

50	户主	李正发	78/03	哈尼	小学	哈尼语熟练	汉语熟练
	配偶	王思爱	81/07	哈尼	小学	哈尼语熟练	汉语熟练
	母亲	车爱丛	57/07	哈尼	脱盲	哈尼语熟练	汉语一般
	儿子	李建保	01/09	哈尼	学前	哈尼语一般	汉语略懂
30	户主	王正才	54/04	哈尼	小学	哈尼语一般	汉语一般
	配偶	白努爱	58/01	哈尼	脱盲	哈尼语熟练	汉语一般
	长子	王成发	78/06	哈尼	小学	哈尼语熟练	汉语一般
	长媳	杨来咪	80/10	哈尼	小学	哈尼语熟练	汉语一般
	次子	王发元	82/01	哈尼	文盲	哈尼语熟练	汉语一般
	孙女	王发叶	04/05	哈尼			
	孙子	王发雄	07/08	哈尼			
9	户主	李沙车	70/09	哈尼	脱盲	哈尼语熟练	汉语熟练
	配偶	王八奴	68/09	哈尼	初中	哈尼语熟练	汉语熟练
	父亲	李来那	31/05	哈尼	文盲	哈尼语熟练	汉语熟练
	女儿	李明芬	92/02	哈尼	高中	哈尼语一般	汉语熟练
14	户主	张那者	67/08	哈尼	小学	哈尼语熟练	汉语一般
	长女	张丽芬	94/10	哈尼	小学	哈尼语熟练	汉语一般
	次女	张春云	96/08	哈尼	小学	哈尼语一般	汉语一般
31	户主	王正德	49/12	哈尼	脱盲	哈尼语熟练	汉语熟练
	儿子	王福昌	79/08	哈尼	小学	哈尼语熟练	汉语熟练
	儿媳	白者扫	78/07	哈尼	小学	哈尼语熟练	汉语熟练
	孙女	王福艳	99/04	哈尼	小学	哈尼语一般	汉语略懂
	孙子	王 刚	03/11	哈尼	学前	哈尼语一般	汉语略懂
26	户主	沙玉来	40/06	哈尼	文盲	哈尼语熟练	汉语熟练
	配偶	白忙努	45/04	哈尼	文盲	哈尼语熟练	汉语一般
	长子	沙玉红	69/10	哈尼	初中	哈尼语熟练	汉语熟练
	长媳	杨平收	82/05	哈尼	小学	哈尼语熟练	汉语一般
	次子	沙红文	72/02	哈尼	小学	哈尼语熟练	汉语熟练
	次媳	吕莲芬	68/05	傣	小学	傣语熟练	汉语熟练
	女儿	沙仙芬	78/09	哈尼	初中	哈尼语熟练	汉语熟练
	长孙女	沙晶妹	95/06	哈尼	小学	傣语熟练	汉语熟练 哈尼语一般（长期在元江生活）
	次孙女	沙继华	02/08	哈尼			
	长孙	沙继武	06/12	哈尼			

从表2-3可以看出,造成13人哈尼语水平偏低的原因主要有三个:(1)年龄。田房寨的胡得林和王万兴,新村寨的李建保和王福艳年纪都还小,胡得林7岁,王万兴6岁,李建保6岁,王福艳8岁。他们的语言还处于发展阶段,现在哈尼语一般,是受年龄所限。可以预计,过几年后,他们的哈尼语可以达到"熟练"级。(2)居住地。田房寨的胡力发和胡来冲分别在3岁和2岁时跟随父母迁往红河生活,孟义寨的沙晶妹也长期在元江生活,这三人因长期在外居

住,哈尼语水平不高。胡来冲的弟弟胡者顺出生在红河,户口在羊街乡,因他本人极少回到羊街乡,所以他的哈尼语水平也不高。(3)性格。帕罗寨的白者顺和白哈者在身体上有残疾,不爱说话;新村寨的李明芬很小就住校,性格内向,更爱说汉语;张春云的母亲去世早,她本人也不爱说话;王正才生性腼腆,不爱说话。

2. 共有2人的哈尼语水平属于"略懂"级,他们是田房寨的白圣刚和杨平。其家庭成员的基本情况如下:

表2-4 哈尼语水平"略懂"级者家庭情况表

序号	家庭关系	姓名	出生年月	民族	文化程度	第一语言及熟练程度	第二语言及熟练程度
4	户主	白很产	48/08	哈尼	半文盲	哈尼语熟练	汉语一般
	配偶	李冲爱	46/01	哈尼	小学	哈尼语熟练	汉语略懂
	次子	白法清	78/02	哈尼	初中	哈尼语熟练	汉语熟练
	三子	白发雄	82/04	哈尼	初中	哈尼语熟练	汉语熟练
	孙子	白圣刚	01/01	哈尼	学前	哈尼语略懂	汉语一般
5	户主	李玉努	72/07	哈尼	小学	哈尼语熟练	汉语一般
	长子	杨顺林	79/07	哈尼	文盲		(哑巴)
	女儿	杨 平	98/09	哈尼	小学	哈尼语略懂	汉语熟练(居住在元江)

从表2-4可以看出,白圣刚还很小,才6岁,这个年龄段的儿童语言还不稳定。今年9岁的儿童杨平,从小就和父母生活在元江,长期的外地居住影响了她的母语能力。

3. 9个调查点内,共有2人的哈尼语水平属于"不会"级。他们分别是孟义寨的车秀美和车秀英。其家庭成员的基本情况如下:

表2-5 哈尼语水平"不会"级者家庭情况表

序号	家庭关系	姓名	出生年月	民族	文化程度	第一语言及熟练程度	第二语言及熟练程度
28	户主	车德洒	73/10	哈尼	初中	哈尼语熟练	汉语熟练
	配偶	李永芬	71/06	傣	小学	傣语熟练	汉语熟练 哈尼语不会
	母亲	倪来努	54/06	哈尼	脱盲	哈尼语熟练	汉语熟练
	弟弟	车云忠	77/11	哈尼	初中	哈尼语熟练	汉语熟练
	弟媳	方学英	78/02	傣	初中	傣语熟练	汉语熟练
	女儿	车秀美	95/10	哈尼	小学	傣语熟练	汉语熟练 哈尼语不会(外地生活)
	侄女	车秀英	99/11	哈尼	小学	傣语熟练	汉语熟练 哈尼语不会(外地生活)

从表2-5可以看出,车秀美和车秀英二人都长期在外地居住。因为脱离了聚居村寨这个哈尼语习得的大环境,两人均已不会说哈尼语。

(三) 不同年龄段人的哈尼语使用情况

我们把9个村寨的哈尼族分为三个年龄段,分别分析其母语的使用情况。

1. 60岁以上的哈尼语使用情况

表2-6 9个村寨60岁以上哈尼族母语使用情况表

调查点	该年龄段总人口	熟练 人口	熟练 百分比	一般 人口	一般 百分比	略懂 人口	略懂 百分比	不会 人口	不会 百分比
昆南	50	50	100	0	0	0	0	0	0
搓塔旧寨	19	19	100	0	0	0	0	0	0
田房	27	27	100	0	0	0	0	0	0
帕罗	10	10	100	0	0	0	0	0	0
阿寺党	15	15	100	0	0	0	0	0	0
伙甫	45	45	100	0	0	0	0	0	0
新村	18	18	100	0	0	0	0	0	0
孟义	19	19	100	0	0	0	0	0	0
党舵	38	38	100	0	0	0	0	0	0
合计	241	241	100	0	0	0	0	0	0

表2-6显示,60岁以上这一年龄段哈尼族母语使用的特点是,所有人都"熟练"掌握母语,其母语水平都很高。

老年人日常生活用语都是哈尼语,他们每天的生产劳动、生活起居都依赖于哈尼语。在哈尼族村寨内,老人们都习惯于说哈尼语。这一年龄段的老人文化程度多是文盲或者初小,汉语水平低(大部分人不会汉语),哈尼语是他们唯一使用的语言。

我们对这些寨子60岁以上哈尼族的汉语水平做了统计,统计结果如下:

表2-7 9个村寨60岁以上哈尼语单语人汉语水平统计表

调查点	该年龄段总人口	汉语水平 略懂 人口	汉语水平 略懂 百分比	汉语水平 不会 人口	汉语水平 不会 百分比
昆南	50	7	14.00	16	32.00
搓塔旧寨	19	7	36.84	4	21.05
田房	27	10	37.04	8	29.63
帕罗	10	6	60.00	0	0
阿寺党	15	6	40.00	2	13.33
伙甫	45	2	4.44	36	80.00
新村	18	5	27.78	0	0
孟义	19	2	10.53	4	21.05
党舵	38	0	0	16	42.11
合计	241	45	18.67	86	35.68

从表2-7可以看出,聚居区60岁以上的老人中共有131人是哈尼语单语人,占该年龄段

总人口的54.36%,这说明只会使用母语这一种语言的哈尼族老人很多,超过了一半以上。在入寨调查时,我们经常能见到哈尼族老人,当我们用汉语向他们打招呼时,他们都只会点头或微笑示意,不能用汉语与我们交流。羊街村委会的村民刘跃云也说:"我媳妇的外婆和奶奶都还健在,她们都不会说、也不会听汉语。平时看电视的时候,她们也听不懂。"9个村寨中还有110位哈尼语—汉语的双语人,他们占这一年龄段总人口的45.64%。这些老人的两种语言水平存在差异,均为母语水平高于汉语。总之,在哈尼族聚居村寨,哈尼语是老人们日常生活、交际的最主要工具。

2. 20—59岁的哈尼语使用情况

表2-8　9个村寨20—59岁哈尼族母语使用情况表

调查点	该年龄段总人口	熟练 人口	熟练 百分比	一般 人口	一般 百分比	略懂 人口	略懂 百分比	不会 人口	不会 百分比
昆南	253	253	100	0	0	0	0	0	0
搓塔旧寨	102	102	100	0	0	0	0	0	0
田房	139	138	99.28	1	0.72	0	0	0	0
帕罗	115	114	99.13	1	0.87	0	0	0	0
阿寺党	90	90	100	0	0	0	0	0	0
伙甫	316	316	100	0	0	0	0	0	0
新村	149	148	99.33	1	0.67	0	0	0	0
孟义	105	105	100	0	0	0	0	0	0
党舵	248	248	100	0	0	0	0	0	0
合计	1517	1514	99.80	3	0.20	0	0	0	0

上表显示:20—59岁年龄段哈尼族母语使用的基本特点是:(1)"熟练"掌握母语者的比例高,占99.8%,说明哈尼语在这一阶段哈尼族人中具有强大的生命力。(2)这一年龄段中没有哈尼语水平属于"略懂"或"不会"级的人,说明哈尼族青壮年的母语水平普遍较高。

有三位哈尼族青壮年的哈尼语水平属于"一般"级,仅占总人口的0.2%。这三位哈尼族(田房寨的胡力发,帕罗寨的白哈者以及孟义寨的沙晶妹)都有较特殊的情况(详见上文),他们应算做特殊的个例。总体来说,这一年龄段本村寨土生土长的哈尼族都能较好地掌握母语。

3. 6—19岁的哈尼语使用情况

表2-9　9个村寨6—19岁哈尼族母语使用情况表

调查点	该年龄段总人口	熟练 人口	熟练 百分比	一般 人口	一般 百分比	略懂 人口	略懂 百分比	不会 人口	不会 百分比
昆南	108	108	100	0	0	0	0	0	0
搓塔旧寨	46	46	100	0	0	0	0	0	0
田房	57	51	89.47	4	7.02	2	3.51	0	0

(续表)

帕罗	54	53	98.15	1	1.85	0	0	0	0
阿寺党	43	43	100	0	0	0	0	0	0
伙甫	135	135	100	0	0	0	0	0	0
新村	67	63	94.03	4	5.97	0	0	0	0
孟义	54	51	94.45	1	1.85	0	0	2	3.70
党舵	107	107	100	0	0	0	0	0	0
合计	671	657	97.91	10	1.49	2	0.30	2	0.30

表 2-9 数据显示，9 个村寨 97.91% 的 6—19 岁的青少年都能熟练使用哈尼语。这与他们都出生在族内婚姻家庭，第一语言均为哈尼语有关。

族内婚姻家庭中，由于家庭成员都是哈尼族，日常用语都是哈尼语，孩子的第一语言也是哈尼语，大部分孩子进入学校后才学习第二语言（汉语）。家庭是哈尼族青少年习得、强化母语的重要场所，即使外出求学或打工回来，他们在家庭内部依然要使用哈尼语。另外，在哈尼族聚居村寨的青少年的语言还受到整个哈尼族聚居村寨大环境的影响。哈尼族聚居村寨是青少年习得哈尼语的一个天然语言环境。与村寨里的孩子们一起玩耍，互相交流的过程，又强化了青少年的母语。家庭以外的社会环境对族际婚姻家庭的孩子们习得哈尼语起到了重要的作用。家庭和村寨这两个语言习得的大环境促进了这一地区青少年母语的使用。总之，这一地区的青少年的母语能力均较强，在母语使用上不存在障碍。哈尼语在这一年龄段的青少年中依然保持强劲的活力。

综上所述，四个不同年龄段的哈尼语使用情况有以下几个特点：

1. 各年龄段的母语使用情况比较一致，几乎都能熟练掌握母语。在各年龄段中，熟练使用哈尼语的比例都很高。各村委会均有能 100% "熟练"使用母语的村寨，仅发现有极个别人因特殊原因而完全不会说母语。这说明哈尼语居于日常生活中的主导地位，各年龄段哈尼族的生活起居、劳动娱乐都离不开哈尼语，哈尼语保留完好。

2. 从整体上来看，聚居区哈尼语的使用没有呈现出明显的代际性特征。即年龄大小不影响哈尼语水平的高低。在聚居区内，从老年人到儿童都能熟练地使用哈尼语，老年人与青少年儿童的语言能力没有太大的区别。田房村民小组的组长李勇告诉我们："我们那儿，老年人说的哈尼话小孩子能听懂，小孩子说的哈尼话老人也都能听明白。"

3. 聚居村寨族际婚姻家庭不多，儿童的第一语言均为哈尼语，没有出现语言转用或语言断层的现象。青少年中有个别人的母语水平偏低，是由于离开了聚居村寨、在外地长期居住的缘故。

词汇量的大小是一个人语言能力高低的重要标志。为了更好地认识哈尼族不同年龄段的母语情况，调查组特制了"哈尼语 400 词测试表"，选取不同年龄段的哈尼族进行测试，希望通过测试了解哈尼人的母语水平。下面列举七个人的测试结果。

1. 被调查人情况

（1）赵兰英,女,41岁,哈尼族,埕霞寨人,后嫁入尼果寨。

（2）王浪坡,女,43岁,哈尼族,大地寨人。

（3）王才保,男,37岁,哈尼族,羊街中学党支部书记,戈埕村委会搓塔旧寨人。

（4）白来得,男,9岁,哈尼族,羊街乡中心小学二年级,坝木村委会坝行寨人。

（5）杨来少,女,19岁,哈尼族,朗支村委会大地寨人。

（6）倪忙色,男,37岁,哈尼族,羊街乡中学教师,埕霞村委会拉巴哈米寨人。

（7）白发长,男,17岁,哈尼族,小学文化,朗支村委会大地寨人。

2. 400 词测试结果

表 2-10　哈尼语 400 词测试结果表①

汉　　语	国际音标	测试结果						
		1	2	3	4	5	6	7
天	m^{55}	A	A	A	A	A	A	A
太阳	nɯ^{31} mɑ^{31}	A	A	A	D	B	A	A
月亮	pɑ^{31} ɬɑ^{31}	A	A	A	A	A	A	A
星星	a^{55} kɤ^{55}	A	A	B	D	A	A	A
风	a^{55} ɬi^{55} (po^{33})	A	A	A	A	B	A	A
雨	m^{55} zɛ^{55}	A	A	A	A	A	A	A
雷	m^{55} tɕi^{31} (tɕi^{31})	A	A	B	D	A	A	A
云(天上)	m^{55} tum^{55}	B	A	C	D	A	A	A
雾（下雨前）	tsø^{55} xø^{31}	A	A	A	A	A	A	A
彩虹	pẽ^{55} taŋ^{55} laŋ^{31} tshu^{33} (tshu^{33})	A	A	C	D	B	A	A
炊烟	a^{55} xø^{31}	A	A	A	A	B	A	A
烟（烤烟）	tʂʅ^{31} su^{31}	A	A	A	A	A	A	A
火（柴）	a^{55} tsɑ^{31}	A	A	A	A	A	A	A
灶灰	xa^{55} ɬɛ^{55}	A	A	A	A	B	A	A
土	mi^{31} tshɑ^{55}	A	A	A	A	A	A	A
地（田地）	taŋ^{55} ɕa^{55}	A	A	A	A	A	A	A
水田	ɯ^{55} ɕa^{55}	A	A	A	A	A	A	A
洞	zo^{31} pø^{31} (pø^{31})	A	A	A	A	B	A	A
山	xaŋ^{55} thɛ^{55}	A	A	A	A	A	A	A
河	lo^{31} pɑ^{55}	A	A	A	A	A	A	A
水	a^{55} khɛ^{55}	A	A	A	A	A	A	A
沙	mi^{55} tshɛ^{55}; ɬo^{55} tshɛ^{55}	A	A	A	B	B	A	A
石	xa^{31} ɬo^{31}	A	A	A	A	A	A	A

① 在测试中,调查对象每个词的掌握情况分为四级:A 级表示熟练说出;B 级表示想后说出;C 级表示提示后能懂;D 级表示不懂。在 A、B、C、D 前加 J 代表调查对象对该词的第一反应是汉语借词,如 JC 表示提示后能懂,JD 表示经提示后仍不知道本语词。

(续表)

井	ɯ³¹ tv⁵⁵	A	A	A	A	A	A
泡沫	xa⁵⁵ mɤ³¹	A	B	C	B	A	A
铁	ʂum³¹	A	A	A	B	B	A
铜	kɯ⁵⁵ ʂɤ⁵⁵	A	A	A	B	A	A
金	ʂɤ³¹	A	A	B	D	A	A
银	phv³¹	A	A	A	D	A	A
锣	pø³¹ lø³¹	A	B	B	D	D	A
左	tɕa⁵⁵ tɕhɔ⁵⁵	A	B	B	B	A	A
右	tɕa⁵⁵ ʑi³¹	A	A	A	B	A	A
上（桌子上）	xɔ³¹ tha⁵⁵	A	A	A	A	A	A
下（桌子下）	xɔ³¹ o⁵⁵	A	A	A	A	A	A
中间	ɣaŋ³¹ tɕhi³¹ khaŋ⁵⁵ ɬaŋ⁵⁵	A	A	A	A	A	A
外	la⁵⁵ n⁵⁵	A	A	A	A	A	A
白天	m³¹ nɯ³¹	A	A	A	A	B	A
夜晚	m⁵⁵ tɕhi³¹	A	A	A	A	A	A
年	xo⁵⁵	A	A	A	A	A	A
树	sɯ⁵⁵ tsɯ⁵⁵	A	A	A	A	A	A
竹	hɑ⁵⁵ ; hɑ⁵⁵ pɔ⁵⁵	A	A	A	B	A	A
米	tɕhe⁵⁵ phu⁵⁵	A	A	A	A	A	A
种子	zo³¹ y⁵⁵	A	A	A	D	A	A
草	tʂa³¹ ɣɑ⁵⁵	A	A	A	A	A	A
叶子	xa³¹ pha⁵⁵	A	A	A	A	A	A
根	taŋ⁵⁵ tɕhi⁵⁵	A	A	A	C	A	A
芽	zɔ³¹ tɕhø³¹	A	A	A	B	A	A
花	tʂa³¹ ʑi³¹	A	A	A	A	A	A
水果	a⁵⁵ sʅ³¹ a⁵⁵ ɣɔ³¹	A	A	A	B	A	A
核	zo³¹ nɯ³¹	A	A	A	A	B	A
刺	ɑ³¹ kaŋ³¹	A	A	B	B	B	A
核桃	ɔ⁵⁵ tɔ⁵⁵	A	A	A	A	B	A
草果	ɔ⁵⁵ so⁵⁵	A	A	JC	B	C	B	A
甘蔗	phaŋ⁵⁵ tɕhø⁵⁵	A	A	A	B	A	A
玉米	tshɛ⁵⁵ tv³¹	A	A	A	B	A	A
水稻	tshɛ³¹	A	A	A	A	A	A
青苔	ɯ⁵⁵ mɯ⁵⁵	B	A	A	B	C	B	B
藤子（捆柴的）	ni³¹ xa³¹ a³¹ tʂha³¹	A	A	A	B	C	A	A
马	ɑ⁵⁵ maŋ³¹	A	A	A	A	A	A
牛（水牛）	no⁵⁵ phɯ⁵⁵ ; a⁵⁵ phɯ⁵⁵	A	A	A	A	A	A
公牛	la⁵⁵ ɕi⁵⁵	A	A	A	B	C	A
猪	a⁵⁵ ɣa³¹	A	A	A	A	A	A
羊	a⁵⁵ tʂhʅ³¹	A	A	A	A	A	A
狗	ɑ⁵⁵ khɯ³¹	A	A	A	A	A	A
熊	xa⁵⁵ m⁵⁵	C	A	A	B	B	A	A

(续表)

虎	xa⁵⁵ zɤ³¹	A	A	B	A	B	A
鹿	xa³¹ tshɛ³¹	A	A	B	A	C	A
鼠	fv³¹ tsha⁵⁵	A	A	A	A	A	A
猫头鹰	xaŋ³¹ pv³¹	A	A	D	B	B	A
老鹰	xa⁵⁵ tsɛ⁵⁵	A	A	A	A	A	A
乌鸦	xa³¹ na³¹	A	A	B	C	A	D
鸟	xa⁵⁵ tʂʅ⁵⁵	A	A	A	A	A	A
鸽子	xaŋ⁵⁵ xø³¹	A	A	B	A	A	A
鹅	ɔ⁵⁵ ŋɔ⁵⁵	A	A	A	A	A	A
鸭子	o³¹ a³¹	A	A	A	A	A	A
鸡	a³¹ ha³³	A	A	A	A	A	A
鱼	ŋa⁵⁵ ʂa³¹	A	A	A	A	A	A
青蛙	xa⁵⁵ pha³¹	A	A	B	A	A	A
蝌蚪	xo⁵⁵ paŋ³¹	A	A	D	A	A	C
蛇	ɔ⁵⁵ ɬɔ⁵⁵	A	A	A	A	A	A
蚂蟥	a⁵⁵ ɕi³¹	A	A	C	B	A	D
虫	a⁵⁵ tsv³¹	A	A	A	A	A	A
跳蚤	khɯ⁵⁵ ti⁵⁵	A	A	B	B	A	A
虱子	ʂe⁵⁵ phv⁵⁵	A	A	A	D	A	A
蚂蚁	a³¹ ho³¹	A	A	B	A	A	A
蜜蜂	pa⁵⁵ tɕhy⁵⁵	A	A	B	A	A	A
蚊子	ɕa³¹ ko⁵⁵	A	A	B	B	A	A
蜘蛛	a³¹ ma³¹ tʂʅ⁵⁵ kv⁵⁵ ta⁵⁵ la³¹	A	A	C	B	A	C
翅膀	a⁵⁵ taŋ⁵⁵	A	A	A	A	B	A
蜈蚣	ya³¹ mo³¹ mo⁵⁵ ʂɛ⁵⁵	A	A	JD	B	C	C	C
松鼠	fv³¹ pa⁵⁵	A	A	A	B	C	A	A
蝙蝠	a⁵⁵ pv⁵⁵ laŋ³¹ ya⁵⁵	B	A	A	B	A	A
鳞	ŋa³¹ ɤɔ³¹	B	A	A	B	A	C	A
癞蛤蟆	phaŋ³¹ pi³¹	A	A	B	C	A	C
蜻蜓	xo⁵⁵ paŋ³¹	A	A	A	B	A	D	A
角	la⁵⁵ khø⁵⁵	A	A	A	B	C	C	A
鸡冠	mo³³ ɤo³¹	A	A	B	B	C	D	D
鸡蛋	ha³¹ v³¹	A	A	A	A	A	A
壳	v³¹ xɔ³¹	A	A	A	B	C	A	A
汗毛	tʂha³¹ m³¹	A	A	A	A	A	A
羽毛	ha³¹ m³¹	A	A	A	B	A	A
尾巴	taŋ⁵⁵ mi³¹	A	A	A	A	A	A
头发	tsaŋ⁵⁵ khɯ⁵⁵	A	A	A	A	A	A
头	v⁵⁵ tv³¹	A	A	A	A	A	A
眼睛	ma³³	A	A	A	A	A	A
鼻子	na³¹ pəŋ⁵⁵	A	A	A	A	A	A
耳朵	na⁵⁵ pɔ⁵⁵	A	A	A	A	A	A

（续表）

脸	mɑ³¹ pho⁵⁵	A	A	A	B	A	A	A
胡子	mɛ⁵⁵ tʂhɿ³¹	A	A	B	B	A	A	A
嘴巴	mɛ³¹ tsv³¹	A	A	A	A	A	A	A
牙齿	sɤ⁵⁵	A	A	A	A	A	A	A
舌头	mɛ⁵⁵ ɬa⁵⁵	A	A	A	A	A	A	A
喉咙	khaŋ³¹ xo³¹	A	A	C	B	A	A	A
脖子	aŋ⁵⁵ ɬɯ⁵⁵；khaŋ⁵⁵ ɬɯ⁵⁵	A	A	A	B	A	A	A
肩膀	pa³¹ phu³¹；pa³¹ fu³¹	A	A	A	B	A	A	A
手	a⁵⁵ la³¹	A	A	A	A	A	A	A
肘	la⁵⁵ nɯ³¹	D	A	A	B	D	A	A
手指	la⁵⁵ nø⁵⁵	A	A	A	B	A	A	A
爪子	pha⁵⁵ sɤ³¹	A	A	A	A	A	A	A
脚	a⁵⁵ khɯ⁵⁵	A	A	A	A	A	A	A
腿	a⁵⁵ pha³¹	A	A	B	B	A	C	A
屁股	taŋ³¹ paŋ³¹；taŋ³¹ pø³¹	A	A	A	B	A	A	A
身体	o³¹ ɬum⁵⁵							
乳房	a⁵⁵ tɕhø⁵⁵	A	A	A	B	A	A	A
胸	nɯ³¹ ɣa³¹	A	A	A	B	A	A	A
肋骨	num⁵⁵ ɣa⁵⁵ sɔ⁵⁵ ʐy³¹	A	A	A	B	A	A	A
胃	v⁵⁵ mɑ³¹	B	A	A	B	A	A	C
肠子	v⁵⁵ xa⁵⁵	A	A	A	B	A	A	B
肺	ʂa⁵⁵ phɔ³¹	A	A	A	A	A	A	B
肝	ʂa³¹ tʂhɤ³¹	A	A	A	B	A	A	B
心	nɯ³¹ mɑ³¹	A	A	A	A	C	A	A
血	ʂɿ⁵⁵ ni⁵⁵	A	A	A	A	A	A	A
肉	ʂa⁵⁵ ni⁵⁵	A	A	A	A	A	A	A
皮	ʂa⁵⁵ kɯ⁵⁵	A	A	A	B	A	A	A
骨	ʂa⁵⁵ ø³¹	A	A	A	A	A	A	A
腰	tɔ³¹ tsɯ⁵⁵	A	A	JC	B	B	A	A
脚踝	ʂu⁵⁵ ma³¹ phv³¹ lv⁵⁵	A	A	B	D	A	C	A
腋	la⁵⁵ ɣo³¹	A	A	A	A	A	A	A
骨节	ʐy⁵⁵ tshɯ³¹	A	A	A	B	A	A	A
尽头牙	pa³³ li³³ sɤ⁵⁵	A	A	C	D	C	A	A
拇指	la³¹ ma³¹	A	A	A	A	A	A	A
小指	tɕe³¹ tʂha⁵⁵	A	A	A	A	A	A	A
屎	a⁵⁵ tɕhi³¹（tɕhi³¹）	A	A	A	A	A	A	A
尿	ɯ⁵⁵ tɕɛ⁵⁵（tɕɛ³¹）	A	A	A	A	A	A	A
痰	ø⁵⁵ tshø³¹	A	A	A	B	A	A	A
脓	pɯ³¹	A	A	A	B	C	A	D
汗	khɯ⁵⁵ phv⁵⁵（to³¹）	A	A	A	A	A	A	A
人	tshɔ³¹	A	A	A	A	A	A	A
男人	xa³¹ ʐo³¹ za⁵⁵	A	A	A	A	A	A	A

(续表)

女人	xa³¹ mi³¹ za⁵⁵	A	A	A	A	A	A
姑娘	mi⁵⁵ ta³¹	A	A	A	A	A	A
孩子	za⁵⁵ kv³¹	A	A	A	A	A	A
奶奶	a³¹ za⁵⁵	A	A	A	A	A	A
父亲	a³¹ ta³¹	A	A	A	A	A	A
母亲	a³¹ ma³¹	A	A	A	A	A	A
儿子	za³¹ ʐo³¹	A	A	A	A	A	A
女儿	za⁵⁵ mi³¹	A	A	A	A	A	A
女婿	a⁵⁵ za³¹	A	A	C	B	A	A
媳妇	khɯ³¹ ma³¹	A	A	A	A	A	A
嫂子	a³¹ tshv³¹	A	A	A	B	A	A
弟弟	a⁵⁵ ŋ⁵⁵	A	A	A	A	A	A
孙子	ø⁵⁵ pha³¹	A	A	A	B	A	A
瞎子	xa⁵⁵ ɕa³¹	A	A	A	A	A	A
聋子	na⁵⁵ thaŋ³¹	A	A	A	A	A	A
跛子	khɯ⁵⁵ tshɔ³¹	A	A	A	B	A	A
麻子	na³¹ po⁵⁵	A	A	C	B	A	C	A
驼子	tɔ³¹ o⁵⁵ (o⁵⁵)	A	A	A	B	A	C	A
主人	num⁵⁵ sɯ⁵⁵	B	A	A	A	C	B	A
客人	ta³¹ zi³¹	A	A	A	A	A	A
枕头	ø⁵⁵ ɣum³¹	A	A	A	A	A	A
布	xa⁵⁵ pha⁵⁵	A	A	A	A	A	A
衣服	a³¹ xaŋ⁵⁵	A	A	A	A	A	A
鞋	sɛ³¹ nɔ³¹	A	A	A	A	A	A
裤子	a⁵⁵ ɬa³¹	A	A	A	A	A	A
帽子	v⁵⁵ tshaŋ³¹	A	A	A	A	A	A
斗笠	ɬaŋ³¹ ɣo³¹	A	A	A	B	A	A	C
蓑衣	ze⁵⁵ kɯ⁵⁵	A	A	A	B	A	A	D
绳子	a³¹ tʂha³¹	A	A	A	B	A	A
纽扣	pho⁵⁵ phi³¹	A	A	A	A	A	A
衣襟	phɔ⁵⁵ pɛ⁵⁵	A	B	A	B	A	C	D
线	khɯ³¹ phaŋ⁵⁵	A	A	A	A	A	B
针	a⁵⁵ ɣɔ³¹	A	A	A	A	A	A
药	na³¹ tʂhɻ⁵⁵	A	A	A	A	A	A
酒	a³¹ pa⁵⁵	A	A	A	A	A	A
饭	xo⁵⁵	A	A	A	A	A	A
汤	pɛ⁵⁵ ɣɯ⁵⁵	A	A	A	A	A	A
油	tshɻ³¹	A	A	A	A	A	A
盐	a⁵⁵ tɣ³¹	A	A	A	A	A	A
姜	a⁵⁵ tshɣ³¹	A	A	B	B	A	A
蒜	xa⁵⁵ sɛ⁵⁵	A	A	C	B	B	A	A
筷子	tsv⁵⁵ ta⁵⁵	A	A	A	A	A	A

(续表)

芋头	pɛ⁵⁵ sɿ³¹	A	A	A	B	A	A	A
黄豆	num³¹ sɿ⁵⁵	A	A	A	B	A	A	A
木耳	na³¹ xɤ³¹	A	A	B	B	A	A	A
糖	phaŋ⁵⁵ tɤ³¹	A	A	A	A	A	A	A
糠	xɔ⁵⁵ phɯ³¹	A	A	A	B	A	A	A
灶	ø⁵⁵ tv³¹	A	A	A	A	A	A	A
铁锅	ɕy³¹ y⁵⁵	D	A	A	A	A	A	A
碗	xum⁵⁵ mɑ³¹	A	A	A	A	A	A	A
臼	mi³¹ xɔ⁵⁵	A	A	A	A	A	A	A
勺子	v³¹ tsha³¹	A	A	A	B	A	A	A
锅盖	phi⁵⁵ khɑ³¹	A	A	A	B	A	C	A
箩筐	pa⁵⁵ tɤ⁵⁵	A	A	A	D	C	A	C
扫帚	tɕhɛ⁵⁵ phɔ⁵⁵	A	A	A	A	A	A	A
席子	tsa³¹ sɤ³¹	A	A	B	B	C	B	A
刀	tho³¹ pa⁵⁵	A	A	A	A	A	A	A
斧头	sɤ⁵⁵ tʂaŋ⁵⁵	A	A	C	B	C	A	A
矛	taŋ³¹ tɕy⁵⁵	D	A	C	B	D	D	D
锄头	tshɛ⁵⁵ ɣo³¹	A	A	A	A	A	A	A
棍	ti⁵⁵ tv⁵⁵ mi⁵⁵ kho³¹	A	A	A	A	A	A	A
弓	ø⁵⁵ pa³¹	A	A	A	B	A	A	A
箭	kha³¹	D	A	D	D	D	D	A
枪	mi³¹ pɤ³¹	A	A	A	A	A	A	A
钱	thv⁵⁵ tshɛ⁵⁵	A	A	A	A	A	A	A
耳环	nɑ⁵⁵ ɣɔŋ³¹	A	A	A	B	A	A	A
戒指	nø³¹ tv⁵⁵	A	A	A	B	A	A	A
房子	ɛ⁵⁵ xaŋ⁵⁵	A	A	A	A	A	A	A
猪圈	ɣa³¹ kho³¹	A	A	A	B	A	A	A
门	nɑŋ⁵⁵ ɣo³¹	A	A	A	A	A	A	A
村	tsaŋ⁵⁵ phv³¹	A	A	A	B	A	A	A
路	kɑ⁵⁵ mɑ³¹	A	A	A	A	A	A	A
坟	ɬɔ³³ m⁵⁵	A	A	B	B	A	A	A
地基	tsaŋ⁵⁵ a⁵⁵	A	A	B	B	B	A	A
柱子	zɤ⁵⁵ mɑ³¹	A	A	A	A	A	A	A
锁	tʂo³¹	A	A	A	B	A	A	A
船	ɬo⁵⁵ xɤ³¹	A	A	A	A	A	A	A
病	na³¹	A	A	A	A	A	A	A
梦	ma³³ tho³¹	A	A	A	B	A	A	A
鬼	ni⁵⁵ xɑ³¹	A	A	A	A	A	A	A
神	ʑo⁵⁵ sɤ⁵⁵	D	C	A	D	B	B	C
灵魂	ʑo⁵⁵ ɬa⁵⁵	A	A	A	A	A	A	A
声音	ʑɔ⁵⁵ thi⁵⁵							
话	to⁵⁵	A	A	A	A	A	A	A

(续表)

名字	tshɔ^{55} mi^{55}	A	A	A	A	A	A
今天	za^{31} nɯ^{31}	A	A	A	A	A	A
明天	nɑ^{55} nɯ^{31}	A	A	A	A	A	A
昨天	mi^{55} nɯ^{31}	A	B	A	A	A	A
后天	sa^{31} phi^{55} nɯ^{31}	A	B	A	A	A	A
（一个）月	pɑ^{31} ɬɑ^{31}	A	A	A	A	B	A
（一）天	nɯ^{31}	A	A	A	A	A	A
看	fv^{31}	A	A	A	A	A	A
听	na^{31} ha^{55}	A	A	A	A	A	A
闻	num^{55} fv^{31}	A	A	A	D	A	A
知道	xɤ^{31}	A	A	A	A	A	A
咬	khɔ^{55}	A	A	A	A	A	A
吃	tsɑ^{55}	A	A	A	A	A	A
喝	tɔ^{31}	A	A	A	A	A	A
含	m^{55} thε^{31}	A	B	A	B	A	C
舔	mɤ^{55}	A	A	A	B	A	A
（鸡）叫	tε^{31}	A	A	A	B	A	A
吠	tshε^{55}	A	A	A	B	B	A
骂	tʂha^{31}；kø^{55}	A	A	A	B	A	A
说	ε^{31}	A	A	A	A	A	A
笑	ɣɯ^{31}	A	A	A	A	A	A
哭	ŋø^{31}	A	A	A	A	A	A
爱	ɣø^{31}	A	A	A	A	A	A
怕	ko^{31}	A	A	A	A	A	A
疼	khɔ^{33}	A	A	A	A	A	A
死	ʂɿ^{31}	A	A	A	D	A	A
生（孩子）	po^{31}	A	A	A	B	A	A
飞	pv^{31}	A	A	A	A	A	A
过（桥）	kv^{55}	A	A	A	B	A	A
游泳	a^{55} khε^{55} ɯ^{31} ti^{55} ti^{55}	A	B	A	A	A	A
漂浮	pv^{55} tʂhε^{33}	A	A	A	B	C	A	A
沉	ka^{31} v^{55}	B	A	D	B	A	C
（太阳）落	ka^{55} tɔ^{31}	A	A	A	B	A	A
走	zo^{55}	A	A	A	A	A	A
进	tɔ^{31}	A	A	A	A	A	A
出	to^{31}	A	A	A	A	A	A
来	la^{31}	A	A	A	A	A	A
去	li^{31}；tsɿ^{31}	A	A	A	A	A	A
站	ɕɔ^{55}	A	A	A	A	A	A
坐	tʂo^{31}	A	A	A	B	A	A
住	tɕɔ^{31}	A	A	A	A	A	A
睡	zv^{55}	A	A	A	A	A	A

(续表)

扔	pe⁵⁵ za³¹	A	A	A	A	A	A
砍	tɤ³¹	A	A	A	A	A	A
杀	se⁵⁵	A	A	A	A	A	A
挖	tshɛ⁵⁵	A	A	A	A	A	A
擦	sɿ³¹	A	A	A	B	A	A
洗（衣）	tshɿ⁵⁵	A	A	A	A	A	A
燃烧	tɔ⁵⁵ la³¹	A	A	A	A	A	A
沸	puɯ³¹	A	A	A	B	B	A
晒（衣服）	ɬɔ⁵⁵	A	A	A	A	A	A
编（篮子）	tsɤ⁵⁵	A	A	A	A	A	A
缝	kv⁵⁵	A	A	A	A	A	A
捆	tsɤ³¹	A	A	A	A	C	A
脱	ɬe³¹	A	A	A	A	A	A
剥	ɬɤ⁵⁵	A	A	A	D	C	A
裂	pɛ⁵⁵	B	A	A	B	A	D	C
盛（饭）	ɣe³¹	A	A	A	B	C	A
扛（同抬）	pɑ⁵⁵	A	A	A	A	A	A
夹	nɔ³¹	A	A	A	A	A	A
称	sa³¹	A	A	A	B	A	A
蒙盖	pɑ⁵⁵ tʂhaŋ³¹	A	B	A	C	A	A
埋	kha³³ v⁵⁵	A	A	A	C	C	A
找	ʂa⁵⁵ pho³¹；ʂa⁵⁵ tʂho³¹	A	A	A	A	A	A
偷	xø⁵⁵	A	A	A	B	A	A
换	pha³¹ tsɑ⁵⁵	A	A	A	A	A	A
教	ɛ³¹ me⁵⁵	A	A	A	A	A	A
学	ɣo³¹；tsɔ³¹	A	A	A	B	C	A
放牧	ɬo⁵⁵	A	A	A	B	A	A
断	tshɛ³¹	A	A	A	A	A	A
分	pɛ³¹	A	A	A	B	A	A
推	te⁵⁵	A	A	A	A	A	A
筛	tɕi⁵⁵	A	A	B	B	A	A
煮（饭）	tʂha⁵⁵	A	A	A	A	A	A
磨	sɿ⁵⁵	A	A	A	B	A	A
写	po⁵⁵	A	A	A	A	A	A
摇（头）	ɣɤ³¹	A	A	A	A	A	A
有（钱）	za³¹	A	A	A	A	A	A
挑选	xɛ³¹ tsɛ⁵⁵	A	A	B	B	C	A
穿（衣）	tum³¹	A	A	A	A	A	A
染（布）	tʂha⁵⁵	A	A	C	B	A	C
切（菜）	ze⁵⁵	A	A	A	A	A	A
劁（猪）	tshɯ⁵⁵	A	A	B	B	A	A
骑	tsɿ⁵⁵	A	A	A	A	A	A

(续表)

爬	ta^{31}	A	A	A	B	C	A	A
钻（洞）	pø^{31} to^{33} li^{33}	A	A	A	B	A	A	A
买	ɣ^{31}	A	A	A	A	A	A	A
卖	aŋ^{55}	A	A	A	A	A	A	A
（一）个（人）	ɣa^{31}	A	A	A	A	A	A	A
（一）朵（花）	mɔ^{55}	A	A	A	B	A	A	A
大	xɯ^{55}	A	A	A	A	A	A	A
小	n̩^{31}	A	A	A	A	A	A	A
高	maŋ^{31}；tɕhe^{31}	A	A	A	A	A	A	A
低	mi^{55}；num^{31}	B	A	A	A	A	A	A
圆	ɬɯ^{55} xo^{55} tɛ^{31}	A	A	JD	B	B	A	A
长	maŋ^{31}	A	A	A	A	A	A	A
短	num^{31}	A	A	A	B	A	A	A
厚	thv^{31}	A	A	B	B	A	A	A
薄	pɑ^{55}	A	A	C	B	A	A	A
多	nɑ^{55}；nɑ^{55} sɣ^{31}	A	A	A	A	A	A	A
少	nɯ^{55}；nɯ^{55} sɣ^{31}	A	A	A	A	A	A	A
轻	ɕɔ^{31}	A	A	C	B	A	A	A
重	tʂhɣ^{31}	A	A	A	A	A	A	A
锋利	tso^{31}	A	A	A	B	C	A	A
硬	xa^{31} tʂhɔ^{55} tɛ^{33}	A	A	A	B	A	A	A
软	naŋ^{31} ka^{33} tɛ^{31}	A	A	A	B	A	C	A
弯	zi^{31} ɣo^{55}；zɔ^{31} ɣo^{55}	A	A	A	B	C	C	A
直	tʂo^{31} tha^{31} tɛ^{31}	A	A	JD	B	B	A	A
深	na^{55}；xaŋ^{55}	A	A	A	A	A	A	A
满	pɯ^{31}	A	A	A	A	A	A	A
窄	aŋ^{55}	A	A	A	B	C	C	A
宽敞	lo^{55} ɣa^{55} tɛ^{31}	A	A	A	B	A	A	A
肥	ɣa^{55} tshv^{31}	A	A	A	B	A	A	A
瘦	ʐo^{31} kɔ^{33}	A	A	A	B	A	A	A
牢固	taŋ^{55}	A	A	A	B	A	A	A
忙	the^{55}	A	A	A	B	B	D	A
懒	to^{55} tɕɛ^{31}	A	A	JD	B	A	D	C
快	ʐo^{31} pɛ^{31}	D	A	A	B	B	D	A
慢	ɔ^{55} lɔ^{31} ɔ^{55} lɔ^{31} tɛ^{31}	B	A	A	B	C	A	A
远	xɯ^{55}	A	A	A	A	A	A	A
近	ni^{55}	A	A	A	A	A	A	A
新	ʐɔ^{31} sɣ^{55}	A	A	A	A	A	A	A
旧	ʐɔ^{55} hø^{55}	A	A	A	A	A	A	A
贵	xa^{31}	A	A	A	A	A	A	A
便宜	ɕa^{31}	A	A	A	B	C	B	A
明亮	pa^{31} lo^{55} tɛ^{31}	B	A	A	B	A	C	A

(续表)

暗	xɤ^{31} li^{55} tɕ^{31}	A	A	A	B	A	A
冷	ka^{31}；tshɛ^{55}	A	A	A	A	A	A
热	ɬaŋ^{31}；ɬum^{31}	A	A	A	A	A	A
干	zɔ^{31} kɯ^{31}	A	A	A	B	A	A
湿	zɿ^{31} kɯ^{31}	A	A	A	A	A	A
老	mo^{55}	A	A	A	A	A	A
生	zɔ^{31} tʂum^{55}	A	A	A	A	C	A
涩	phe^{31}	A	B	A	B	C	A
熟	tʂa^{55}	A	A	A	A	A	A
饱	tɛ^{31}；po^{31}	A	A	A	A	A	A
饿	mɛ^{55}	A	A	A	A	A	A
臭	pv^{55}	A	A	B	A	A	A
(味道)香	sɔ^{31} xɤ^{55} tɕ^{31}	A	A	D	B	A	A
甜	tɕhy^{31}	A	A	A	B	A	A
酸	tɕhe^{31}	A	A	A	B	A	A
辣	tshɿ^{31}	A	A	A	A	A	A
咸(同苦)	xɔ^{55}	A	A	A	B	A	A
油腻	lo^{55}	A	A	A	B	A	A
红	zɔ^{55} ni^{55}	A	A	A	A	A	A
黑	zɔ^{31} na^{31}	A	A	A	A	A	A
白	zɔ^{55} phv^{55}	A	A	A	A	A	A
一	tɕhi^{31}	A	A	A	A	A	A
二	n^{31}	A	A	A	A	A	A
三	sum^{55}	A	A	A	A	A	A
四	ø^{55}	A	A	A	A	A	A
五	ŋa^{55}	A	A	A	A	A	A
六	kho^{55}	A	A	A	A	A	A
七	ʂɿ^{55}	A	A	A	B	A	A
八	he^{55}	A	A	A	A	A	A
九	ɣø^{55}	A	A	A	B	A	A
十	tshɛ^{31}	A	A	A	B	A	A
百	tɕhi^{55} ɕa^{55}	A	A	A	A	A	A
千	tɕhi^{55} thaŋ^{55}	A	A	A	B	A	A
半(五两)	ŋa^{55} ɬaŋ^{31}	A	A	A	A	A	A
度	(tɕhi^{55})ɬum^{55}	A	A	A	B	B	A
我	ŋa^{31}	A	A	A	A	A	A
你	no^{31}	A	A	A	A	A	A
他	a^{55} zø^{31}	A	A	A	A	A	A
这	ɕi^{55}	A	A	A	A	A	A
那	ø^{55}	A	A	A	A	A	A
不	ma^{55}	A	A	A	A	A	A

3. 测试结果统计

表 2-11　哈尼语 400 词测试结果统计表

姓名	年龄	A	百分比	B	百分比	C+JC	百分比	D+JD	百分比
赵兰英	41	382	95.50	11	2.75	1	0.25	6	1.50
王浪坡	43	390	97.50	9	2.25	1	0.25	0	0
王才保	37	351	87.75	23	5.75	15+2	4.25	5+4	2.25
白来得	9	219	54.75	164	41.00	0	0	17	4.25
杨来少	19	334	83.50	27	6.75	34	8.50	5	1.25
倪忙色	37	365	91.25	10	2.50	16	4.00	9	2.25
白发长	17	375	93.75	5	1.25	13	3.25	7	1.75

从表 2-11 中我们可以看到，除了年龄较小的白来得（9 岁）词汇量稍小以外，其余 6 人"熟练"和"一般"掌握 400 词的比率都在 90% 以上，词汇量最大的是王浪坡，其 A 级词汇量比率高达 97.5%。

如果把所有被测试人的 A 级和 B 级词汇量相加，全部被测人的词汇量比率都超过了 90%。以上数据说明，各个年龄段的哈尼族人都能非常好地掌握母语词汇。

（四）不同场合哈尼语的使用情况

我们对 9 个村寨的哈尼族在不同场合的语言使用情况进行了调查，发现相互间比较一致。下面对几种主要的语言使用场合进行分析：

1. 家庭内部

在家庭内部，使用语言均为哈尼语。无论是长辈与晚辈（祖父母辈与父母辈、父母辈与子女辈以及祖父辈与孙子女辈等）之间的交流还是同辈分人之间的通话（祖父母之间、父母之间以及子女之间）都使用哈尼语。父母长辈在给晚辈传授生产经验、生活常识时也采用哈尼语，家里人平时聊天、谈笑说的也是哈尼语。一些哈尼族年轻人到外地打工或求学回来后，也是用哈尼语与家里人交流，即使长期在外地生活的子女往家里打电话时也说哈尼语。羊街乡文化站的站长倪伟顺说："现在，我的两个女儿都在外地打工，一个在昆明，一个在大连。但她们回到家或者往家里打电话时都是说哈尼语。"

2. 学校

羊街乡已经建立了较完善的九年制义务教育体系，包括学前教育（幼儿园、学前班）、小学教育和初中教育。一些学校还使用哈尼语辅导教学。

学生在上课或课后与老师或汉族同学交流时说汉语，其余时间都说哈尼语。他们与同族同学、朋友之间用本族语打招呼、开玩笑以及聊天。坝行寨的李坡文小朋友（14 岁，羊街乡中心小学六年级学生）说："我们只有和老师或者在上课时说汉语，平时都说哈尼语。"

羊街乡各中小学中除汉族老师外，还有哈尼族、彝族以及苗族等其他民族的教师。老师之间说什么语言,与其民族成分有关。哈尼族老师之间一般说哈尼语,而哈尼族老师与其他民族老师之间说汉语。

3．机关单位

羊街乡干部以哈尼族为主体,另有少数汉族或其他民族干部。哈尼族干部之间使用哈尼语交谈。羊街乡的乡长龙来明和书记白文华均为哈尼族,他们之间对话或他们与其他哈尼族干部交流时都采用哈尼语。羊街乡文化站的倪伟顺站长也告诉我们:"哈尼族是羊街乡的主要民族,哈尼语在羊街乡的使用范围很广。在羊街乡,哈尼族干部占到了85%到90%,召开会议如果没有其他民族干部出席,都用哈尼语。"

在我们的调查过程中,接触了多位村委会主任、村寨的组长和烤烟辅导员。我们看到他们与村民之间几乎都用哈尼语沟通。帕罗村民小组的老组长王拉沙告诉我们:"我们村里有一半人听不懂汉语,我们和老百姓都说哈尼话。"他还说,基层干部和乡级干部交流时使用的语言则视对方的民族成分而存在差异。"如果乡长到村里检查工作,我们多用哈尼话说,而汉族干部到村里时,我们用汉语说。""当宣传上级文件、政策时,必须使用汉语,如果老百姓听不明白时,我们就要再用哈尼语作解释,开会讨论时也几乎都是说哈尼语。"垤霞村委会的主任王新说:"村寨里有时候用汉语广播,那多是读文件的时候,有时也用我们民族语广播,那多是在通知一些具体的事情。"

4．集市、商店

元羊公路贯穿整个羊街乡,羊街乡政府也在公路边。羊街乡乡政府周围有二十几家商店和两三家饭店,这也是整个羊街乡的商品集散地。羊街乡每个月逢3号和8号赶集。赶集天人口流动大,不同寨子的人、外地人都会来做生意。在乡政府附近,修建了一个农贸市场,在赶集天,来自不同村寨的村民以及不同地方的商贩都会前来摆摊,主要经营蔬菜、水果、鸡鸭、鱼肉、粮油、服装等。集市一般早晨8点开始,中午12点左右最为热闹,下午3点左右就结束。很多本地村寨中的村民都会带农产品来卖。集市上的顾客大都是本地人,偶有少量外地商人来采购蔬菜、鸡鸭等。所以,用哈尼语做买卖的现象到处可见。从寨子里背自家地里所种蔬菜来卖的哈尼族妇女很多,前来购买生活用品的哈尼族妇女也很多,都用熟练的哈尼语交际。来赶集的哈尼族妇女大都在35至45岁之间,汉语水平都不高,她们只能听懂简单的汉语,比如多少钱或多少斤。当外地商人或汉族人与其交流时,这些害羞的哈尼族妇女就会请其他汉语水平稍高的同乡来翻译。语言虽然交流不畅,但生意最终还是能够讲成。在集市里,会说哈尼语的生意人买卖更为方便。汉族生意人刘跃云告诉我们:"两种语言都用,但哈尼语用得明显更多。来赶集的哈尼族人很多,有的背自家田里的菜来卖,有的来买生活用品、食品等等。集市上的很多人都会说哈尼语。在市场里卖豆腐的人很多,我媳妇也是。她的豆腐质量和别人的一样,但因为会说哈尼语,就比别人卖得多,别人只能卖出一板豆腐,她就能卖出两板。"

在羊街乡的公路两旁,有二十几家大大小小的商店。老板多是外地人,本地人较少。据我们了解,整条街上由哈尼族人开的商店或饭店只有两三家。我们对这些商店或饭店的语言使用情况做了了解,发现商店或饭店内的语言使用也因民族成分而异。当地一家由哈尼族人经营的饭店"老生食馆"的老板白梅告诉我们:"来吃饭的有哈尼族,也有汉族、彝族等。刚见面时,我们一般和客人说汉话。如果看到年纪大的、穿着民族服装的老妈妈或说着哈尼语的老大爹,我们也会用哈尼语招呼。时间长了,来的次数多了,我们再见到他们,知道他们是什么民族,就知道说什么话了。"

现阶段哈尼语在羊街乡仍然是强势语言,汉语只是哈尼族人与汉族或其他民族交流时才使用的工具。哈尼语在日常生活中仍占据主导地位。

二 汉语的使用情况

我们对6个村委会的9个村寨(昆南、搓塔旧寨、田房、帕罗、阿寺党、伙甫、新村、孟义以及党舵寨)的汉语使用情况进行了深入的调查。9个寨子都属于哈尼族聚居的村寨。这些寨子中,汉语也是经常使用的一种语言。但不同的村寨,因地理位置不同、周围村寨的民族成分不同,在汉语的使用情况上存在差异。

我们对9个聚居的村寨进行了穷尽式的调查。调查总人数为2680人,占这些村寨总人口的18%。具体情况如下:

表 2-12　哈尼族聚居村寨汉语能力统计表

调查点	总人口	熟练 人口	熟练 百分比	一般 人口	一般 百分比	略懂 人口	略懂 百分比	不会 人口	不会 百分比
昆南	411	247	60.10	109	26.52	28	6.81	27	6.57
搓塔旧寨	167	143	85.63	8	4.79	11	6.59	5	2.99
田房	223	90	40.36	68	30.49	46	20.63	19	8.52
帕罗	179	21	11.73	66	36.88	34	18.99	58	32.40
阿寺党	148	67	45.27	52	35.14	27	18.24	2	1.35
伙甫	496	36	7.26	142	28.63	120	24.19	198	39.92
新村	234	181	77.35	40	17.09	13	5.56	0	0
孟义	178	133	74.72	25	14.05	8	4.49	12	6.74
党舵	393	193	49.11	136	34.61	11	2.79	53	13.49
合计	2429	1111	45.74	646	26.60	298	12.27	374	15.39

(一) 使用汉语的特点

表2-12显示,聚居区哈尼族的汉语水平发展不平衡。有的村寨大多数人能熟练掌握汉语(例如搓塔旧寨,全村85.63%的人能熟练掌握汉语);有的村寨则有近五分之二的村民不会说汉语(伙甫寨,39.92%的村民不会说汉语)。各个村寨汉语水平属于"一般"或"略懂"级的人数也不等。

(二) 各村寨使用汉语的具体情况

我们就各个寨子的地理位置以及其周围寨子的情况,对影响各个村寨汉语水平发展的外界因素做了如下具体的分析。

1. 在昆南寨,汉语水平为"熟练"级的居民有247人,占全寨总人口的60.10%,汉语水平"一般"级的村民有109人,占全寨总人口的26.52%。属于"熟练"和"一般"级的,都具有汉语的交际能力,这个人数是356人,占总人口的86.62%。我们了解到,昆南寨距离元江县城约有30公里,居民经常可以搭便车进县城。因为这里的人常与"城里人"(元江县城使用汉语的人)接触,大多数人的汉语说得较好。

2. 在搓塔旧寨,汉语水平为"熟练"级的村民有143人,占全寨总人口的85.63%,是汉语水平"熟练"级比例最高的村寨。其具有汉语交际能力的居民有151人,占总人口的90.42%。全寨绝大多数人较好地掌握汉语与其村寨的特殊地理位置有关。搓塔旧寨位于羊街乡的西北面,距离元江县城约有30公里。因村寨就在元羊公路旁,离元江县城较近,居民可以经常搭便车到元江县城。因为与城里人接触较多,汉语水平普遍较好。

3. 在田房寨,"熟练"级掌握汉语的有90位居民,占全寨总人口的40.36%。"一般"级掌握汉语的有68位,占全寨总人口的30.49%。即全寨具有汉语交际能力的有158人,占全寨总人口的70.85%。全寨多数人具备汉语的交际能力,与其特殊的地理位置有关。该村寨位于羊街乡的西北面,距乡政府仅两三公里,村民步行一小时就可到乡政府。因为距离汉族较多的羊街乡政府较近,大多数居民都具备基本的汉语交际能力。

4. 帕罗寨是汉语水平"不会"级者较多的村寨,全寨近五分之二的人不会说汉语。全寨中汉语水平较高者偏少,汉语属于"熟练"级的仅有21人,占居民总数的11.73%。这是因为帕罗寨位于乡政府的东南面,距离乡政府约30公里,是一个相对偏僻、闭塞的村寨。从村寨步行到乡政府需要4至5个小时,来回需要10个多小时。从元羊公路到村里的土路在两三年前刚修通,在这之前到羊街乡只能靠步行,约5个小时才到,来回需要一天时间。因为地理位置偏僻,交通不便,帕罗寨的汉语水平相对较低。

5. 阿寺党寨内,汉语属于"熟练"级的有67人,占全寨总人口的45.27%,汉语水平"一般"级的有52人,占全寨总人口的35.14%。全寨具备汉语交际能力的共有119人,占全寨总人数的80.41%。该寨位于乡政府的东南面,距乡政府不到30公里。据了解,20世纪80年代为了修建章巴水库,修通了从羊街到章巴水库的土石路,阿寺党寨在章巴水库附近。修建水库时(20世纪90年代),曾有大量外地工人和技术员在阿寺党寨附近居住,居住时间长达四五年。当时阿寺党寨很多村民也到水库工地打工。因长期与外族接触,阿寺党寨大部分人具备汉语的基本交际能力,部分人汉语熟练。

6. 伙甫寨,位于乡政府东南面,距离乡政府约20公里。因为村寨离元羊公路约20公里,所以伙甫寨属于较偏僻的村寨。另外,通往伙甫寨的土路刚修好5年。在修通公路之前,从伙甫寨到羊街乡政府需步行5个小时。因为地理位置的偏僻以及交通的不便,伙甫寨相对闭塞,居民对哈尼语的依赖严重,大部分人汉语水平偏低。表2-12显示,全寨有198人不会说汉语,占全寨总人口的39.92%,有120人汉语水平属于"略懂"级,占全寨总人口的24.19%。

7. 新村寨是羊街乡的"城中寨"。虽然居民几乎都是哈尼族（仅有少数外族媳妇），但因为距离乡政府、乡中心地带仅 500 米，与汉族接触频繁，这里的哈尼族汉语水平较高。表 2-12 显示，全寨 77.35% 的居民（共 181 人）"熟练"掌握汉语。

8. 孟义寨，位于乡政府东北面，距离乡政府约 16 公里。从表 2-12 中可以看出，孟义寨哈尼族的汉语水平相对较高。全寨有 133 人能"熟练"掌握汉语，占全寨总人口的 74.72%，有 25 人能"一般"掌握汉语，占全寨总人口的 14.05%。孟义寨的汉语使用情况受到周围村寨的影响，孟义寨靠近中梁子寨（彝族聚居村寨，已发生语言转用，现在主要使用汉语），其寨的沙玉平副主任告诉我们："受到中梁子的影响，我们的汉话从小就会说，与他们沟通没问题。"

9. 党舵寨能熟练掌握汉语的人数为 193 人，占全寨总人口的 49.11%。汉语水平属于"一般"级的有 136 人，占全寨总人口的 34.61%。全寨具有汉语交际能力的共有 329 人，占全寨总人口的 83.72%。党舵寨大多数人具有汉语的交际能力与其周围有其他民族的寨子有关。烧灰箐寨（拉祜族（苦聪人）聚居寨）距离党舵约有 2 公里，哈尼族与拉祜族（苦聪人）交流时主要说哈尼语，也可以说汉语，与外族的接触是影响其村民汉语水平的原因之一。从地理位置上看，该寨位于乡政府西南面，离乡政府约 20 公里。通往村里的土路已修通，但路况较差。因为偏僻，相对闭塞，寨内仍有部分人完全不会说汉语。表 2-12 显示，全寨有 53 人不会说汉语，占全寨总人口的 13.49%。

(三) 村寨汉语使用情况的三种类型

根据汉语水平的高低，我们把以上 9 个村寨分为三类。下面，对影响汉语水平的主要因素做些分析。

1. 汉语水平较高的村寨（寨内大多数人熟练掌握汉语）有昆南、搓塔旧寨、新村和孟义寨。影响其汉语水平的主要原因是：地理位置接近汉族村寨或汉语区，使用汉语的机会多。

昆南和搓塔旧寨：地理位置接近元江县城。

新村：羊街乡政府、乡中心旁边。

孟义：接近已发生语言转用的彝族聚居寨中梁子。

2. 汉语水平中等的村寨（寨内大部分人具有汉语交际能力）有田房、阿寺党和党舵寨。影响其汉语水平的主要原因是：接触汉族或使用汉语的机会较多。

田房：距离乡政府不远，接触羊街乡政府、乡中心地带的汉族多。

阿寺党：因过去修建水库，多年接触汉族。

党舵：附近有其他民族村寨，使用汉语的机会多。

3. 汉语水平偏低的村寨有帕罗和伙甫寨。影响其汉语水平的主要原因是：地理位置偏僻，交通不便，周围也是本民族村寨。

(四) 不同年龄段人的汉语使用情况

我们把 9 个村寨的哈尼族分为三个年龄段，分别分析其汉语的使用情况。

1. 60岁以上

表 2-13　9个村寨60岁以上哈尼族汉语使用情况表

调查点	该年龄段总人口	熟练 人口	熟练 百分比	一般 人口	一般 百分比	略懂 人口	略懂 百分比	不会 人口	不会 百分比
昆南	50	7	14.00	20	40.00	7	14.00	16	32.00
搓塔旧寨	19	6	31.58	2	10.53	7	36.84	4	21.05
田房	27	3	11.11	6	22.22	10	37.04	8	29.63
帕罗	10	0	0	4	40.00	6	60.00	0	0
阿寺党	15	3	20.00	4	26.67	6	40.00	2	13.33
伙甫	45	2	4.44	5	11.11	2	4.44	36	80.00
新村	18	12	66.67	1	5.56	5	27.77	0	0
孟义	19	9	47.37	4	21.05	2	10.53	4	21.05
党舵	38	2	5.26	20	52.63	0	0	16	42.11
合计	241	44	18.26	66	27.39	45	18.67	86	35.68

从表2-13可以看出，各村寨老年人的汉语水平不等。掌握汉语情况最好的是新村寨，全寨66.67%的老人熟练掌握汉语，全寨老人没有一个不会说汉语。新村寨距离羊街乡政府、乡中心仅500米。相对于其他村寨，新村寨的汉语水平总体较高，老年人也不例外。孟义寨老人的汉语水平也较好，熟练掌握汉语的人数占全寨总人口的47.37%。我们了解到，孟义寨因靠近中梁子寨，两寨人汉语沟通频繁。另外，20世纪五六十年代，曾有汉族工作队在孟义寨工作，汉族人和村里人一起生产，在一个食堂吃饭，因此部分老年哈尼族的汉语水平很高。搓塔旧寨和昆南寨地理位置上靠近元江，这里的人与元江汉族接触较多，这也有利于居民汉语水平的提高。两个村都有一半以上的老人具备汉语的基本交际能力。我们了解到，相对偏僻、交通不便的几个哈尼族聚居村寨（帕罗、阿寺党、伙甫以及党舵寨）的哈尼族老人的汉语水平都不高，很多人完全不会说汉语，部分人仅能听懂简单的几句日常用语。这与其世世代代使用哈尼语，与外界（汉族）接触少有关。帕罗寨的王拉沙告诉我们：“平常与汉族打交道的机会不多，寨子里说汉话的很少，老人的汉话更差，大多数都听不懂。”田房寨虽距离乡政府、乡中心地带较近，但这里的老年人很少出门赶集，其汉语使用的总体水平偏低。

2. 20—59岁

表 2-14　9个村寨20—59岁哈尼族汉语使用情况表

调查点	该年龄段总人口	熟练 人口	熟练 百分比	一般 人口	一般 百分比	略懂 人口	略懂 百分比	不会 人口	不会 百分比
昆南	253	169	66.80	69	27.27	12	4.74	3	1.19
搓塔旧寨	102	102	100	0	0	0	0	0	0
田房	139	58	41.73	39	28.06	32	23.02	10	7.19
帕罗	115	12	10.43	34	29.57	18	15.65	51	44.35

(续表)

阿寺党	90	45	50.00	30	33.33	15	16.67	0	0
伙甫	316	23	7.28	78	24.68	68	21.52	147	46.52
新村	149	130	87.25	17	11.41	2	1.34	0	0
孟义	105	76	72.38	15	14.29	6	5.71	8	7.62
党舵	248	123	49.60	85	34.27	4	1.61	36	14.52
合计	1517	738	48.65	367	24.19	157	10.35	255	16.81

从表2-14可以看出,聚居村寨哈尼族青壮年的总体汉语水平相对老年人有较大提高。9个村寨可分为两大类:一类是地理位置偏僻、闭塞的村寨(帕罗和伙甫寨)。这类村寨中仍有近一半的青壮年还不会说汉语,能熟练掌握汉语的人数也很少。帕罗寨仅有12人能"熟练"掌握汉语,仅占总人数的10.43%;伙甫寨有23人能"熟练"掌握汉语,仅占总人数的7.28%。据了解,帕罗和伙甫寨地理位置偏僻,交通也不便,其经济收入大多来源于烤烟和甘蔗等农作物。居民们除赶集外,很少与外界接触,除少数读书人或在外地打工者外,很少有人会说汉语,所以其青壮年的汉语总体水平也不高。另一类是与汉族(或说汉语的人)接触较多的村寨(昆南、搓塔旧寨、田房、阿寺党、新村、孟义和党舵寨)。这些村寨或地理位置靠近汉语区,或周围有使用汉语的村寨,其寨内大多数青壮年都具备汉语的交际能力(汉语水平"熟练"级者和汉语水平"一般"级者相加),个别村寨(搓塔旧寨)甚至100%的青壮年都"熟练"掌握汉语,没有不会说汉语的青壮年。

3. 6—19岁

表2-15 9个村寨6—19岁哈尼族汉语使用情况表

调查点	该年龄段总人口	熟练		一般		略懂		不会	
		人口	百分比	人口	百分比	人口	百分比	人口	百分比
昆南	108	71	65.74	20	18.52	9	8.33	8	7.41
搓塔旧寨	46	35	76.09	6	13.04	4	8.70	1	2.17
田房	57	29	50.88	23	40.35	4	7.02	1	1.75
帕罗	54	9	16.67	28	51.85	10	18.52	7	12.96
阿寺党	43	19	44.19	18	41.86	6	13.95	0	0
伙甫	135	11	8.15	59	43.70	50	37.04	15	11.11
新村	67	39	58.21	22	32.84	6	8.95	0	0
孟义	54	48	88.89	6	11.11	0	0	0	0
党舵	107	68	63.55	31	28.97	7	6.54	1	0.93
合计	671	329	49.03	213	31.74	96	14.31	33	4.92

表2-15显示,6—19岁青少年的汉语水平在三个年龄段中,总体情况最好。9个村671人中329人能"熟练"掌握汉语,占总人口的49.03%,213人能"一般"掌握汉语,占总人口的31.74%,具有汉语交际能力的有542人,占总人口的80.77%,完全不会说汉语的有33人,占

总人口的4.92%。青少年能较好地掌握汉语,与其入学教育有关。羊街乡已全面实行"普九"教育,对中小学生还实行"两免一补"政策,因而小学或初中毕业后的青少年说汉语都没有问题。在相对较偏僻的村寨(帕罗以及伙甫寨),学龄前儿童上学前班的机会很少,大部分儿童在上小学(7岁)前,没有任何汉语基础,直到小学二、三年级,汉语水平才能达到"一般"级。据我们了解,羊街乡的中小学有辍学的现象,尤其是来自于偏僻村寨的青少年厌学、辍学的更多。由于脱离了学校汉语学习的大环境,这些青少年的汉语水平一直得不到提高,仅能学会汉语最基本的简单对话。

综上所述,三个不同年龄段的哈尼语使用情况可以归纳为以下几点:

1. 聚居区不同年龄段人之间汉语使用情况存在差异。总的来说,汉语的熟练度与年龄大小成反比。即年龄越大的,汉语水平越低;相反,年龄越小的,汉语能力越高。

2. 聚居区的汉语水平与其接触汉族(汉语区)的多少有关。偏僻的村寨,汉语能力低;交通相对方便,距离汉族(汉语区)近的村寨,汉语水平高。

3. 地理位置偏僻的村寨(帕罗和伙甫寨)中汉语水平偏低的主要是60岁以上老人、7岁以下的儿童以及中年妇女。60岁以上老人因为接触汉语(汉族)少,所以汉语水平低;7岁以下儿童的第一语言是哈尼语,在上学前没有机会接触汉语,所以汉语水平低;过去因为哈尼族地区"重男轻女"思想严重,女孩没有机会上学读书,所以其汉语水平也较低。从整体上来看,地理位置偏僻的村寨,汉语水平总体不高。

4. 哈尼族习得汉语与年龄段和教育水平有关系,反映在哈尼族兼用汉语存在不同的层次。第一层,受过小学以上教育,并从事机关工作的哈尼族,汉语熟练程度最高,他们在工作中使用汉语;第二层,受过小学以上教育的哈尼族汉语熟练,他们在不同的场合能使用汉语交流;第三层,汉族村寨邻近的哈尼族居民、交通较为便利的乡级公路沿线的哈尼族个体经营者,汉语也比较熟练;第四层,居住在比较偏僻村寨的哈尼族成年人普遍汉语水平较低,或多或少会说一些汉语。

(五)不同场合汉语的使用情况

哈尼语和汉语是哈尼族主要使用的两种语言。其中哈尼语是哈尼族最主要的语言,汉语是哈尼族兼用的语言。哈尼族会根据场合的需要,交替使用这两种语言。哈尼语和汉语的关系既存在竞争的一面,也有和谐相处的一面。在不同的使用场合中,哈尼语和汉语既有分工,又有互补。总的来说,哈尼族和本族人说哈尼语,和汉族人说汉语。

下面具体分析一些典型的场合中语言使用的特点。

1. 家庭内部

哈尼族聚居区内以族内婚姻家庭为主,族际婚姻家庭较少。族内婚姻家庭基本上都使用哈尼语;族际婚姻家庭有的使用汉语,族际婚姻家庭若有一方是汉族或说汉语的少数民族,一般使用汉语,下一代的语言以汉语为主。

如今,随着经济的发展,很多哈尼族人走出大山,到外地求学或打工。这些年轻人在外地就主要说汉语。与汉族(汉语区)接触多的村寨中,越来越多的父母认识到汉语的重要性,所以非常重视孩子的汉语学习。新村的李哈洒告诉我们:"我们村满四岁的孩子就能上学前班学汉语了,有些家长还把孩子送到元江去上更好的学前班或幼儿园。我们村的孩子说汉语没有什么困难。"

2. 学校

羊街乡的中小学都实行普通话教学。课上,老师与学生之间,学生与学生之间,都说汉语;课下,老师与学生之间也使用汉语,但学生之间说本族语。羊街乡中心小学的六年级学生杨海顺告诉我们:"我八岁学会汉语的,在学校里学会的。我们在学校里都和老师讲汉话,上课时也都是说汉话。"王琼芬老师也告诉我们:"我们和同学都是说汉语,虽然刚进校的学生有些听不懂。我记得让同学去食堂打大家吃的饭,可他们去食堂抬来了一筐大米;我让他们在打扫卫生的时候去拿工具,他们几个人扛来了挖地的锄头。可是时间长了,他们慢慢也就能听懂了,以后都主动和我说汉语。"

学校里,不同民族的老师之间也说汉语。沙丽萍是羊街乡中心小学的哈尼族老师,她说:"我和汉族老师说汉语,与我们哈尼族老师之间说哈尼语,如果所有的老师在一起聊天,我们一般都说当地汉语。"

3. 乡政府

乡政府的公务用语是汉语。我们到乡政府机关了解情况时,看到乡政府各办公室张贴的规章或守则均使用汉字。各民族干部之间开会或聊天,也都说汉语。副乡长王红梅告诉我们:"乡政府的人都会说汉语,因为我们这里还有汉族、彝族、傣族等干部,我们不仅和哈尼族群众沟通,还要为汉族、拉祜族、彝族等其他民族群众服务。"

4. 集市、商店

羊街乡政府所在地有二十余家商店和两三家饭店,逢3号和8号赶集。每逢赶集日,乡政府附近的商店和市场人头攒动。哈尼语和汉语都在集市上使用,哈尼语使用得更多。赶集时,还有很多外地人前来购买蔬菜或鸡鸭等。这时,他们就会和哈尼族村民说汉语。据观察,很多哈尼族人的汉语水平并不高,只会简单的数字,遇到这种情况,哈尼族人会找汉语流利的老乡来帮忙,外地客商就依靠"临时翻译"做买卖。

乡政府附近的商店和饭店大多是汉族人开的。生意人刘跃云说:"在羊街做生意的汉族要比哈尼族多,因为对市场更了解,对外面的进货渠道更熟,汉族人比哈尼族人做生意的更多。"商店的汉族老板一般和来买东西的顾客说汉语。我们观察了哈尼族买东西时所使用的语言,发现大多数哈尼族人会说简单的汉语方言。湖南人谭自力是羊街乡乡政府旁一家小卖部的老板,他告诉我们:"我开店十年了,很多哈尼族来买东西。他们几乎都会说简单的汉语,也能听懂我说的话。有时候他们不会说的商品,用手一指,我就明白了。我也能听懂一些最基本的哈尼话,做买卖没有什么问题。"

我们把哈尼族在不同场合使用不同语言的情况用表格表示如下:

表 2-16　不同场合哈尼族语言使用情况表

使用场合			哈尼语	汉语
家庭		族内婚姻	√	
		族际婚姻	√	√①
学校	课堂教学	幼儿园、学前班	√	√
		小学低年级		√②
		小学中高年级		√
		初中		√
	课下		√	
机关单位		乡政府	√	√
		信用社		√
		医院	√	√
		派出所	√	√

由表 2-16 可以看到哈尼语与汉语在使用上存在竞争与互补关系。哈尼族用母语与本族人交流,用汉语与汉族或其他外族人交流。根据不同的交谈对象,选择不同的语言,形成汉语和哈尼语互补。哈尼族青少年在家庭内部与会说汉语的父母交谈,或者用民族语,或者说汉语,两种语言的选择存在竞争。

三　哈尼语在羊街乡能够稳定使用的条件和原因

以上材料说明,哈尼族聚居区的母语得到较好的保留。但究竟是什么条件和原因使得羊街乡哈尼族聚居区的母语得到较好的保留?我们试从以下几个方面进行分析。

(一)高度聚居是哈尼语稳定保留的客观条件

哈尼族是羊街乡的主体民族,在分布上呈高度聚居状态。哈尼族聚居区村寨之间的距离也近,很多村寨相隔不到一公里,从高处眺望,哈尼村寨一寨连一寨,形成错落有致的聚居带。聚居区村寨内每户之间的距离也很近,有时两家人之间仅有一个排水沟的距离。

经济的发展、人口的流动、外来务工人员的逐步增多和部分家庭出现的族际婚姻,并没有改变羊街乡哈尼族人口分布的高度聚居特点。据乡政府的统计,全乡工业从业人员59人,建筑业从业人员20人,交通运输业从业人员62人,批发、零售、住宿、餐饮等第三产业从业人员153人,这些行业均以外来汉族为主,少数为本地汉族和哈尼族。但这些外来人员对哈尼族的聚居没有构成大的影响,因为他们主要聚集在乡政府周围,只是赶集日或办事时才与哈尼族来往,并没有深入到村寨,而

---

① 哈尼族聚居村寨内族际婚姻相对较少。哈尼族与其他民族杂居的村寨内族际婚姻多。
② 羊街乡大部分小学取消了低年级的双语教学,只有极个别偏远学校根据实际情况实行低年级双语教学。

且这些人流动性大,时间短,人数少,势力小,对哈尼语的使用并没有太大影响。

高度聚居为母语的保留提供了良好的环境,使母语有了稳定保留的空间。哈尼族在羊街乡这个固定且聚居的哈尼族村寨里,每家每户、每天每人都在频繁地使用哈尼语。哈尼语的高频率使用,形成了一个很大的语言使用环境,处在这个环境中的人们不知不觉地就掌握了语言。乡文化站站长倪伟顺在接受访谈时说:"我们这儿最大的哈尼族寨子有300多户,1000多人,全部都是哈尼族,汉族不和我们居住在一起。在我们哈尼族村寨,日常生活、生产劳动和红白喜事都用哈尼语。进入哈尼族村寨,见到听到的也都是哈尼语……我们哈尼族离不开母语,我们历史上没有文字,很多哈尼族的创世诗和古歌都用口头传承,每逢婚丧嫁娶或叫魂,'摩批'要用哈尼语念经文,有些很美丽的词语只能用哈尼语才能保持原味,哈尼族不会说哈尼语是不行的。"老生食馆的老板娘白梅(垤霞寨的哈尼族,以开食馆为业)在接受采访时也说:"我们这些地方的哈尼族都是说哈尼语,来食馆吃饭的很多顾客都是哈尼族,他们都和我们说哈尼语,有时哈尼族客人会让我们这里的小姑娘帮拿把勺或添碗饭,都是说哈尼语。我们这些地方哈尼族很多,无论你走在街上,还是去到农村,都能听到哈尼语。哈尼族到哪儿都是说哈尼语。"很多哈尼族聚居村寨附近没有其他民族的村寨,很少有机会接触汉族。甚至少量说汉语的人因在聚居区内找不到汉语使用的场合,而开始学说哈尼话。哈尼族的高聚居状态成为保证哈尼语稳定使用的客观条件。

(二)交通和信息相对闭塞是聚居区哈尼语得以保留的一个重要因素

羊街乡哈尼族聚居区山高坡陡,交通不便。乡政府驻地羊街村距县城46公里。羊街乡属于山区乡,最高海拔2580米,最低600米。解放前,羊街乡一直属于土司的辖地。土司政权对这里实行羁縻政策,致使羊街乡长期处于封闭之中,经济落后。各种物资运输主要靠人背马驮,居住在村寨内的哈尼族村民与外界接触极少。因此,这里的哈尼语也不受外界的强烈影响,世代相传。解放后,1957年开始动工修建通往羊街乡的土路,1967年正式通车。由于都是土路,雨天道路经常被冲断。2001年3月元羊公路开始铺设水泥路面,在2002年6月才正式竣工,相对封闭的环境逐步得到改善。元羊公路坡陡、弯急、路面窄,这样的交通条件在很大程度上限制了哈尼族与外界的交流。如今,从乡政府到各村委会的土路已修通,但很多路段晴通雨阻、凹凸不平,实际上是一种"有路无车"的状态。各村寨保守、封闭的环境并未被打破。平时没有固定的车辆通往各村寨,只有赶集日才有农用车从村寨开往乡政府驻地。老百姓很少走出村寨,多数时间还是守着自家农田,缺乏与外界的交流。帕罗寨就是一个例子,它位于乡政府的西北面,距离乡政府约有20多公里,步行到乡政府需要5个小时,交通极为不便。

羊街乡是一个相对闭塞的乡,与外界联系相对较少。据垤霞村委会主任王新介绍:"现在村子里大概30%以上的女性老人(50岁以上)没有去过元江县城,平时也很少出门,只有赶集日才会去乡里赶集,有96%的哈尼族老人听不懂汉语。偶尔出一趟家最远的地方也只是邻乡那诺,但那诺也是哈尼族聚居的乡镇,说的也是哈尼语。"垤霞寨的白来奴没上过学,也没去过外地,我们指着门牌号问她怎么读,她一个字也读不出来。

一些闭塞的聚居村寨,电视及电话的普及率并不高,未能对该地居民尤其是老年人的语言使用构成很大影响。埕霞寨的赵嘎奴老人说:"我今年52岁了,看不懂电视,平时也不看,前些年在本村操场上还放过汉语电影,但我听不懂说什么,只能靠画面猜测意思。"有些家庭甚至因为听不懂汉语,而不买电视。埕霞寨的白里者说:"我家没有电视机,老伴看不懂,还有80岁的老母亲也看不懂,我自己也不爱看,所以不买电视。"埕霞寨的电视机普及率仅为20%;朗支村孟义寨的电视普及率仅为40%。田房寨有57户人家,只有6部电话座机,现在还停了2部;阿寺党寨有32户人家,只有10多部座机,4个人有手机。我们还了解了羊街乡的网络现状,发现整个羊街乡只有乡机关单位和学校有电脑并能上网,各村委均没有电脑,村寨内根本谈不上网络信息的沟通。与外界交流、通讯的工具的缺乏,也就增强了哈尼族对母语的依赖。

(三)固定的经济模式是聚居区母语保留的有利条件

哈尼族传统农业以水稻和玉米为主。解放前,哈尼族以种田为主,由于农耕技术较为落后,生产工具较为原始,水利设施较为简单,水稻产量一般亩产100—150公斤,玉米产量亩产50—100公斤。新中国成立后,在各级政府的帮助和扶持下,各项生产技术不断提高,并不断推广水稻及玉米杂交新品种,水稻亩产达500公斤(1989年),包谷亩产300公斤左右,粮食每亩单产比解放前大约增长了3倍。由于受地理环境和传统经济的制约,羊街乡经济发展滞后,农民生活比较贫困。之后以农业为主体,家庭联产承包责任制和包干到户政策的实行也只是促使农民集中更多的体力、精力以及财力用于农业生产。经济结构的单一,致使许多哈尼人被束缚在田地里。

近几年,羊街乡进行了产业结构调整,着力压缩传统种植业,发展烤烟产业和无公害蔬菜种植业。粮食、烤烟、甘蔗、畜牧是羊街乡农民增收的重要来源。2007年农民烤烟收入1840万元,甘蔗生产收入1200万元,畜牧业收入1500万元。蔬菜是羊街乡农民增收的新亮点,2007年农民蔬菜种植收入超过1000万元。羊街乡的烤烟生产和甘蔗生产均居全县第三位。但这些以田地为主的经济模式,依旧将哈尼族牢牢"捆绑"在田间地头,致使他们困守农田、甘蔗和烤烟地,几乎与外界隔绝。

近几年,与大多数民族地区一样,随着经济的发展,人口流动性的增强,羊街乡哈尼族外出打工人员有逐渐增多的趋势。但总的看来,外出打工者的总体数量与其他乡镇相比相对较少。据2005年的数据统计显示,全乡外出打工人员有3009人,其中省外的有1147人。随着本地经济的发展,全乡外出打工人员数量有所下降。羊街乡村民刘跃云这样看待外出打工现象:"现在出去外面打工划不来。我以前也出去打过工,过了几年我就回来了。在外一天能挣到100元,但每天的开销可能就是120元;如果在家里,一天只挣到50元,用去20元还有30元。"羊街乡哈尼族出去外面打工的人与附近乡镇相比并不多,大部分人依旧在家里以种甘蔗和烤烟为生。

总之,羊街乡种植作物的改变并未改变其以村寨为单位、以农业种植为根本的生产模式,这种模式为哈尼语的保留提供了合适的土壤。羊街乡哈尼族的经济模式成为保证哈尼语稳定使用和发展的有利条件。

（四）长期的族内婚是哈尼语保留的一个重要条件

婚姻关系会对语言使用情况产生重大的影响。特别是在一些人口少、经济文化处于相对弱势的民族中,族内婚比例大常常会对其本族语言的使用产生保护作用。如果长时间持续地保存族内婚,对这个民族语言的保留能起到积极的作用。

解放前,聚居区的哈尼族普遍实行族内婚,男子基本上都娶本民族的女子为妻。解放后,哈尼族实行婚姻自主,部分哈尼族男子开始娶外族姑娘为妻。但据我们了解,受经济条件、地理位置以及传统风俗等多种因素的影响,哈尼族聚居区内土生土长的哈尼族能娶到外族媳妇者少,大多是在外地居住或长期工作的哈尼族才能娶到外族媳妇。羊街乡朗支村委会副主任沙一平说:"哈尼族聚居区比杂居区相对落后一点。以前哈尼族在生活观念上与别的民族有点差异,互相不通婚,生活在本地的哈尼族男子找的都是本地哈尼族女子。现在,嫁入我们哈尼族聚居区的也还都是和我们生活水平相当或更偏僻的哈尼族村寨的哈尼族。因为这里的哈尼族人口多,哈尼族女子也多,找本民族媳妇比起找汉族媳妇要容易得多。"近年来,羊街乡的哈尼族女子嫁到汉族地方的人数有所增多,但大部分的哈尼族男子娶本族人的现象并没有改变。

聚居区哈尼族以族内婚为主。我们以垤霞村委会下辖的6个村寨的族内婚姻为例:

表2-17　垤霞村委会6个村寨的族内婚姻户数表

村寨名称	总户数	族内婚姻户数	族内婚姻户百分比
拉巴哈米	107	106	99.1
依垤	14	13	92.9
大地	43	42	97.7
尼果上寨	70	67	95.7
水龙	184	182	98.9
垤霞	354	354	100

据朗支村委会大地寨的王浪坡说:"我们哈尼族聚居区相对偏僻,很多哈尼族小伙子找不到汉族媳妇,她们不愿意嫁到哈尼族地方来,我儿媳也是哈尼族。少数汉族女子嫁给哈尼族小伙子是出去打工才认识的,结婚后很多都不愿意回来。我们这些地方,都是在外面生活的人才能找到外族媳妇,汉族嫁入本地并留在村子里生活的人一个也没有。"高比率的族内婚姻保持了民族的单一性、语言环境的稳定性。

在羊街乡,由于哈尼族高度聚居,且长期保存族内婚,家庭内部语言以哈尼语为主。哈尼村寨说哈尼语已成为一种不自觉的习惯,这样浓厚的语言氛围为哈尼语的保留提供了保障。

（五）民族凝聚力是聚居区哈尼语得以保留的重要原因

哈尼族是羊街乡的主体民族,他们对自己的民族身份有自豪感,对传承母语和本民族文化存在使命感。这种强烈的民族意识是其母语保留的一个重要原因。

哈尼人热爱自己的民族,对同族人亲如一家。碰到什么大事,都会凑在一块儿商量解决的办法,农忙季节也要相互帮忙。尤其是哈尼族老人去世时,寨子里的人都会去吊唁、帮忙。哈尼族对自己的母语也有深厚的感情,羊街乡文化站站长倪伟顺举了一个很生动的例子:"几年前,我们乡有一个去四川当兵退伍回来的军人,回来的路上碰到熟人打招呼用汉语,回到家里和父母亲讲话也用汉语,父母亲叫他用哈尼语,他说不会说哈尼语了,他母亲听后伤心地哭了。后来全乡人都在议论他的不是,都认为他是不认祖宗,不是哈尼族人。"

哈尼族认为使用母语进行交际会有一种亲切感和认同感,使用母语拉近了相互的距离。所以,他们不管是出去外面打工或工作的人,还是在家务农的农民,都愿意说本族的语言。他们认为哈尼族之间不说哈尼语是件羞耻的事,也会被别人看不起。

哈尼族对本民族的热爱表现在对母语的热爱上。进入羊街哈尼山寨,我们听到家家户户都在用哈尼语进行交流。村委会干部带我们去农户家访问,村干部和他们都用哈尼语交谈。我们问垤霞寨16岁的白云:"出去外面打工或工作的人回来后用什么语言?"她说:"去外面打工的回来后都说哈尼语,和我们也说哈尼语。"乡中学王才保老师也说:"说哈尼语特别重要,我本人也是哈尼族,应该尊重自己民族的历史,尊重自己民族的文化。哈尼语不是一种抽象的语言,里面有很多做人的道理,那里面有很多我们民族文化的精华,有一些很深厚的内容。我认为是哈尼人就应该先学会哈尼语,有的哈尼族家庭,从小父母就没有教孩子哈尼语,等孩子长大了,不会用哈尼语和本民族同胞交流,那是一种很大的遗憾。"

哈尼族的民族凝聚力还表现在语言观念上。我们对聚居区不同村寨的9人进行了抽样调查,这9人是李背波、张奴色、白伙者、白奴者、白洒叶、李者波、李勇、王拉沙和张华。"你是否希望哈尼语在村寨中永远保留下去?"8人回答希望,比例为88.9%,1人回答无所谓。"如果家里的孩子不会母语,你的态度是什么?"5人回答反对,比例为55.6%,3人回答无所谓,1人对不会母语表示支持。"你家的孩子学说话时,你最先教给他的是哪种语言?"9人回答哈尼语,比例为100%。我们问垤霞寨的倪志坚怎么看待外面回来不说哈尼语的人时,他非常激动地说:"从外面回来不说哈尼语是摆架子,是不尊敬老人。如果我的孩子(大儿子和二儿子都在昆明打工)回来和我说汉语,我不打死他们才怪。"

羊街乡哈尼族稳固的民族意识决定了他们具有热爱自己母语的情感。语言是具有多功能性的,哈尼语除了运用于交际,还承载着哈尼族认识客观世界、传达情感信息、传承哈尼族优秀历史文化的功能。

综上所述,高度聚居为保留母语创造了客观的条件,交通和信息的相对闭塞为保留母语提供了良好的环境,固定的经济模式是保留母语的有利条件,族内婚则保证了母语的延续,民族凝聚力是保留母语的重要原因。所有这些,使哈尼族聚居区的母语得到了较好的保留。

四 羊街乡哈尼族普遍兼用汉语的原因

羊街乡的哈尼族既稳固地使用母语又能普遍兼用汉语,其原因如下:

(一)学校教育是普遍兼用汉语的重要原因

哈尼族普遍兼用汉语,主要归功于哈尼族地方的教育普及。哈尼族主要通过学校教育获得学习汉语的机会,学校是哈尼人学习汉语的重要场所。新中国建立后,羊街乡的学校教育有了很大的发展,为哈尼族学习汉语提供了重要的条件,大多数人的汉语都是在学校里学会的。

据《玉溪乡镇简志》记载,1957年9月,羊街中心完小举办附设初中班,共招收学生100人。1978年3月1日,在羊街村路慈建校并招收学生240人,设4个班。1981年在坝木村委会办了2个女子班,1989年在戈垤、垤霞等村委会相继办起了5个女子班,有效地解决了哈尼族女孩子的读书问题。1987年,该乡办起了中学,即现在的羊街中学。1989年,羊街乡中心小学办起幼儿班,共招收学生45人。1992年起,小学开始实施六年制义务教育。1996年实现了六年制义务教育。2000年9月,羊街中学"普九"教育通过了验收。2002年,办起幼儿班的村完小共3所,人数131人。至2002年辖区内共有小学27所,85个班,在校生2199人。2002年羊街中学共设16个教学班,在校学生833人。普及九年义务教育以来,哈尼族适龄儿童基本都能到学校学习。学校教育,在很大程度上提高了聚居区哈尼族的汉语水平。

羊街乡中心小学校长李佳圣介绍:"羊街乡现有6所村完小,17个村小,73个教学班,在校学生有2027人,入学率达99.5%。学前班有4个,在校幼儿112人,非正规学前幼儿班5个。为了方便教学、集中办学,2007年小学实行撤并。原来我们中心小学只有90多个住校生,现在撤并后有640个学生,住校生近600个。撤并前的学生里汉族占多数,撤并后哈尼族学生多了,占了90%。"

中学党支部书记王才保也说:"二三十年前,我们的父母辈多数不懂汉语,所以我们刚上学的时候大多数哈尼族孩子都不会讲汉语,学汉语是在进了学校以后才开始的。那个时候,在小学低年级(一二年级)老师还得或多或少地用哈尼语来辅助教学。但是现在,除了七八十岁的老人以外,都会汉语了,连五六十岁的老人都能听懂日常的汉语了。一点汉语都不会说的,只是一些生活在偏僻地区、常年不出门的农村妇女。随着通讯、交通等方面的发展,听不懂和不会讲汉语的哈尼人会越来越少。"

田房寨组长李勇介绍:"哈尼族聚居的村寨,全村人都会说哈尼语。60岁以上的老人,基本都不会说,也不会听汉语,他们生活的那个年代没有机会去学校读书;青少年分两类:读书的会说汉语,但不流利(小学三四年级以后才流利),没有上学读书的,不会听也不会说汉语。"

(二)与外界交流不断增多是聚居区哈尼族掌握汉语的重要因素

改革开放30年来,哈尼族与本乡的汉族和外地的汉族接触和交流的机会大大增加。羊街乡经济发展的同时,也加大了对外的交流。很多哈尼族人纷纷外出寻求发展机遇。据2005年乡政府的数据统计,全乡外出打工人员3009人,其中出省的有1147人。省内各地如元江、玉溪和昆明等,都有羊街乡哈尼族务工人员。依埕寨的白岩松说:"去外面打工或工作的回到村里还是说哈尼语,但几个年轻人凑在一起,就会用汉语讨论一些比较现代的或比较新鲜的事,他们可能用哈尼语无法描述外面碰到的新鲜事物。"有的哈尼族在外生子育女,和汉族接触得多,自然习得了汉语,回家后也会使用汉语。

羊街乡聚居区的哈尼族到外地求学的人数不断增多。有些去元江读初中和高中,也到外地读中专和大学的。田房寨组长李勇说:"上大学的有两个,云南民族大学体育学院,有5人在上高中。"帕罗寨老组长王拉沙介绍:"我们这儿四五十岁的中年人有一半会说汉语,二三十岁的人中有70%的人都会说汉语,会说汉语的人汉语水平也不高,现在村寨里汉语水平最好的是初中生。"

到外面求学的人回来后把汉语带到了哈尼族聚居的地方。我们在埕霞村委会埕霞寨遇到的白云就能说一口流利的汉语。我们问她:"您是从哪儿学来的汉语?您去外面打过工吗?"她很不好意思地说:"我没有去外面打工,我读完初一就回来了,我的汉语有一部分是学校里的老师教的,有很大一部分是从我哥哥白辉和他的朋友那儿学的,我哥在元江民中读书,他和同学回到家里也偶尔会讲汉语,我去他那儿玩时他和朋友也讲汉语,所以我的汉语稍好一些。"

(三)媒体对哈尼族聚居区使用汉语起了大面积的推动作用

汉语是该乡施政、事务管理、推行义务教育、各种媒体传播的公务语言,因此汉语在该乡各族语言中逐步显示出其强势的功能。

媒体对羊街乡聚居区哈尼族的汉语习得产生了很大的影响。哈尼族部分家庭有电视机,他们都爱看电视。村里的青壮年,白天下地劳动,晚上普遍在电视机前看电视。天长日久,他们巩固和提高了原有的汉语基础。有的说,电视机是我们学习汉语的老师。特别是少年儿童,他们从电视里提高了汉语水平。乡小学老师王琼芬说:"坝行那边的村子,很多家里都有电视机,经常看动画片的那些同学,汉语水平就好一些,即使不会用汉语表达,他们也能听懂老师的话。党舵那边的一些同学,家里没电视机的,不仅不会说,连听都听不懂汉语。"

第二节 杂居区哈尼族语言使用情况

羊街乡是元江县哈尼族高度聚居区之一,杂居的甚少,只有羊街村委会的新村寨和党舵村委会的坡头寨两个村寨是杂居区。本节分别记述这两个杂居区哈尼族的语言使用情况,分析形成的条件。

一 坡头寨哈尼族语言使用情况

(一)坡头寨概况

坡头寨属于羊街乡党舵村委会,距乡政府所在地羊街村19公里。长期以来交通相对闭塞,目前公路的修建工程在进行中,预计至2008年4月底完工,从羊街到党舵村委会的13公里将修成水泥路,党舵至坡头6公里将修成弹石路面。虽然交通不便,但坡头寨经济并不落后,按羊街乡文化站长倪伟顺的说法就是"这个村子走致富之路有一套",坡头寨还被玉溪市委市政府评为"市级文明村"。其经济收入主要来源于烤烟、甘蔗、养殖业三大支柱产业,兼种少量其他农作物。由于水资源缺乏,稻田很少,很多人家都是靠种烤烟换钱买米补足主食。近几年来,几大经济产业效益良好,每年户均收入超过20000元,年人均收入超过5000元,90%以上人家都盖有钢筋水泥楼房。村民小组副组长王普沙介绍说,每户人家都有手机、电视机、VCD机等家用电器;每户都有摩托车;每户都建有沼气池;烤烟房2—4间/户;20%人家有电冰箱;60%人家有太阳能;有4辆汽车,主要用于拉烤烟、甘蔗、赶集载客等。进入坡头寨,不得不让人赞叹大山深处这个富庶村寨人民的勤劳。

坡头寨的由来村里老人不是很清楚,他们只能大概说出村寨历史有100年左右,原为汉族人居住,后来有部分哈尼族人迁入,再后来有拉祜族(苦聪人)迁入,也曾经有过彝族人家。坡头二字为哈尼语"phu^{55}tho^{55}"的音译,意为"位于山坡"。

(二)坡头寨语言使用特点

坡头寨属于三种民族杂居的村寨。该村有42户人家,205人;有31户哈尼族,161人;7户拉祜族(苦聪人),29人;4户汉族,15人。哈尼语的语言能力按四个年龄段划分统计如下:

表 2-18　坡头寨哈尼族不同年龄段哈尼语能力统计表

年龄段	总人口	熟练 人口	熟练 百分比	一般 人口	一般 百分比	略懂 人口	略懂 百分比	不会 人口	不会 百分比
6—19岁	40	40	100	0	0	0	0	0	0
20—59岁	98	97	98.98	0	0	1	1.02	0	0
60岁以上	14	14	100	0	0	0	0	0	0
合计	152	151	99.34	0	0	1	0.66	0	0

坡头寨的哈尼族不仅能讲哈尼语,部分人还能讲汉语和苦聪话。其语言能力按年龄段统计如下:

表 2-19　坡头寨哈尼族不同年龄段苦聪话能力统计表

年龄段	总人口	熟练 人口	熟练 百分比	一般 人口	一般 百分比	略懂 人口	略懂 百分比	不会 人口	不会 百分比
6—19岁	40	21	52.50	1	2.50	18	45.00	0	0
20—59岁	98	95	96.94	0	0	2	2.04	1	1.02
60岁以上	14	14	100	0	0	0	0	0	0
合计	152	130	85.53	1	0.66	20	13.15	1	0.66

表 2-20　坡头寨哈尼族不同年龄段汉语能力统计表

年龄段	总人口	熟练 人口	熟练 百分比	一般 人口	一般 百分比	略懂 人口	略懂 百分比	不会 人口	不会 百分比
6—19 岁	40	25	62.50	14	35.00	1	2.50	0	0
20—59 岁	98	98	100	0	0	0	0	0	0
60 岁以上	14	13	92.86	1	7.14	0	0	0	0
合计	152	136	89.47	15	9.87	1	0.66	0	0

表 2-21　坡头寨部分哈尼族家庭语言使用情况调查表

序号	家庭关系	姓名	出生年月	民族	文化程度	第一语言及熟练程度	第二语言及熟练程度	第三语言及熟练程度
1	户主	李才黑	70/08	哈尼	脱盲	哈尼语熟练	苦聪话熟练	汉语熟练
	配偶	杨斗佰	70/08	哈尼	脱盲	哈尼语熟练	苦聪话熟练	汉语熟练
	母亲	李里努	30/07	哈尼	文盲	哈尼语熟练	苦聪话熟练	汉语熟练
	长女	李黑叶	89/10	哈尼	高中	哈尼语熟练	苦聪话熟练	汉语熟练
	次女	李才顺	91/11	哈尼	初中	哈尼语熟练	苦聪话熟练	汉语一般
	儿子	李平雄	95/05	哈尼	小学	哈尼语熟练	苦聪话熟练	汉语一般
2	户主	李光学	44/08	哈尼	小学	哈尼语熟练	苦聪话熟练	汉语熟练
	配偶	白宏爱	42/03	哈尼	文盲	哈尼语熟练	苦聪话熟练	汉语熟练
	长子	李生福	71/02	哈尼	脱盲	哈尼语熟练	苦聪话熟练	汉语熟练
	次子	李满黑	78/10	哈尼	初中	哈尼语熟练	苦聪话熟练	汉语熟练
	儿媳	范速婼	68/12	哈尼	脱盲	哈尼语熟练	苦聪话熟练	汉语熟练
	孙子	李建成	90/05	哈尼	高中	哈尼语熟练	苦聪话略懂	汉语熟练
	孙女	李福叶	91/08	哈尼	初中	哈尼语熟练	苦聪话略懂	汉语熟练
3	户主	李哈沙	20/07	哈尼	文盲	哈尼语熟练	苦聪话熟练	汉语熟练
	配偶	杨祖努	29/08	哈尼	文盲	哈尼语熟练	苦聪话熟练	汉语熟练
	儿子	李者才	74/04	哈尼	小学	哈尼语熟练	苦聪话熟练	汉语熟练
	儿媳	石情招	75/01	拉祜	小学	苦聪话熟练	哈尼语熟练	汉语熟练
	孙女	李哈爱	93/11	哈尼	小学	哈尼语熟练	苦聪话略懂	汉语熟练
	次孙女	李爱努	96/12	哈尼	小学	哈尼语熟练	苦聪话略懂	汉语一般
4	户主	王才波	54/06	哈尼	小学	哈尼语熟练	苦聪话熟练	汉语熟练
	配偶	白机波	69/04	哈尼	小学	哈尼语熟练	苦聪话熟练	汉语熟练
	儿子	王海得	81/08	哈尼	初中	哈尼语熟练	苦聪话熟练	汉语熟练
	女儿	王黑色	83/02	哈尼	初中	哈尼语熟练	苦聪话熟练	汉语熟练
	孙女	王来沙	01/11	哈尼		哈尼语熟练	苦聪话略懂	汉语不会
5	户主	王春成	38/12	哈尼	文盲	哈尼语熟练	苦聪话熟练	汉语熟练
	配偶	李在佰	49/01	哈尼	小学	哈尼语熟练	苦聪话熟练	汉语熟练
6	户主	王者福	29/08	哈尼	文盲	哈尼语熟练	苦聪话熟练	汉语熟练
	儿子	王普机	71/01	哈尼	初中	哈尼语熟练	苦聪话熟练	汉语熟练
	儿媳	杨界爱	74/02	哈尼	小学	哈尼语熟练	苦聪话熟练	汉语熟练
	长孙子	王机阿	93/03	哈尼	初中	哈尼语熟练	苦聪话略懂	汉语一般
	次孙子	王阿德	95/12	哈尼	小学	哈尼语熟练	苦聪话略懂	汉语一般

(续表)

7	户主	王桥叶	67/03	哈尼	小学	哈尼语熟练	苦聪话熟练	汉语熟练
	配偶	王美针	64/05	哈尼	脱盲	哈尼语熟练	苦聪话熟练	汉语熟练
	大弟	王桥文	69/05	哈尼	小学	哈尼语熟练	苦聪话熟练	汉语熟练
	二弟	王老伍	74/05	哈尼	小学	哈尼语熟练	苦聪话熟练	汉语熟练
	弟媳	张福努	77/06	哈尼	小学	哈尼语熟练	苦聪话不会	汉语一般
	妹妹	王艳	87/08	哈尼	初中	哈尼语略懂	苦聪话略懂	汉语熟练
	侄子	王春成	90/12	哈尼	初中	哈尼语熟练	苦聪话一般	汉语一般
8	户主	陈龙皮	38/09	哈尼	文盲	哈尼语熟练	苦聪话熟练	汉语熟练
	长子	王力保	69/06	哈尼	脱盲	哈尼语熟练	苦聪话熟练	汉语熟练
	长媳	李优努	72/03	哈尼	脱盲	哈尼语熟练	苦聪话熟练	汉语熟练
	次子	王海成	71/10	哈尼	小学	哈尼语熟练	苦聪话熟练	汉语熟练
	长女	李玉仙	76/07	哈尼	小学	哈尼语熟练	苦聪话熟练	汉语熟练
	孙女	王朗收	91/11	哈尼	初中	哈尼语熟练	苦聪话略懂	汉语熟练
	孙女	王宝英	96/05	哈尼	小学	哈尼语熟练	苦聪话略懂	汉语一般
	孙子	王宝林	98/05	哈尼	小学	哈尼语熟练	苦聪话略懂	汉语一般
19	户主	王基波	55/11	哈尼	小学	哈尼语熟练	苦聪话熟练	汉语熟练
	配偶	杨好收	55/01	哈尼	小学	哈尼语熟练	苦聪话熟练	汉语熟练
	长子	王波阿	74/01	哈尼	小学	哈尼语熟练	苦聪话熟练	汉语熟练
	儿媳	李阿叶	76/01	哈尼	初中	哈尼语熟练	苦聪话熟练	汉语熟练
	次子	王阿朗	77/03	哈尼	小学	哈尼语熟练	苦聪话熟练	汉语熟练
	孙子	王朗得	96/01	哈尼	小学	哈尼语熟练	苦聪话略懂	汉语一般
	孙女	王得义	97/09	哈尼	小学	哈尼语熟练	苦聪话略懂	汉语一般
20	户主	李龙收	42/02	哈尼	文盲	哈尼语熟练	苦聪话熟练	汉语熟练
	配偶	王阿四	45/02	哈尼	小学	哈尼语熟练	苦聪话熟练	汉语熟练
	长媳	张文知	68/05	哈尼	初中	哈尼语熟练	苦聪话熟练	汉语熟练
	次子	李玉保	70/02	哈尼	初中	哈尼语熟练	苦聪话熟练	汉语熟练
	次媳	杨才努	74/02	哈尼	小学	哈尼语熟练	苦聪话熟练	汉语熟练
	三子	李夸心	78/01	哈尼	小学	哈尼语熟练	苦聪话熟练	汉语熟练
	孙子	李艳华	88/07	哈尼	大学	哈尼语熟练	苦聪话熟练	汉语熟练
	孙女	李艳丽	89/11	哈尼	高中	哈尼语熟练	苦聪话熟练	汉语熟练
	孙女	李梅芬	96/01	哈尼	小学	哈尼语熟练	苦聪话略懂	汉语一般
	孙子	李背沙	01/04	哈尼		哈尼语熟练	苦聪话略懂	汉语略懂
21	户主	杨伟佰	44/07	哈尼	文盲	哈尼语熟练	苦聪话熟练	汉语熟练
	女儿	李哈佰	72/05	哈尼	小学	哈尼语熟练	苦聪话熟练	汉语熟练
	儿子	李德黑	76/11	哈尼	中专	哈尼语熟练	苦聪话熟练	汉语熟练
	儿媳	杨玉连	78/05	汉	中专	汉语熟练	苦聪话熟练	哈尼语熟练
22	户主	李者德	68/03	哈尼	初中	哈尼语熟练	苦聪话熟练	汉语熟练
	配偶	杨合佰	70/04	哈尼	初中	哈尼语熟练	苦聪话熟练	汉语熟练
	女儿	李建保	90/01	哈尼	高中	哈尼语熟练	苦聪话略懂	汉语熟练
	儿子	李华明	93/06	哈尼	初中	哈尼语熟练	苦聪话略懂	汉语熟练
23	户主	李满皮	34/12	哈尼	文盲	哈尼语熟练	苦聪话熟练	汉语一般
	配偶	范立书	57/03	哈尼	脱盲	哈尼语熟练	苦聪话熟练	汉语熟练

(续表)

23	儿子	李皮斗	70/11	哈尼	小学	哈尼语熟练	苦聪话熟练	汉语熟练
	儿媳	白药皮	69/11	哈尼	小学	哈尼语熟练	苦聪话熟练	汉语熟练
	儿子	李建发	81/03	哈尼	初中	哈尼语熟练	苦聪话熟练	汉语熟练
	儿媳	白国叶	81/02	哈尼	脱盲	哈尼语熟练	苦聪话熟练	汉语熟练
	孙女	李机努	89/02	哈尼	高中	哈尼语熟练	苦聪话略懂	汉语熟练
	孙子	李森者	91/03	哈尼	初中	哈尼语熟练	苦聪话略懂	汉语熟练
	孙子	李春福	97/12	哈尼	小学	哈尼语熟练	苦聪话略懂	汉语一般
28	户主	李朗才	64/01	哈尼	初中	哈尼语熟练	苦聪话熟练	汉语熟练
	配偶	范那那	65/05	哈尼	小学	哈尼语熟练	苦聪话熟练	汉语熟练
	长女	李嫭白	86/02	哈尼	初中	哈尼语熟练	苦聪话熟练	汉语熟练
	次女	李满爱	90/06	哈尼	高中	哈尼语熟练	苦聪话熟练	汉语熟练
	儿子	李光福	95/09	哈尼	小学	哈尼语熟练	苦聪话熟练	汉语一般

备注：本表省略了三语全部熟练家庭14户。

从上面语言使用能力的统计表中可以看出，杂居坡头的哈尼族大多会用三种民族语言，即哈尼语、汉语、苦聪话，形成三语兼用的状况，并能自由地转换使用这三种语言。从表2-18中可以看出，坡头寨哈尼族母语保留很好，99.34%的哈尼人都能熟练掌握哈尼语。由表2-19可见，哈尼族一部分人也会苦聪话。表2-20显示，绝大部分人都会说汉语，汉语"一般"和"略懂"级的有16人。外人到村里，除50岁以上的老年人用哈尼语外，从小孩到中年人基本上脱口而出的就是汉语。

村寨副组长王普沙告诉我们："现在村里大部分家长教小孩从小学汉语，大部分小孩是上羊街小学后才学会哈尼语的。"羊街乡中心小学90%的学生是哈尼族，他们在课外均用哈尼语交流。王普沙还告诉我们先教自己的孩子学习汉语的三个理由：第一，为了让孩子长大以后做生意。学汉语早，学习更轻松，掌握知识会更多，不会被别人坑蒙拐骗。第二，为了便于与外地人交流和交朋友。不会说汉语很难交到更多朋友，"朋友多了路好走"，所以希望孩子能尽早掌握汉语。第三，为了生活。如果出去打工，不会说汉语，工作都难找，会说汉语是在城里找工作的第一个重要条件。当问他哈尼语是否重要时，他回答"很重要"。他说："作为哈尼人，哈尼语当然重要。"再问他为何不哈尼语、汉语一起教孩子时？他无语了……

（三）形成多语的条件分析

1. 杂居。多语有利于几个民族间相互交流和村寨经济、社会的发展；而杂居环境有助于他们掌握多种民族语言。

2. 求发展的愿望。大多数家长希望孩子能走出大山，所以从小重视汉语的训练。

3. 族际婚姻的存在。族际婚姻使部分家庭内部语言使用呈多元化。

4. 语言观念的变化。人们普遍认为，只懂本族语还不够。为适应社会的需要，应当变为双语人甚至多语人。

二 新村寨哈尼族语言使用情况

（一）新村寨概况

羊街乡政府驻地杂居有乡属机关、事业单位、羊街寨、新村寨以及部分外来人口。其中羊街寨98%是汉族,在东面形成聚居,羊街乡新村寨是哈尼族村寨,在西面聚居,羊街寨和新村寨在管辖上属于两个自然村,但实际是相连的一个大村落,乡属单位散居于二者之间,还有外来商人租房设铺掺和着,整体形成一个小聚居、大杂居的特点。新村寨位于羊街寨的西面,寨头公路边的几户人家都是汉族。

新村寨离乡政府500米,原称"三家寨"。主要由三姓人家组成,即李姓、张姓、王姓,是从距现在所驻地300米的一个山坳里迁居过来的,是最早迁入的哈尼族村寨。新村寨有57户,258人,其中嫁入或入赘的外族人有汉族2人、傣族1人,其余都是哈尼族。

新村寨经济收入主要靠蔬菜、烤烟、甘蔗,年人均收入2000元以上。大多数农户都有摩托车、手机、电话和电视等。外出打工人员少,他们认为在外打工只能填饱肚子,在家种菜也可以过上好日子,该寨曾经是百亩精品蔬菜基地。有10多户人家从外地来这里做生意,租新村寨的房子。寨子里都铺了水泥路,相对卫生。学生上学很方便,小学、中学就在寨头。中小学实行"二免一补",幼儿园（学前班）免费入园,到4岁的孩子都可送进幼儿园。

（二）新村寨哈尼族的语言使用情况

新村寨的哈尼族除了母语外,大部分人还兼用汉语。其语言使用情况见下表:

表2-22 新村寨哈尼族不同年龄段哈尼语使用情况表

年龄段	总人口	熟练 人口	熟练 百分比	一般 人口	一般 百分比	略懂 人口	略懂 百分比	不会 人口	不会 百分比
6—19岁	67	63	94.03	4	5.97	0	0	0	0
20—59岁	149	148	99.33	1	0.67	0	0	0	0
60岁以上	18	18	100	0	0	0	0	0	0
合计	234	229	97.86	5	2.14	0	0	0	0

表2-23 新村寨哈尼族不同年龄段汉语使用情况表

年龄段	总人口	熟练 人口	熟练 百分比	一般 人口	一般 百分比	略懂 人口	略懂 百分比	不会 人口	不会 百分比
6—19岁	67	39	58.21	22	32.84	6	8.95	0	0
20—59岁	149	130	87.25	17	11.41	2	1.34	0	0
60岁以上	18	12	66.67	1	5.56	5	27.77	0	0
合计	234	181	77.35	40	17.09	13	5.56	0	0

表 2-22 显示,新村寨哈尼族虽然与本乡最大的汉族聚居区杂居,但他们却能将母语保持完好。村里的孩子都能熟练掌握自己的母语。我们在调查中看到在马路上有不少儿童聚集在一起玩耍,他们之间主要用哈尼语交流。这里的哈尼语受汉语的影响更多一些,有不少词汇使用了汉语。

新村寨哈尼族由于和汉族交往密切,汉语水平也较高。表 2-23 显示,20—59 岁的有两人汉语只是略懂,她们是没上过学的女性;还有 27.77% 的老年人的汉语水平属于略懂,是因为他们与汉族接触少,没有出过远门。我们还可以从个人语言使用调查表中看出,女性掌握汉语的能力比男性要弱,主要是因为她们外出机会少,接触汉族人少。

为了更好地掌握新村寨哈尼族人语言使用情况,调查组还专门走访了三户人家。以下是走访的情况记录:

1. 李强,男,1984 年生,哈尼族,初中文化。

家庭基本情况:配偶,李福爱,因远半昆人,哈尼族,23 岁,初中文化。女儿,5 岁,会哈尼语,不会汉语,父母只教女儿哈尼语,不教汉语。父亲生于 1958 年,汉语熟练,没有上过学,在当地跟汉族学会讲汉语。爷爷 74 岁,会说汉语。奶奶 80 岁,不会汉语。哥哥李金宝,25 岁,在云南师范大学数学系读本科数学专业,于 2008 年 7 月毕业。有一辆东风车,用于运输拉货,家有电视机,喜欢看《新闻联播》、《元江新闻》以及电影频道的节目。

经济来源:主要种植烤烟、甘蔗以及蔬菜。

语言观念:出门在外与外族交往讲汉语,与本民族交往常用哈尼语。他认为,回本村一定要讲哈尼语,否则会被父母或同村人视为不孝。

2. 李嘎波,男,1955 年生,哈尼族,没有上过学,长期做豆腐、魔芋生意。

家庭基本情况:配偶,白合收,1954 年生,哈尼族,没有上过学。儿子李生德,1980 年生,曾在蒙自军分区服役,现在专门搞运输。有一女,已出嫁。儿媳是拉巴哈咪的哈尼族,生有一女,满 5 岁,会讲会听哈尼语和汉语。全家都会讲会听哈尼语和汉语。该户为豆腐专业户,每天都到羊街卖豆腐和豆芽,还养了 18 头大肥猪,若干鸡鸭,有一辆运送豆腐的三轮摩托。

3. 李那者,男,1967 年生,哈尼族,小学文化,汉语熟练,酿酒专业户。

家庭基本情况:配偶,陈采衣,1965 年生,哈尼族,上过小学一年级,会讲汉语。有两女一男:大女儿,李来义,现在大理学院音乐系上大三;二女儿毕业于峨山职中,现已出嫁;小儿子 18 岁,现在元江打工,跟他舅舅搞建筑,平时在家都讲哈尼语,来了汉族客人的时候就讲汉语。

新村寨的哈尼人有 60% 以上是双语人,他们在不同场合、与不同人交流时能够熟练地转换使用两种语言。少部分人汉语程度不高,主要是儿童和老年人。

表 2-24　新村寨部分哈尼族家庭语言使用情况调查表

序号	家庭关系	姓名	出生年月	民族	文化程度	第一语言及熟练程度	第二语言及熟练程度
1	户主	李皮有	56/05	哈尼	小学	哈尼语熟练	汉语熟练
	长子	李正堂	76/02	哈尼	初中	哈尼语熟练	汉语熟练
	次子	李正忠	78/02	哈尼	高中	哈尼语熟练	汉语熟练
	儿媳	倪桂兰	79/05	哈尼	高中	哈尼语熟练	汉语熟练
	孙女	李 进	03/09	哈尼	学前	哈尼语略懂	汉语一般
2	户主	李来保	73/08	哈尼	小学	哈尼语熟练	汉语熟练
	配偶	王黑努	73/03	哈尼	小学	哈尼语熟练	汉语熟练
	长子	李生发	91/02	哈尼	小学	哈尼语熟练	汉语熟练
	次子	李发雄	94/12	哈尼	小学	哈尼语熟练	汉语熟练
3	户主	李来福	70/12	哈尼	小学	哈尼语熟练	汉语熟练
	配偶	李努依	78/05	哈尼	脱盲	哈尼语熟练	汉语熟练
	长子	李福元	95/02	哈尼	小学	哈尼语熟练	汉语一般
	次子	李福强	96/12	哈尼	小学	哈尼语熟练	汉语一般
6	户主	李者沙	74/01	哈尼	小学	哈尼语熟练	汉语熟练
	配偶	白来奴	75/04	哈尼	小学	哈尼语熟练	汉语熟练
	母亲	李吉收	35/04	哈尼	文盲	哈尼语熟练	汉语略懂
	女儿	李红梅	97/01	哈尼	小学	哈尼语熟练	汉语一般
	儿子	李沙者	98/05	哈尼	小学	哈尼语熟练	汉语一般
7	户主	李忙者	69/09	哈尼	高中	哈尼语熟练	汉语熟练
	儿子	李志龙	96/05	哈尼	小学	哈尼语熟练	汉语一般
8	户主	白施德	64/08	哈尼	小学	哈尼语熟练	汉语一般
	配偶	倪郎八	66/09	哈尼	小学	哈尼语熟练	汉语熟练
	母亲	李沙爱	31/01	哈尼	文盲	哈尼语熟练	汉语略懂
	长子	白成者	94/01	哈尼	初中	哈尼语熟练	汉语一般
	次子	白者德	96/06	哈尼	小学	哈尼语熟练	汉语一般
10	户主	李星红	67/02	哈尼	初中	哈尼语熟练	汉语熟练
	配偶	王粗衣	72/03	哈尼	小学	哈尼语熟练	汉语略懂
	父亲	李福德	29/07	哈尼	文盲	哈尼语熟练	汉语熟练
	母亲	赵兰努	32/03	哈尼	文盲	哈尼语熟练	汉语略懂
	长子	李建清	87/10	哈尼	初中	哈尼语熟练	汉语熟练
	次子	李正华	90/12	哈尼	初中	哈尼语熟练	汉语熟练
11	户主	李法者	58/09	哈尼	小学	哈尼语熟练	汉语熟练
	配偶	白爱白	62/03	哈尼	小学	哈尼语熟练	汉语熟练
	长子	李皮法	82/07	哈尼	初中	哈尼语熟练	汉语熟练
	次子	李生法	91/06	哈尼	初中	哈尼语熟练	汉语熟练
	儿媳	黄诺珍	84/03	哈尼	初中	哈尼语熟练	汉语熟练
	孙子	李福军	04/02	哈尼	学前	哈尼语熟练	汉语略懂
12	户主	张文亮	58/06	哈尼	初中	哈尼语熟练	汉语熟练
	配偶	王史奴	65/07	哈尼	脱盲	哈尼语熟练	汉语熟练

(续表)

12	儿子	张文雄	83/11	哈尼	初中	哈尼语熟练	汉语熟练
	儿媳	白艳花	85/03	哈尼	初中	哈尼语熟练	汉语熟练
	女儿	张文华	86/03	哈尼	高中	哈尼语熟练	汉语熟练
	孙子	张东华	04/12	哈尼	学前	哈尼语熟练	汉语略懂
14	户主	张那者	67/08	哈尼	小学	哈尼语熟练	汉语一般
	长女	张丽芬	94/10	哈尼	小学	哈尼语熟练	汉语一般
	次女	张春云	96/08	哈尼	小学	哈尼语一般	汉语一般
15	户主	张那德	70/06	哈尼	小学	哈尼语熟练	汉语略懂
16	户主	张那波	75/02	哈尼	小学	哈尼语熟练	汉语熟练
	配偶	白捌又	76/03	哈尼	脱盲	哈尼语熟练	汉语熟练
	女儿	张志英	99/04	哈尼	小学	哈尼语熟练	汉语一般
	儿子	张得雄	03/02	哈尼	学前	哈尼语熟练	汉语略懂
18	户主	李星亮	42/11	哈尼	小学	哈尼语熟练	汉语熟练
	配偶	倪然努	42/08	哈尼	文盲	哈尼语熟练	汉语熟练
	儿子	李顺林	75/08	哈尼	脱盲	哈尼语熟练	汉语熟练
	儿媳	白沙努	78/06	哈尼	小学	哈尼语熟练	汉语熟练
	孙女	李建梅	97/01	哈尼	小学	哈尼语熟练	汉语一般
	孙子	李勇建	01/10	哈尼	学前	哈尼语熟练	汉语略懂
19	户主	李顺发	67/06	哈尼	小学	哈尼语熟练	汉语一般
	配偶	白忙努	70/05	哈尼	脱盲	哈尼语熟练	汉语一般
	长子	李建海	90/09	哈尼	初中	哈尼语熟练	汉语一般
	次子	李建林	94/07	哈尼	初中	哈尼语熟练	汉语一般
20	户主	李勇生	41/07	哈尼	小学	哈尼语熟练	汉语熟练
	儿子	李白亮	72/08	哈尼	初中	哈尼语熟练	汉语熟练
	儿媳	胡皮努	79/11	哈尼	小学	哈尼语熟练	汉语熟练
	孙女	李福珍	97/10	哈尼	小学	哈尼语熟练	汉语一般
	孙子	李福亮	00/09	哈尼	学前	哈尼语熟练	汉语略懂
23	户主	李加顺	68/03	哈尼	小学	哈尼语熟练	汉语熟练
	配偶	白优叶	72/01	哈尼	脱盲	哈尼语熟练	汉语熟练
	女儿	李菊努	91/12	哈尼	初中	哈尼语熟练	汉语熟练
	儿子	李路明	97/01	哈尼	小学	哈尼语熟练	汉语一般
26	户主	张学文	52/10	哈尼	高中	哈尼语熟练	汉语熟练
	配偶	李撒努	53/11	哈尼	脱盲	哈尼语熟练	汉语熟练
	长子	张文兵	79/09	哈尼	初中	哈尼语熟练	汉语熟练
	次子	刘盈聪	82/12	哈尼	高中	哈尼语熟练	汉语熟练
	孙子	张小弟	01/04	哈尼	学前	哈尼语熟练	汉语略懂
29	户主	李生福	75/03	哈尼	小学	哈尼语熟练	汉语熟练
	配偶	白来努	74/02	哈尼	小学	哈尼语熟练	汉语熟练
	父亲	李斗沙	39/09	哈尼	文盲	哈尼语熟练	汉语熟练
	母亲	倪者白	40/06	哈尼	文盲	哈尼语熟练	汉语熟练
	儿子	李福龙	94/11	哈尼	小学	哈尼语熟练	汉语一般
	女儿	李龙妹	97/12	哈尼	小学	哈尼语熟练	汉语熟练

(续表)

30	户主	王正才	54/04	哈尼	小学	哈尼语一般	汉语一般
	配偶	白努爱	58/01	哈尼	脱盲	哈尼语熟练	汉语一般
	长子	王成发	78/06	哈尼	小学	哈尼语熟练	汉语一般
	次子	王发元	82/01	哈尼	文盲	哈尼语熟练	汉语一般
	儿媳	杨来咪	80/10	哈尼	小学	哈尼语熟练	汉语一般
	孙女	王发叶	04/05	哈尼	学前	哈尼语熟练	汉语略懂
	孙子	王发雄	07/08	哈尼	学前		
31	户主	王正德	49/12	哈尼	脱盲	哈尼语熟练	汉语熟练
	儿子	王福昌	79/08	哈尼	小学	哈尼语熟练	汉语熟练
	儿媳	白者扫	78/07	哈尼	小学	哈尼语熟练	汉语熟练
	孙女	王福艳	99/04	哈尼	小学	哈尼语一般	汉语略懂
	孙子	王 刚	03/11	哈尼	学前	哈尼语一般	汉语略懂
32	户主	李嘎收	25/11	哈尼	文盲	哈尼语熟练	汉语略懂
	儿子	李顺德	70/03	哈尼	小学	哈尼语熟练	汉语熟练
33	户主	张学昌	53/07	哈尼	小学	哈尼语熟练	汉语熟练
	长子	张学前	79/09	哈尼	高中	哈尼语熟练	汉语熟练
	次子	张学林	82/09	哈尼	初中	哈尼语熟练	汉语熟练
	儿媳	李玉芬	81/07	哈尼	初中	哈尼语熟练	汉语熟练
	孙子	张 华	05/03	哈尼	学前	哈尼语一般	汉语不会
34	户主	李培者	70/01	哈尼	小学	哈尼语熟练	汉语熟练
	配偶	王斗八	75/11	哈尼	脱盲	哈尼语熟练	汉语熟练
	父亲	李坡沙	31/03	哈尼	文盲	哈尼语熟练	汉语熟练
	母亲	李成义	30/01	哈尼	文盲	哈尼语熟练	汉语熟练
	女儿	李丽色	90/11	哈尼	脱盲	哈尼语熟练	汉语熟练
	儿子	李金沈	92/07	哈尼	初中	哈尼语熟练	汉语一般
35	户主	张坡那	64/05	哈尼	小学	哈尼语熟练	汉语一般
	配偶	倪玉爱	63/11	哈尼	初中	哈尼语熟练	汉语熟练
	母亲	李皮色	22/10	哈尼	文盲	哈尼语熟练	汉语略懂
	长子	张长顺	82/07	哈尼	初中	哈尼语熟练	汉语熟练
	次子	张黑那	84/08	哈尼	初中	哈尼语熟练	汉语熟练
39	户主	李建国	64/07	哈尼	小学	哈尼语熟练	汉语熟练
	配偶	车来努	66/04	哈尼	脱盲	哈尼语熟练	汉语一般
	儿子	李国庆	86/10	哈尼	初中	哈尼语熟练	汉语熟练
	女儿	李庆梅	90/01	哈尼	初中	哈尼语熟练	汉语熟练
40	户主	李发保	66/03	哈尼	小学	哈尼语熟练	汉语一般
	配偶	王寺冲	67/04	哈尼	脱盲	哈尼语熟练	汉语熟练
	女儿	李艳芬	84/02	哈尼	初中	哈尼语熟练	汉语熟练
	儿子	李 发	91/12	哈尼	初中	哈尼语熟练	汉语熟练
41	户主	李培昌	58/08	哈尼	高中	哈尼语熟练	汉语熟练
	配偶	白爱白	63/02	哈尼	脱盲	哈尼语熟练	汉语熟练
	长子	李金法	82/02	哈尼	高中	哈尼语熟练	汉语熟练
	次子	李金保	84/01	哈尼	初中	哈尼语熟练	汉语熟练
	儿媳	李福爱	84/05	哈尼	初中	哈尼语熟练	汉语熟练
	孙女	李来英	03/01	哈尼	学前	哈尼语一般	汉语略懂

(续表)

44	户主	李汤沙	41/01	哈尼	文盲	哈尼语熟练	汉语熟练
	母亲	赵伟努	25/09	哈尼	文盲	哈尼语熟练	汉语一般
	长女	李生梅	84/07	哈尼	初中	哈尼语熟练	汉语熟练
	次女	李坡依	90/09	哈尼	初中	哈尼语熟练	汉语熟练
45	户主	王才福	75/06	哈尼	脱盲	哈尼语熟练	汉语熟练
	配偶	王月收	75/04	哈尼	小学	哈尼语熟练	汉语熟练
	父亲	王洒者	35/05	哈尼	文盲	哈尼语熟练	汉语熟练
	女儿	王文丽	91/02	哈尼	小学	哈尼语熟练	汉语一般
	儿子	王文法	99/09	哈尼	小学	哈尼语熟练	汉语一般
48	户主	李玉发	62/06	哈尼	初中	哈尼语熟练	汉语一般
	配偶	车嘎努	63/08	哈尼	脱盲	哈尼语熟练	汉语一般
	女儿	李皮八	85/12	哈尼	初中	哈尼语熟练	汉语熟练
	女婿	李光松	80/03	汉	初中	汉语熟练	哈尼语略懂
	孙子	李金强	04/04	哈尼	学前	哈尼语一般	汉语略懂
49	户主	李哈沙	63/09	哈尼	初中	哈尼语熟练	汉语熟练
	配偶	段黑白	64/06	哈尼	脱盲	哈尼语熟练	汉语熟练
	长子	李顺福	82/04	哈尼	初中	哈尼语熟练	汉语熟练
	次子	李顺保	84/09	哈尼	初中	哈尼语熟练	汉语熟练
	儿媳	黄 林	84/01	傣	初中	哈尼语不会	汉语熟练
	孙女	李黄英	04/08	哈尼	学前	哈尼语不会	汉语熟练
50	户主	李正发	78/03	哈尼	小学	哈尼语熟练	汉语熟练
	配偶	王思爱	81/07	哈尼	小学	哈尼语熟练	汉语熟练
	母亲	车爱丛	57/07	哈尼	脱盲	哈尼语熟练	汉语一般
	儿子	李建保	01/09	哈尼	学前	哈尼语一般	汉语略懂
51	户主	李那发	76/10	哈尼	初中	哈尼语熟练	汉语熟练
	配偶	白多收	79/06	哈尼	小学	哈尼语熟练	汉语一般
	母亲	王灰白	46/05	哈尼	文盲	哈尼语熟练	汉语熟练
	儿子	李发清	00/08	哈尼	小学	哈尼语熟练	汉语略懂
	次子	李清发	05/08	哈尼	学前	哈尼语一般	汉语不会
56	户主	李发斗	72/01	哈尼	初中	哈尼语熟练	汉语熟练
	配偶	白 者	79/07	哈尼	小学	哈尼语熟练	汉语熟练
	儿子	李建冲	95/01	哈尼	小学	哈尼语熟练	汉语一般
	女儿	李建英	97/08	哈尼	小学	哈尼语熟练	汉语一般
57	户主	张玉林	66/06	哈尼	小学	哈尼语熟练	汉语一般
	配偶	王努依	65/08	哈尼	小学	哈尼语熟练	汉语熟练
	儿子	张玉强	89/12	哈尼	初中	哈尼语熟练	汉语一般
	女儿	张忙优	91/12	哈尼	初中	哈尼语熟练	汉语熟练

备注：本表省略了哈尼语、汉语全部熟练家庭23户。

（三）形成多语的条件

1. 长期与汉族人杂居相处，使他们很早就学会了汉语。

2. 与汉族通婚，族际婚姻是语言使用发生变化的一个重要因素。

3. 民族意识较强。新村寨人现在还过哈尼族"十月年"，哈尼族传统保存得好，这给母语的保存创造了良好的环境。

第三章　羊街乡拉祜族（苦聪人）语言使用现状

第一节　羊街乡拉祜族（苦聪人）概况

据《元江哈尼族彝族傣族自治县 2006 年统计年鉴》（元江县统计局 2007 年 7 月）统计，元江县拉祜族（苦聪人）共有 960 人，主要分布在东峨镇幸福村、咪哩乡大漫沙村以及羊街乡烧灰箐寨。

羊街乡烧灰箐寨位于乡政府驻地西部 18 公里的清水河山箐中，海拔 1913 米，39 户，185 人。其中拉祜族（苦聪人）172 人，哈尼族 9 人，汉族 3 人，傣族 1 人，非拉祜族（苦聪人）全部为外族嫁入的媳妇。烧灰箐寨因位于烧火地的箐中而得名（火地，指刀耕火种）。拉祜族（苦聪人）居此地已有五代，早期居民大多数是从墨江搬迁而来，距今已经大约有八九十年的历史。

烧灰箐寨的主要经济作物是烤烟，粮食作物有包谷、洋芋、荞子。村民年均收入 1000 元左右。村内有汽车两辆，摩托车三辆，三分之一的家庭有电视，家家已安装自来水。由于山地多，水田极少，需要买粮补充，极少数人家还吃包谷饭。

羊街乡拉祜族（苦聪人）的传统节日有春节、祭竜节、端午节（周围哈尼族不过）、清明节、火把节、冬至节等。其中祭竜节是较为隆重的一个节日，一般选择在三月份的第一个属牛日。祭竜节这一天上午，每家的男主人必须换上干净的服装，带上锅具及香、纸、米、肉、鸡、酒等礼物来到竜树林，由一个具有较高威望的人把祭品摆放在母竜树和公竜树前面，然后祭祀。据说祭母竜树后，人们就健康长寿、合家欢乐；祭公竜树后，村寨可风调雨顺，粮食丰收。祭祀完毕，所有参加祭祀的人在树前平地饮酒吃饭，载歌载舞。拉祜族（苦聪人）祖祖辈辈重视祭竜，十分注意保护竜树林，不许任何人砍伐。

羊街乡拉祜族（苦聪人）春节期间，家家都会杀猪、宰羊，盛情招待外来客人。而外来客人需要多多少少交一点儿钱，一元、一角或一分都不会嫌少。

羊街乡拉祜族（苦聪人）妇女的传统服饰，上衣分内外两层，内衣用漂白布做成长衫，盖过臀部，袖长，无衣袋，袖口用各种颜色的线或布条镶嵌成彩色图案，少则镶嵌 2 至 3 圈，多则 7 至 8 圈。外衣一般叫"领褂"，用黑色的上等布料做成。无领、无袖、对襟，胸前两边有两个大衣袋。纽扣圆形，用银制成，在襟边钉成两排，每排 12 至 24 颗。从小留长发，编成独辫，盘绕头上，然后再围上青布做成的、长约 2 丈 5 尺的包头。下穿青蓝色布料制成的宽大裤子，裤腰用不同色的宽约 5 寸的布拼制而成。

男子用丈余长的青布包于头上,上衣是青蓝色的对襟衣,喜用羊皮、麂皮或其他兽皮制成领袖套住上衣,下穿青蓝色布料制成的宽松长裤。如今,服饰已基本汉化,只有一些六七十岁以上的老人还保留传统服饰,但也只在重大节日才穿戴。

羊街乡拉祜族(苦聪人)使用的语言属汉藏语系藏缅语支语言,与彝语、哈尼语、傈僳语及基诺语接近。

第二节 拉祜族(苦聪人)保存母语的状况及成因

羊街乡拉祜族(苦聪人)母语使用的基本特点可以概括为:母语保持完好,具有稳定的语言社区;代际传承较好,但功能有所衰退。通过不同年龄阶段语言能力的统计,可以看出不同年龄段的拉祜族(苦聪人)掌握苦聪话的熟练程度都达到了100%。坡头寨是个汉、哈尼、拉祜杂居的村寨,42户人家拉祜族(苦聪人)只有7户,但三个年龄段的人掌握苦聪话的熟练程度也都达到了100%。

表 3-1 烧灰箐寨拉祜族(苦聪人)不同年龄段母语能力统计表

年龄段	总人口	熟练 人口	熟练 百分比	一般 人口	一般 百分比	略懂 人口	略懂 百分比	不会 人口	不会 百分比
6—19岁	44	44	100	0	0	0	0	0	0
20—59岁	98	98	100	0	0	0	0	0	0
60岁以上	19	19	100	0	0	0	0	0	0
合计	161	161	100	0	0	0	0	0	0

表 3-2 坡头寨拉祜族(苦聪人)不同年龄段母语能力统计表

年龄段	总人口	熟练 人口	熟练 百分比	一般 人口	一般 百分比	略懂 人口	略懂 百分比	不会 人口	不会 百分比
6—19岁	12	12	100	0	0	0	0	0	0
20—59岁	19	19	100	0	0	0	0	0	0
60岁以上	3	3	100	0	0	0	0	0	0
合计	34	34	100	0	0	0	0	0	0

我们还随机选择了9个拉祜族(苦聪人)村民进行了苦聪话400词测试(见表3-3),结果显示,无论是青少年还是中年人,对本族固有词语几乎都能脱口而出,A类加B类词语掌握程度最高的达到了97%,而掌握程度最小的也有69%(该测试对象年龄只有11岁)。

表 3-3　苦聪话 400 词测试

姓名	年龄	性别	民族	A	B	A+B	百分比	C	D	J	JA	JB	借词百分比
武纪永	10	男	拉祜	329	2	331	83		27	42			11
张小明	11	男	拉祜	262	12	274	69		73	47	2	4	12
龚云兵	16	男	拉祜	302	4	306	77		15	79			20
范保英	17	女	拉祜	372	3	375	94			25			6
李夸福	18	男	拉祜	369	6	375	94	13	4	8			2
白正荣	20	女	拉祜	375	1	376	94		10	14			4
白永芬	20	女	拉祜	371	1	372	93		2	26			7
武主顺	42	男	拉祜	386		386	97			14			4
李转娣	42	女	拉祜	387		387	97		2	11			3

通过对家庭内部语言使用情况和不同对象、不同场合语言使用情况的问卷调查以及实地观察，我们看到苦聪话具有稳定的语言社区，在家庭内部，无论是长辈对晚辈、晚辈对长辈，还是同辈之间，都是使用苦聪话。而在村寨内部，无论是见面打招呼、聊天、生产劳动、节日、集会、婚嫁、丧葬，还是买卖、看病，只要是本族人，也都是使用苦聪话进行交流。在这个稳定的语言社区内，嫁入村寨的外族媳妇也能很快掌握苦聪话。如嫁入较早的赵国芬，傣族，54 岁，已熟练掌握苦聪话。三个汉族媳妇李秀英、李银琴、黄云，以及八个哈尼族媳妇杨汉佰、杨嘎色、李汉色等，也都熟练掌握了苦聪话。据介绍，嫁入的汉族媳妇，一般半年后就能用苦聪话与人交流，而哈尼族媳妇一般一至两年就能熟练掌握苦聪话。如史美英，墨江碧约，23 岁，2003 年嫁入，如今已会两种哈尼语方言，汉语、苦聪话熟练。杨沙爱，23 岁，女，哈尼族，谈恋爱时用哈尼语，19 岁嫁入烧灰箐寨，第一年嫁来时说哈尼语，两年后就学会了苦聪话。

在现代化建设过程中，随着经济一体化的发展以及各种媒体传播手段的普及，新事物、新概念不断进入拉祜族（苦聪人）村民的日常生活中，这就使得苦聪话中的汉语借词越来越多。我们粗略统计了根据烧灰箐寨民武成芬（女，16 岁）发音记录的 1000 个左右常用词，其中就有 300 多个汉语借词。而在 400 词测试中，16 岁的龚云兵的汉语借词达到了 20%。大量汉语词的借入，丰富了苦聪话自身的词汇系统、充实了苦聪话自身的语义范畴，从而不断扩展和深化语言内涵，增强语言的表现力；另一方面，在吸收外来成分的过程中，苦聪话能够按照自己的语言特点对借入成分进行适当的改造，使之符合自身系统。如声调系统，汉语词的高降调，在苦聪话中变为高平调，$liu^{214} su^{51}$ "柳树"在苦聪话中读为 $liu^{31} sv^{55}$，$tuan^{214} khu^{51}$ "短裤"读为 $tuā^{31} khu^{55}$。

语言最主要的功能是满足人们的交际需要，通过语言表达和交流思想感情。羊街乡苦聪话虽然仍具有较强的活力，但交际功能也有所衰退。首先，从使用人口来看，虽然苦聪话的使用人口在本族人口中所占比例几乎为百分之百，但绝对人口较少，全乡拉祜族（苦聪人）只有 210 人，占全乡总人口的1.2%。其次,苦聪话的使用范畴只限于家庭和村寨内部。由于绝对人口的数量较少,苦聪话在羊街乡属于弱势语言,面对强势语言汉语和亚强势语言哈尼语的竞争,它不能在政治、经济、文化、贸易、教育等各个领域使用,其使用领域只能退缩到家庭和村寨内部。

羊街乡是一个以哈尼族为主的乡镇,哈尼族人口占到87%。在这样的环境下,人口比例极小的拉祜族(苦聪人)语言能够保存下来,不能说不是一个奇迹。苦聪话为什么能够保存下来?我们认为有以下几个因素:

1. 特殊的民族心理和强烈的民族情感是苦聪话能够保持的最主要因素

历史上形成的对拉祜族(苦聪人)的民族歧视,使拉祜族(苦聪人)既有强烈的民族认同感,同时又有强烈的自卑感。从历史上看,元江县的拉祜族(苦聪人),一直在元江县境内的阿波列山和南溪老林中过着原始的采集、游耕、狩猎生活,"居无定处,缘箐而居"。到了民国年间,他们开始在老林边有了定居点,用刀耕火种的方法种植荞、麦、玉米一类农作物。"四月荞麦四月果,四月野菜拌包谷,有时烤肉当做菜,无时清泉当汤喝"是旧时生活的真实写照。由于生活贫困,多数拉祜族(苦聪人)沦为以租种田地以至于卖工度日的贫雇农,与周围哈尼和汉等民族发生雇佣关系。社会地位的低下,使他们饱受其他民族的歧视,产生了强烈的自卑心理。解放后,党和政府动员和组织分散在不同地方的拉祜族(苦聪人)定居,烧灰箐寨就是由不同家庭团体组成的一个村落。现在全寨只有39户人家,却有12个姓,其中李、王姓人数较多,其次是武、白、杨、石、施、罗、龙、刘等姓。坡头寨七户主要是范、王、石、杨四姓。定居以后,其传统的游猎生活改为向周围哈尼族学习水田耕作技术。由于受到传统文化中习惯性生计方式以及学习能力的制约,其水田耕作水平和产量都不如周围的哈尼族,这也无形中使其受到歧视并产生自卑感。

由于羊街乡拉祜族(苦聪人)数量极小,在社会生活中也处于不利地位。我们在村寨内调查时,有位老人对我们说:"我们人少,选举投票时很吃亏,乡上、村委会一个拉祜族(苦聪人)干部都没有。基础建设也没我们的份儿。其他民族干部也看不起我们。"

这种特殊的民族心理,突出表现在对本族语言的热爱,希望自己的子女首先学会本族语,并在日常生活中使用。在村寨内调查时,我们能明显地感受到拉祜族(苦聪人)同胞这种强烈的民族情感和对母语的热爱。当我们对拉祜族(苦聪人)进行掌握哈尼语能力的400词测试时,一位老人在旁边不断对同族人说:"我们是拉祜族(苦聪人),我们要说苦聪话,干嘛要说哈尼话。"而他本人在与我们调查组的哈尼族成员交谈时却用哈尼话,而且讲得非常自然流畅。调查组在坡头寨采访了一位老人:王大嬬,女,拉祜族(苦聪人),1940年生。她和丈夫石斤甲于44年前从拉祜村子烧灰箐寨搬迁过来,没上过学。儿子石宝常娶了个哈尼族媳妇,女儿石五娜嫁给了哈尼族。王大嬬说,现在家里面使用三种语言即汉语、哈尼语、苦聪话,甚至有些时候各说各的都能相互听懂。问她是否希望儿孙掌握多种语言,她说当然希望。在采访过程中,调查人员一直用汉语和她交流,她的回答却用三种语言。当问及是否熟练掌握哈尼语时,她却出乎意料地说出"$\eta a^{55} xa^{31} n^{31} do^{31} ma^{31} \varepsilon^{55} t\varphi i^{31}$"(哈尼语,意即"我不会讲哈尼语")。当调查人员问话中夹杂一些专业术语她听不太懂时,她还用哈尼语向身边的哈尼族村民询问是什么意思。在向她测哈尼语400词时,她都能快速说出。她为什么有时突然不承认自己能讲哈尼语,这是民族情感在起作用,认为自己的语言是最好的。

在村寨内,我们随机选取9人进行了语言态度的问卷调查。

(1) 您认为掌握苦聪话的目的是什么?(按重要程度排序) A 找到好的工作,得到更多的收入 B 便于与本族人交流 C 了解和传承本族的历史传统文化

首选 C 的 4 人,首选 B 的 5 人。

(2) 如果拉祜族(苦聪人)成为汉语单语人,您的态度是什么?

7 人选不希望,1 人选顺其自然,1 人选迫切希望。

(3) 如果有人在外地学习或工作几年后回到家乡,不再说苦聪话,您如何看待?

除 1 人选可以理解外,其余全部是听着别扭、不习惯或反感。

(4) 您希望子女最好会说什么语言? A 普通话 B 苦聪话 C 当地汉语方言 D 普通话和苦聪话 E 哈尼语 F 无所谓

5 人选 D。

(5) 您是否希望苦聪话在村寨中永远保留下去?

全部选的是"希望"。

当我们进行问卷调查时,一位村民对我们说:"拉祜族(苦聪人)这么少,我们再不说就没人说了。"

2. 稳定的语言社区是羊街乡拉祜族(苦聪人)保留母语的重要保障

羊街乡拉祜族(苦聪人)儿童母语的习得,是一种无意识地、自然而然地学习语言的过程,即所谓"自然习得"。稳定的语言社区为儿童母语的自然习得提供了保障。

学龄前儿童(0—3岁)母语的自然习得主要是在家庭内完成的。该阶段家庭成员(主要是父母)每日每时都对孩子说母语,孩子听到的也是自己的母语,这就使得孩子从学话开始就熟悉自己的母语,为他们一生的母语习得奠定了基础。当我们问9位村民"你家的孩子学说话时,你最先教给他的是哪种语言"时,9人全部回答是苦聪话。在小学采访时我们遇到一位拉祜族(苦聪人)小学生罗玉美,9岁,我们问她最先学会的是什么话,她说是苦聪话。这也证明了拉祜族(苦聪人)儿童的第一语言都是母语。3—6岁儿童母语的自然习得主要是在村寨内,在村寨这个稳定的语言社区内,儿童耳濡目染,这对提高他们母语能力起到了重要作用。

族际婚姻家庭儿童语言习得的第一语言如何?我们把烧灰箐寨所有嫁入的外族媳妇的姓名、出生年月、民族列表如下:

表 3-4

姓名	出生年月	民族	姓名	出生年月	民族
赵国芬	53/12	傣	杨嘎色	72/10	哈尼
杨沙爱	74/09	哈尼	杨牙努	72/11	哈尼
杨汉佰	70/08	哈尼	李汉色	78/08	哈尼

(续表)

张喊收	83/03	哈尼	史美英	84/07	哈尼
杨排叶	71/09	哈尼	李银琴	82/06	汉
李秀英	74/05	汉	黄云	80/06	汉
王海努	72/08	哈尼			

从表3-4中可以看出,除赵国芬外,其他全部是七八十年代的人,假设她们20岁结婚的话,族际婚姻增多也就是20年来的事情。由于苦聪话在村寨和家庭内部有较强活力,最终她们也被同化使用苦聪话。她们的下一代,也是先学会苦聪话的,有的甚至不会母亲的语言。如赵国芬的三个儿子,都不会傣语;杨沙爱有两个女儿,最先学会的也是苦聪话。

第三节 汉语使用情况

羊街乡拉祜族(苦聪人)使用汉语的特点主要可以概括为两个:一是全民兼用汉语,属全民兼用型;二是从习得方式看,是家庭启蒙、学校强化,属于有组织习得的类型。

羊街乡拉祜族(苦聪人)人口较少,要想立足生存,除了具有强烈的保留本民族语言和传统文化的意识以维系本族内部成员的联系之外,还必须学会周边民族的语言。在政治、经济、文化、教育、科技以及传媒等方面占有强势地位的汉语,就成为拉祜人兼用语言的首选。通过不同年龄段汉语能力的统计,我们可以看到,烧灰箐寨拉祜族(苦聪人)掌握汉语能力达到了97%,而20至59岁这个年龄段的则达到了100%。坡头寨20至59岁和60岁以上两个年龄段熟练掌握汉语的能力都达到了100%。我们在村寨内采访时,上至70多岁的耄耋老人,下到10多岁的儿童,都能熟练地用汉语和我们交流,个别上过高中的村民,甚至可以用普通话与我们对话。根据不同对象、不同语言使用场合的调查,我们看到,在开会、公务用语、课堂教育、与外族人交流等方面,汉语得到广泛使用。

表3-5 烧灰箐寨拉祜族(苦聪人)不同年龄段汉语能力统计表

| 年龄段 | 总人口 | 熟练 || 一般 || 略懂 || 不会 ||
		人口	百分比	人口	百分比	人口	百分比	人口	百分比
6—19岁	44	40	91	4	9	0	0	0	0
20—59岁	98	98	100	0	0	0	0	0	0
60岁以上	19	18	95	1	5	0	0	0	0
合计	161	156	97	5	3	0	0	0	0

表 3-6　坡头寨拉祜族(苦聪人)不同年龄段汉语能力统计表

年龄段	总人口	熟练 人口	熟练 百分比	一般 人口	一般 百分比	略懂 人口	略懂 百分比	不会 人口	不会 百分比
6—19 岁	12	8	67	4	33	0	0	0	0
20—59 岁	19	19	100	0	0	0	0	0	0
60 岁以上	3	3	100	0	0	0	0	0	0
合计	34	30	88	4	12	0	0	0	0

拉祜族(苦聪人)村民学习汉语意识较强,小孩子四五岁后家长就会主动教给他们汉语。羊街乡中心小学二年级的拉祜族(苦聪人)学生罗玉美说,她在家讲苦聪话,最先学会苦聪话,四五岁后父母开始教汉语。小学五年级 11 岁的拉祜族(苦聪人)学生杨娆说,从五六岁开始父母就教她汉语,现在她苦聪话、汉语都很熟练,而哈尼语一般。羊街乡中心小学的杨老师说:"烧灰箐寨的拉祜族(苦聪人)学生学汉语比哈尼族学生更快。"这跟拉祜族(苦聪人)学生在上学之前就已接受父母的汉语教育有关。上小学后,拉祜族(苦聪人)学生学习汉语主要是通过"课堂学得"。即有意识、有组织地通过教师的课堂活动掌握所学的语言,包括在课堂讲解语言现象和语法规则,并辅之课外有意识的练习、记忆等活动。通过学校的强化教育,到小学高年级,拉祜族(苦聪人)学生基本上都能熟练掌握汉语。

羊街乡拉祜族(苦聪人)学习汉语的历史可以追溯到上个世纪 50 年代初期。解放前,拉祜族(苦聪人)主要靠采集、游耕、狩猎来维持生活。据 73 岁的王乔法老人讲,过去苦聪人大多是一两户聚居在一起,男人不会耕田,女人不会织布。刀耕火种,作物只有包谷和荞子。晚上取亮点松明。靠做木盆、木勺、打猎、编藤子来换米吃,生活十分贫苦。1952 年下半年开始,党和政府派工作队来到此地,动员散居各地的苦聪人搬迁到固定地点居住,促成苦聪人的定耕定居。当时工作队主要承担四项职责:其一,无偿发放救济品,如粮食、盐、被服、板锄、镰刀、砍刀、锅、碗、筷子等;其二,宣传我党的民族平等、团结、互助政策,说服动员苦聪人搬出原始森林,帮助他们盖房子;其三,动员原始森林外的哈尼、傣等民族让出部分水田给苦聪人耕种,并分给他们耕牛,帮助他们耕田种地;其四,手把手地教会苦聪人挖沟开渠、修筑梯田、耕作水稻和田间管理等近现代农业技术。工作队到来以前,王乔法老人不会说汉语,也不太会哈尼语,只会苦聪话。67 岁的王那克老人回忆说,老一辈的人都不会说汉语。工作队来了以后,教他们学汉语,并用汉语宣传党的方针政策。从此,苦聪人才逐渐学会汉语。这也是为什么羊街乡 60 岁以上的拉祜族(苦聪人)老人都熟练掌握汉语的原因。

面对崭新的生活,拉祜族(苦聪人)通过切身体验深深感受到了党和政府的温暖,他们感谢共产党、感谢毛主席。我们在农户家调查时发现,每到春节,许多家庭都要买一张毛主席画像贴在堂屋中央的墙上。这种对党和政府的感激之情,还转化为对汉族的亲近感。如在节日方面,周围哈尼族不过的汉族传统节日春节、端午节、中秋节等,羊街乡拉祜族(苦聪人)每年都过。春节时,和汉族一样走亲访友,祝福拜年,端午节吃粽子,中秋节吃月饼,在时间上和过法上都与汉族一样。这种对汉族的亲近感是羊街乡拉祜族(苦聪人)全民兼用汉语的重要条件。

调查时我们发现,拉祜族(苦聪人)村民普遍认为汉语很有用,学习汉语的热情很高,不分年龄大小、文化程度高低,他们都愿意学习汉语。小孩子三四岁以后,家长也都会主动教他们汉语。

随着新事物、新概念的不断出现,新词语源源不断地进入了苦聪话词汇系统,而且在不同辈分的人中出现了差异。40岁以上的人,汉语借词仅限于本族历史上没有接触过的事物,如铜、草果、鸽子、蜈蚣、蒜、席子、土基、锁、船等词;而年轻一代,用汉语借词取代基本词汇的数量已达到30%以上。

汉语借词的大量借入,使苦聪话的语音系统和语法结构也都受到一定的影响,与汉语趋同。如语音系统中,增加了许多鼻化元音韵母和复合元音韵母;借用汉语的连词构成各种复句;吸收汉语的表达法遣词造句,甚至在语言使用的风格上也吸收了汉语的一些特点等。母语中吸收较多汉语成分,非常有助于拉祜族(苦聪人)更好更快地学习汉语。

总之,羊街乡拉祜族(苦聪人)能够全民兼用汉语既是一种客观需要,更有对汉语的亲近感在里面。这种客观需要和对汉语的亲近感,有它的历史继承性。随着社会的进一步发展,汉语必然会一代一代地继承下去,拉祜族(苦聪人)的汉语水平也会更高。

第四节 哈尼语使用情况

羊街乡拉祜族(苦聪人)使用哈尼语的特点可以概括为:全民兼用哈尼语;不同年龄阶段具有层次性;不如汉语熟练程度高;习得方式为自然习得。

羊街乡是一个以哈尼族为主的乡镇。相比较而言,哈尼族掌握汉语的水平不如拉祜族(苦聪人)高。一些地域偏僻、交通不便的哈尼族聚居的村寨,许多50岁以上的哈尼族老人和长期不出门的中年妇女汉语水平不高,大多只是略懂汉语,不能用汉语进行交流。哈尼语是羊街乡使用人数最多、范围最广的语言。在日常生活中,如果不懂哈尼语,就无法在羊街乡生活。我们在羊街乡集市上看到,许多前来卖货的哈尼族妇女不懂汉语,与汉族交谈需要别人帮忙翻译。处于哈尼族包围中的拉祜族(苦聪人),要想生存,就必须学会哈尼语。我们在采访中问烧灰箐寨民为什么要学习哈尼语。35岁的王英说:"经常遇见哈尼族,便于交流。"37岁的李祥说:"去哪里都用得着。"20岁的李小美则说:"学会更多语言便于和不同民族朋友交流。"现实的需要,是羊街乡拉祜族(苦聪人)全民兼用哈尼语的主要原因。

拉祜族(苦聪人)不同年龄段掌握哈尼语的水平具有层次性:6—19岁这一年龄段掌握哈尼语的水平普遍较低。如烧灰箐寨熟练掌握哈尼语的只有43%,而坡头寨熟练掌握哈尼语的也只有42%。20—59岁这个年龄阶段,无论是烧灰箐寨还是坡头寨,熟练掌握哈尼语的都是100%。60岁以上年龄段烧灰箐寨熟练掌握哈尼语的是95%,而坡头寨则达到了100%。

拉祜族(苦聪人)掌握哈尼语的水平不如汉语高。如烧灰箐寨6—19岁这一年龄段掌握汉语的熟练程度达到了91%,而熟练掌握哈尼语的只有43%。从总体水平看,烧灰箐寨熟练掌握汉语的是97%,坡头寨是88%,而烧灰箐寨熟练掌握哈尼语的是84%,坡头寨则是79%。

表 3-7　烧灰箐寨拉祜族(苦聪人)不同年龄段哈尼语能力统计表

年龄段	总人口	熟练 人口	熟练 百分比	一般 人口	一般 百分比	略懂 人口	略懂 百分比	不会 人口	不会 百分比
6—19岁	44	19	43	20	45	4	10	1	2
20—59岁	98	98	100	0	0	0	0	0	0
60岁以上	19	18	95	1	5	0	0	0	0
合计	161	135	84	21	13	4	2	1	1

表 3-8　坡头寨拉祜族(苦聪人)不同年龄段哈尼语能力统计表

年龄段	总人口	熟练 人口	熟练 百分比	一般 人口	一般 百分比	略懂 人口	略懂 百分比	不会 人口	不会 百分比
6—19岁	12	5	42	0	0	7	58	0	0
20—59岁	19	19	100	0	0	0	0	0	0
60岁以上	3	3	100	0	0	0	0	0	0
合计	34	27	79	0	0	7	21	0	0

从习得方式看,拉祜族(苦聪人)学会哈尼语主要是靠自然习得。2007年以前,烧灰箐寨内有一所小学,设一至三年级,村内学生都在此上学。三年级以后,学生转到以哈尼族为主的党舵小学读书,拉祜族(苦聪人)学生开始接触哈尼族小朋友,在一起玩耍过程中,逐渐学会了哈尼语。长大以后,由于经常同周围的哈尼族人打交道,哈尼语水平不断提高。

与学习汉语的主动性相比,拉祜族(苦聪人)学习哈尼语是处于一种被动状态。当我们问村民"你认为拉祜族(苦聪人)掌握哈尼语有没有用"时,80%以上的人都说有些用,而问"你认为拉祜族(苦聪人)掌握汉语有没有用"时,100%的人都认为很有用。可见,在拉祜族(苦聪人)的潜意识里,认为学习汉语比学习哈尼语更有用。但是由于处于哈尼语这样一个大的语言社区里面,为了生活的需要,拉祜族(苦聪人)就不得不学会哈尼语了。

附录一　云南省元江县烧灰箐寨苦聪话音系

元江县烧灰箐寨隶属羊街乡党舵村委会,距乡政府驻地18公里。该寨是拉祜族(苦聪人)聚居寨,普遍都掌握自己的母语。本音系是根据实地调查的材料整理的。发音人是武成芬,女,1991年6月生,父母均为拉祜族(苦聪人),苦聪话是她的第一语言。她进入小学后,又学会汉语,还懂得一些哈尼语。

(一) 声母

声母有29个。主要特点是:1.塞音、塞擦音、擦音都分清浊两类;2.无腭化音;3.只有单辅

音声母,没有复辅音声母。列表如下:

p	ph	b	m	f	v
t	th	d	n	l	
ts	tsh	dz	s	z	
tɕ	tɕh	dʑ	ȵ	ɕ	ʑ
k	kh	g	ŋ	x	ɣ
w					

声母例词:

p	piɛ³¹	蜜蜂	pɯ⁵⁵	苍蝇
ph	phiɛ³¹	叶子	phɯ⁵⁵	窝
b	biɛ³¹	脓	bɯ⁵⁵	胖
m	miɛ³³	眼	mɯ⁵⁵	忙
f	fa³³	老鼠	fi³³	宽
v	va³³	扒(饭)	vi³³	开(花)
t	ti³³	插(秧)	tu³³	盛(饭)
th	thi³¹	跌	thu³³	砍
d	di³¹	浑浊	du³¹	想
n	na³¹	病	nu³³	穿(鞋)
l	la³¹	来	lu³³	等
ts	tsɔ³⁵	酸菜罐	tsa⁵⁵	煮
tsh	tshɔ³¹	舀(米)	tsha³¹	脏
dz	dzɔ³¹	读	dza³³	滴(水)
s	su³¹	锁	sa⁵⁵	气体
z	zɔ³¹	绵羊	za⁵⁵kɔ⁵⁵	烟筒
tɕ	tɕi⁵⁵	跑	tɕɔ³⁵	噎(饭)
tɕh	tɕhi³¹	借(钱)	tɕhɛ³¹	芟(地)
dʑ	dʑi⁵⁵	破(开)		
ȵ	ȵi³³	红	ȵɛ³¹	矮
ɕ	ɕi⁵⁵	渴	ɕɛ³³	带(孩子)
ʑ	ʑi⁵⁵	睡	ʑɛ³¹	房子
k	kɯ⁵⁵	补(衣)	kɔ³¹	九
kh	khɯ⁵⁵	唤(狗)	khɔ³¹	六
g	gɯ³³	磨(玉米)	gɔ³¹	抽(刀)
ŋ	ŋɯ³³	摇	ŋa³¹	我

x	xɯ³³	硬	xɔ³¹	哭
ɣ	ɣɤ³¹	豹子	ɣɤ³¹	切
w	wã³³ta³³	牛轭	wi³¹tɕĩ³³	围巾

说明：w 只出现在汉语借词中。

(二) 韵母

韵母有 31 个。主要特点有：1.单元音数量较多；2.元音不分松紧；3.复合元音韵母和鼻化元音韵母主要出现在汉语借词中。分述如下：

(1) 单元音韵母

单元音韵母分鼻化韵母和非鼻化韵母两类。非鼻化韵母有 11 个，其中 ε、y 两个元音只出现在汉语借词中。ɔ 的实际音值介于[ɔ]与[o]之间。v 和 u 对立。v 为唇齿元音，发音时上齿略咬下唇，气流摩擦而过。例词：

ɿ	sɿ³³	虱子	tshɿ³¹	山羊
i	ɕi³³	扫（地）	li³³	滑
ε	khε³³	开（车）	kε³³	街子
a	ga³¹	催	ma⁵⁵	女婿
ɔ	gɔ³¹	拉	mɔ³¹	蘑菇
ʌ	gʌ³¹	荞子	mʌ³³	布
u	lu³³	等	ɣa³¹ku³³	路
v	lv³³	炒	xa⁵⁵kv³³	石头
ɯ	pɯ⁵⁵	苍蝇	mɯ⁵⁵	忙
ɤ	pɤ³³	砍（树）	mɤ³¹	霉
y	tu³¹sɛ̃³³ny³¹	独生女	li³³y³¹	鲤鱼

鼻化韵母有 7 个，鼻化韵母有的带-ŋ 韵尾，但不稳定。

ĩ	pã³³zĩ³⁵	疤	tɕĩ³³	筋
ɛ̃	sɛ̃³³ɕĩ³³	声音	tu³¹sɛ̃³³tsɿ³¹	独生子
ã	thã³¹	糖	tɕã³⁵	酱
ɔ̃	tsɤ̃³³lɔ̃³³	蒸笼	vu³¹kɔ̃³³	蜈蚣
ũ	thũ³¹	铜	xũ³¹thã³¹	红糖
ɤ̃	xui³³tshɤ̃³¹	灰尘	ɕɔ³¹sɤ̃³³	学生
ʌ̃	mʌ̃³³ku³¹mʌ̃³³	牛虻	tsʌ̃³³ki⁵⁵li³¹	燕子

(2) 复元音韵母

复元音韵母有 13 个，也分为鼻化和非鼻化两类。非鼻化复元音有 9 个，除 iε 外，大多用于汉语借词上，iε 主要出现在固有词上，与舌面元音 tɕ、tɕh、ɕ 相拼时省去 i，标为 ε。例词：

iɛ	piɛ³¹	分（粮食）	giɛ³¹		开（门）
iu	liu³¹sv̩⁵⁵	柳树	a⁵⁵thiu³¹ti³³		打喷嚏
au	tɕhau³¹	桥	ŋ³¹tɕhi⁵⁵phau³³		鱼泡
ua	xua³³tɕɛ³³	花椒	miɛ̃³¹xua³³		棉花
ui	ta³⁵thui³¹	大腿	xui⁵⁵tshɤ̃³¹		灰尘
ai	xɤ⁵⁵tai³⁵	后代	khai⁵⁵xui³⁵		开会
iɔ	thiɔ³¹tɕɛ³⁵	条件	piɔ³¹		表
ei	fei³¹tsɔ³⁵	肥皂	pei³³tɕi³³		北京
uɛ	kuɛ³⁵	怪	kuɛ³⁵		跪

鼻化复元音韵母有四个，均出现在汉语借词上。例如：

iã	liã³⁵	亮	liã³¹sɿ³¹		粮食
iɛ̃	miɛ̃³⁵thiɔ³¹	面条	miɛ̃³¹xua³³		棉花
uã	tuã³¹khu⁵⁵	短裤	suã³⁵phã³¹		算盘
uɛ̃	kuɛ̃³¹	滚			

（三）声调

声调有四类，其调值例词如下：

na⁵⁵	深	na³³	黑	na³¹	病	na³⁵	早
ɤ⁵⁵	掰	ɤ³³	抢	ɤ³¹	豹子	ɤ³⁵	饿
nɔ⁵⁵	戴（手镯）	nɔ³³	黄豆	nɔ³¹	你	nɔ³⁵	葫芦丝

声调比较稳定，变调现象较少。

（四）音节结构形式

音节结构形式共有三种类型。第一种类型出现频率低，只出现在 a 上，而且只出现在多音节词中；第二种类型出现频率最高；第三种类型多出现在汉语借词中。

1. 元音		a⁵⁵mʌ³¹	母亲	a³¹khu³³	穴
2. 辅音+元音		lɔ⁵⁵	秧	fv⁵⁵	肚子
3. 辅音+元音+元音		biɛ³¹	脓	xua³³tɕɛ³³	花椒

附录二　烧灰箐寨访谈录（2008年1月9日）

一、访谈对象：王乔法，男，74岁，拉祜族（苦聪人）

问：您今年多大了？

答:74岁了。

问:多大年纪搬到这里?

答:18岁。以前在旧寨土地堡。

问:工作队什么时候来到这里?

答:属蛇年,我当时18岁,工作队来这里看地点。以前这里叫木兰乡,毛主席解放后建设这里给我们。

问:那时您会说汉话吗?

答:不会,只会说苦聪话。哈尼话也很不会说。

问:工作队跟你们说什么话?

答:工作队教我们说汉话。政策用汉语讲。慢慢学,慢慢会。

问:现在娃娃都会说苦聪话吗?

答:当然会说了。

问:苦聪话、哈尼话、汉话,平常说得最多的是什么话?

答:苦聪话、汉话、哈尼话。

问:哈尼话说得好吗?

答:也会说。

问:哈尼话和汉话哪一种说得更好?

答:差不多。(旁边一个50多岁的老太太插话说她不太会哈尼话)遇到哈尼人说哈尼话。

问:这里有多少个哈尼族媳妇?

答:有10个左右。

问:她们跟你们相处得好吗?

答:跟我们一样。

问:她们来多长时间会说苦聪话?

答:一两年。

问:汉族嫁来多长时间会说苦聪话?

答:半年左右。

问:她们为什么比哈尼族媳妇学得快?

答:我们的话里汉语词很多。你们来这里,不出一星期就能学会。

问:其他民族跟你们一起生活习惯吗?

答:习惯。原来没有粮食,吃包谷、麦子、荞粑粑。毛主席来后有了田。

问:为什么哈尼族媳妇愿意来这里?

答:我们这里更好待,更漂亮。

问:苦聪小伙子是不是心好?

答:我们苦聪小伙子心好。

问：你家儿媳妇都是什么民族？

答：我大儿媳妇、二儿媳妇都是哈尼族，三儿媳妇是七区（咪哩乡）的汉族。

问：她们都会说苦聪话吗？

答：会说。

问：您跟她们说什么话？

答：苦聪话、汉话。

问：教小孩说什么话？

答：家里教汉语。

问：您大儿子先学会说什么话？

答：苦聪话、汉话，哈尼话是在社会上学会的。

问：现在生活好点了吗？

答：比原来好多了。这里主要是山地，田地少。粮食不够吃，需要买。以前毛主席分的在河边有一小份田。毛主席帮助我们盖房子，分牛、分碗、筷、锅、盆给我们。但没有水，你们帮想想办法引水。

问：有出去打工的吗？

答：有，不多。打一段时间就回来了。

问：苦聪人较少，担不担心苦聪话、文化失传？

答：担心。虽然偏僻，还是供小孩读书。

问：老人都会说汉话吗？

答：会。

问：在旧寨靠什么生活？

答：原来点松明。苦聪男人不会耕田，女人不会织布。靠做木瓢、木盆、打猎、打板、卖藤子换米，当时只种点包谷、荞子。会酿酒。

二、访谈对象：王那克，女，66岁

问：今年您多大了？

答：66岁。

问：您什么时候搬来的？

答：13岁左右。从土地堡老寨搬来烧灰箐新寨。

问：你们主要说什么话？

答：苦聪话。赶街说汉话。

问：老一辈会说汉话吗？

答：老一辈的不会说，现在70多岁的会说。工作队来后，他们讲汉话。

问：您读过书吗？

答:书没有读过。
问:能听懂多少汉语?
答:大部分能听懂。
问:电视里讲的能听懂吗?
答:有的能听懂。
问:家里有几个子女?
答:五个。老大、老二在村子里,老三、老四、老五在县城。
问:您丈夫在哪里?
答:退休,在县城。
问:他原来做什么?
答:原来是干部,在法院工作。
问:哈尼族(姑娘)嫁过来的多吗?
答:很多。党舵、七区(咪哩乡)的姑娘都嫁过来。
问:她们愿意嫁给拉祜族(苦聪人)?
答:愿意啊。
问:拉祜姑娘嫁给其他民族吗?
答:嫁。嫁给哈尼族、彝族、傣族、汉族。
问:嫁过来的这些人都会说苦聪话吗?
答:都会说,只是口音有点不同。
问:哈尼族媳妇嫁过来跟你们的关系如何?
答:很好。
问:她们嫁过来多长时间会说苦聪话?
答:两年左右。
(这时过来一个嫁过来的哈尼族媳妇,以下是对她的访谈)
问:你一开始跟丈夫说什么话?
答:哈尼话。
问:现在苦聪话说得好不好?
答:好。
问:跟拉祜人在一起说什么话?
答:苦聪话。
问:小孩报什么民族?
答:拉祜族。
问:跟拉祜人在一起生活习不习惯?
答:一样。

问:你家里人同意你嫁来这里吗?

答:同意。

问:现在你跟丈夫说什么话?

答:苦聪话。

问:小孩教什么话?

答:汉话。

三、访谈对象:王立婼,女,57岁,拉祜族(苦聪人),文化程度是小学一年级

问:什么时候这里开始办小学?

答:不记得了。今年并到羊街乡中心小学了。

问:原来小孩怎么上学?

答:原来小孩一、二、三年级在这里上,后几年并到党舵上。

问:这里的小孩读书读得高吗?

答:读到大学、中专的都有。我大女儿的姑爷是上门的,离婚了。两个小孩一个读初中,一个读小学。我老头有60多岁了。现在没钱读书。这里的小孩都爱读书,但供不起。

问:您经常出去赶街吗?

答:不经常,一年两三次。我姑娘在昆明打工,去过一两次。元江去过四五次。

问:您的姑娘都嫁到哪里?

答:大姑娘招姑爷,离婚了,现在在元江打工。二姑娘、四姑娘在山上。三姑娘嫁个傣族。五姑娘嫁四川人,在昆明打工。

问:您孙子在家说什么话?

答:苦聪话。

问:他们会说哈尼话吗?

答:他们害羞,不大说,会听。孙子在党舵读的六年级,考上初中,在元江大水坪读,现在在玉溪民中读,不经常说哈尼话。

问:你们知道哪里还有拉祜族(苦聪人)吗?

答:七区(咪哩乡)有,墨江三光箐有。

问:你们跟他们接触吗?

答:接触的。

问:经常接触吗?

答:不经常。

问:为什么?

答:没有钱来往。

问:他们来找你们吗?

答:不找。

附录三　烧灰箐寨个人语言使用情况调查表

序号	家庭关系	姓名	出生年月	民族	文化程度	第一语言及熟练程度	第二语言及熟练程度	第三语言及熟练程度
1	户主	王松弟	39/01	拉祜	文盲	苦聪话熟练	汉语一般	哈尼语略懂
2	户主	李机收	50/11	拉祜	脱盲	苦聪话熟练	汉语熟练	哈尼语熟练
	长子	李主发	69/01	拉祜	小学	苦聪话熟练	汉语熟练	哈尼语熟练
	长媳	杨沙爱	74/09	哈尼	脱盲	哈尼语熟练	汉语熟练	苦聪话熟练
	次子	李旺生	75/06	拉祜	初中	苦聪话熟练	汉语熟练	哈尼语熟练
	女儿	李贵兰	78/09	拉祜	初中	苦聪话熟练	汉语熟练	哈尼语熟练
	孙子	李福顺	98/12	拉祜	小学	苦聪话熟练	汉语熟练	哈尼语一般
	孙子	李财富	04/08	拉祜		苦聪话熟练	哈尼语一般	汉语略懂
3	户主	李祥	70/02	拉祜	初中	苦聪话熟练	汉语熟练	哈尼语熟练
	配偶	杨汉佰	70/08	哈尼	小学	哈尼语熟练	汉语熟练	苦聪话熟练
	父亲	李有文	34/01	拉祜	小学	苦聪话熟练	汉语熟练	哈尼语熟练
	母亲	杨呀努	40/05	拉祜	文盲	苦聪话熟练	汉语熟练	哈尼语熟练
	弟弟	杨成顺	72/09	拉祜	初中	苦聪话熟练	汉语熟练	哈尼语熟练
	长子	李德荣	92/05	拉祜	初中	苦聪话熟练	汉语熟练	哈尼语熟练
	次子	李德云	94/06	拉祜	小学	苦聪话熟练	汉语熟练	哈尼语熟练
4	户主	李桂英	50/11	拉祜	小学	苦聪话熟练	汉语熟练	哈尼语熟练
	长子	王发宝	73/02	拉祜	初中	苦聪话熟练	汉语熟练	哈尼语熟练
	儿媳	李秀英	74/05	汉		汉语熟练	苦聪话熟练	哈尼语略懂
	次子	杨发顺	85/07	拉祜	高中	苦聪话熟练	汉语熟练	哈尼语熟练
	孙子	王严宝	00/08	拉祜	小学	苦聪话熟练	汉语熟练	哈尼语略懂
	孙女	王冬梅	05/05	拉祜		苦聪话略懂	汉语略懂	哈尼话不会
5	户主	施光婼	51/06	拉祜	脱盲	苦聪话熟练	汉语熟练	哈尼语熟练
	配偶	李学成	55/11	拉祜	小学	苦聪话熟练	汉语熟练	哈尼语熟练
	长子	李桥生	79/07	拉祜	小学	苦聪话熟练	汉语熟练	哈尼语熟练
	次子	李燕生	83/11	拉祜	大学	苦聪话熟练	汉语熟练	哈尼语熟练
6	户主	石玉顺	47/08	拉祜	小学	苦聪话熟练	汉语熟练	哈尼语熟练
	配偶	赵国芬	53/12	傣	初中	傣语熟练	汉语熟练	苦聪话熟练
	母亲	杨立婼	28/10	拉祜	文盲	苦聪话熟练	汉语熟练	哈尼语熟练
	长子	石江云	76/07	拉祜	初中	苦聪话熟练	汉语熟练	哈尼语熟练
	长媳	田芙芬	79/10	拉祜	小学	苦聪话熟练	汉语熟练	哈尼语熟练
	次子	石江成	79/02	拉祜	高中	苦聪话熟练	汉语熟练	哈尼语熟练
	次媳	李银琴	82/06	汉族		汉语熟练	苦聪话一般	哈尼语略懂
	三子	石江平	82/08	拉祜	初中	苦聪话熟练	汉语熟练	哈尼语熟练
	孙子	石金辉	97/01	拉祜	小学	苦聪话熟练	汉语熟练	哈尼语一般
	孙女	石春美	98/02	拉祜	小学	苦聪话熟练	汉语熟练	哈尼语一般
	孙女	石俊恒	07/08	拉祜				

(续表)

7	户主	王宝	47/12	拉祜	文盲	苦聪话熟练	汉语熟练	哈尼语熟练
	配偶	王立婼	51/09	拉祜	脱盲	苦聪话熟练	汉语熟练	哈尼语熟练
	长女	王明	69/03	拉祜	初中	苦聪话熟练	汉语熟练	哈尼语熟练
	次女	王桂花	80/08	拉祜	小学	苦聪话熟练	汉语熟练	哈尼语熟练
	孙子	王春发	91/03	拉祜	高中	苦聪话熟练	汉语熟练	哈尼语一般
8	户主	陶朝清	30/03	拉祜	文盲	苦聪话熟练	汉语熟练	哈尼语熟练
	配偶	施桥珍	36/04	拉祜	文盲	苦聪话熟练	汉语熟练	哈尼语熟练
	长子	陶阿三	66/08	拉祜	小学	苦聪话熟练	汉语熟练	哈尼语熟练
	长媳	杨嘎色	72/10	哈尼	文盲	哈尼语熟练	苦聪话熟练	汉语熟练
	次子	陶桥光	77/03	拉祜	小学	苦聪话熟练	汉语熟练	哈尼语熟练
	长孙女	陶春梅	93/05	拉祜	初中	苦聪话熟练	汉语熟练	哈尼语一般
	次孙女	陶阿花	96/07	拉祜	小学	苦聪话熟练	汉语熟练	哈尼语一般
	三孙女	陶百宛	07/08	拉祜				
9	户主	石小儿	54/03	拉祜	小学	苦聪话熟练	汉语熟练	哈尼语熟练
	配偶	陶美英	55/09	拉祜	小学	苦聪话熟练	汉语熟练	哈尼语熟练
	长子	石福春	72/01	拉祜	小学	苦聪话熟练	汉语熟练	哈尼语熟练
	儿子	石艳红	82/04	拉祜	小学	苦聪话熟练	汉语熟练	哈尼语熟练
	孙子	石金保	02/06	拉祜		苦聪话熟练	汉语一般	哈尼语不会
	孙子	石金芬	06/05	拉祜		苦聪话一般	汉语不会	哈尼语一般
10	户主	李阿祥	67/06	拉祜	小学	苦聪话熟练	汉语熟练	哈尼语熟练
	配偶	白宗佰	67/03	拉祜	小学	苦聪话熟练	汉语熟练	哈尼语熟练
	母亲	王阿六	38/04	拉祜	文盲	苦聪话熟练	汉语熟练	哈尼语熟练
	女儿	李佰英	87/08	拉祜	高中	苦聪话熟练	汉语熟练	哈尼语熟练
	儿子	李夸福	90/01	拉祜	高中	苦聪话熟练	汉语熟练	哈尼语一般
11	户主	陶小二	63/12	拉祜	小学	苦聪话熟练	汉语熟练	哈尼语熟练
	配偶	李香明	65/03	拉祜	脱盲	苦聪话熟练	汉语熟练	哈尼语熟练
	儿子	陶玉明	86/06	拉祜	大学	苦聪话熟练	汉语熟练	哈尼语熟练
	女儿	陶阿花	88/02	拉祜	高中	苦聪话熟练	汉语熟练	哈尼语熟练
12	户主	白黑发	57/10	拉祜	小学	苦聪话熟练	汉语熟练	哈尼语熟练
	配偶	杨玉婼	67/03	拉祜	小学	苦聪话熟练	汉语熟练	哈尼语熟练
	儿子	白主发	82/08	拉祜	小学	苦聪话熟练	汉语熟练	哈尼语熟练
13	户主	王阿代	72/04	拉祜	小学	苦聪话熟练	汉语熟练	哈尼语熟练
	配偶	张俊	79/07	拉祜	初中	苦聪话熟练	汉语熟练	哈尼语熟练
	父亲	王乔法	35/04	拉祜	文盲	苦聪话熟练	汉语熟练	哈尼语熟练
	儿子	王健	02/03	拉祜		苦聪话熟练	汉语一般	哈尼语不会
	女儿	王某	06/08	拉祜		苦聪话略懂	汉语不会	哈尼语不会
14	户主	范发科	55/10	拉祜	小学	苦聪话熟练	汉语熟练	哈尼语熟练
	母亲	百呀婼	36/07	拉祜	文盲	苦聪话熟练	汉语熟练	哈尼语熟练
	儿子	范宝福	88/12	拉祜	高中	苦聪话熟练	汉语熟练	哈尼语熟练
	女儿	范宝英	91/07	拉祜	高中	苦聪话熟练	汉语熟练	哈尼语熟练

(续表)

15	户主	白玉清	55/06	拉祜	小学	苦聪话熟练	汉语熟练	哈尼语熟练
	配偶	施王农	56/03	拉祜	小学	苦聪话熟练	汉语熟练	哈尼语熟练
	长子	白树成	82/06	拉祜	小学	苦聪话熟练	汉语熟练	哈尼语熟练
	次子	白树生	84/05	拉祜	初中	苦聪话熟练	汉语熟练	哈尼语熟练
16	户主	李黑发	55/11	拉祜	小学	苦聪话熟练	汉语熟练	哈尼语熟练
	配偶	陶美仙	57/10	拉祜	小学	苦聪话熟练	汉语熟练	哈尼语熟练
	女儿	李桂芬	80/09	拉祜	小学	苦聪话熟练	汉语熟练	哈尼语熟练
	儿子	李东岭	83/10	拉祜	小学	苦聪话熟练	汉语熟练	哈尼语熟练
	孙子	李金财	04/09	拉祜		苦聪话一般	汉语略懂	哈尼语不会
17	户主	罗家福	43/01	拉祜	小学	苦聪话熟练	汉语熟练	哈尼语熟练
	配偶	施方美	43/01	拉祜	文盲	苦聪话熟练	汉语熟练	哈尼语熟练
	长子	罗顺才	76/08	拉祜	初中	苦聪话熟练	汉语熟练	哈尼语熟练
	长媳	史美英	84/07	哈尼		哈尼语熟练	汉语熟练	苦聪话熟练
	次子	罗六发	78/01	拉祜	小学	苦聪话熟练	汉语熟练	哈尼语熟练
	次媳	白爱皮	78/07	拉祜	文盲	苦聪话熟练	汉语熟练	哈尼语熟练
	孙女	罗遇梅	99/01	拉祜	小学	苦聪话熟练	汉语熟练	哈尼语一般
	孙子	罗夸篮	04/03	拉祜		苦聪话一般	汉语略懂	哈尼语不会
	孙子	罗荣华	05/03	拉祜		苦聪话一般	汉语略懂	哈尼语不会
18	户主	施万里	67/05	拉祜	小学	苦聪话熟练	汉语熟练	哈尼语熟练
	配偶	杨克皮	71/05	拉祜	脱盲	苦聪话熟练	汉语熟练	哈尼语熟练
	母亲	杨玉婼	30/04	拉祜	文盲	苦聪话熟练	汉语熟练	哈尼语熟练
	儿子	施万祥	94/08	拉祜	小学	苦聪话熟练	汉语熟练	哈尼语熟练
	女儿	施万芬	00/09	拉祜		苦聪话熟练	汉语一般	哈尼语不会
19	户主	李叁佰	42/06	拉祜	文盲	苦聪话熟练	汉语熟练	哈尼语熟练
	儿子	李云光	75/05	拉祜	初中	苦聪话熟练	汉语熟练	哈尼语熟练
	儿媳	黄 云	80/06	汉	初中	汉语熟练	苦聪话一般	哈尼语略懂
	长孙	李双福	98/06	拉祜	小学	苦聪话熟练	汉语熟练	哈尼语一般
	次孙	李双祥	98/06	拉祜	小学	苦聪话熟练	汉语熟练	哈尼语一般
20	户主	李隔心	67/08	拉祜	小学	苦聪话熟练	汉语熟练	哈尼语熟练
	配偶	石美英	66/06	拉祜	小学	苦聪话熟练	汉语熟练	哈尼语熟练
	次女	李小美	87/03	拉祜	高中	苦聪话熟练	汉语熟练	哈尼语熟练
21	户主	刘玉福	48/11	拉祜	小学	苦聪话熟练	汉语熟练	哈尼语熟练
	配偶	范阿义	51/04	拉祜	脱盲	苦聪话熟练	汉语熟练	哈尼语熟练
	女儿	刘阿花	93/06	拉祜	小学	苦聪话熟练	汉语熟练	哈尼语一般
22	户主	武二婼	45/07	拉祜	小学	苦聪话熟练	汉语熟练	哈尼语熟练
	长媳	李贵芬	68/05	拉祜	小学	苦聪话熟练	汉语熟练	哈尼语熟练
	三子	杨向荣	72/09	拉祜	小学	苦聪话熟练	汉语熟练	哈尼语熟练
	四子	杨向阳	77/01	拉祜	小学	苦聪话熟练	汉语熟练	哈尼语熟练
	四媳	李红英	77/08	拉祜	初中	苦聪话熟练	汉语熟练	哈尼语熟练
	孙女	杨红梅	99/12	拉祜	小学	苦聪话熟练	汉语一般	哈尼语略懂
	孙子	杨夸军	00/12	拉祜	初中	苦聪话熟练	汉语一般	哈尼语略懂

(续表)

23	户主	杨向红	70/09	拉祜	小学	苦聪话熟练	汉语熟练	哈尼语熟练
	配偶	王 英	72/12	拉祜	小学	苦聪话熟练	汉语熟练	哈尼语熟练
	长女	杨 娆	96/08	拉祜	小学	苦聪话熟练	汉语熟练	哈尼语一般
	次女	杨 林	97/04	拉祜	小学	苦聪话熟练	汉语熟练	哈尼语一般
24	户主	白老五	67/11	拉祜	脱盲	苦聪话熟练	汉语熟练	哈尼语熟练
	配偶	李小婼	72/08	拉祜	脱盲	苦聪话熟练	汉语熟练	哈尼语熟练
	长女	白永芬	88/08	拉祜	高中	苦聪话熟练	汉语熟练	哈尼语熟练
	次女	白夸芬	91/01	拉祜	初中	苦聪话熟练	汉语熟练	哈尼语熟练
25	户主	龙某发	70/05	拉祜	小学	苦聪话熟练	汉语熟练	哈尼语熟练
	配偶	杨牙努	72/11	哈尼	小学	哈尼语熟练	汉语熟练	苦聪话熟练
	父亲	龙伟者	45/10	拉祜	文盲	苦聪话熟练	汉语熟练	哈尼语熟练
	女儿	龙 燕	94/01	拉祜	小学	苦聪话熟练	汉语熟练	哈尼语熟练
26	户主	王爱义	65/03	拉祜	脱盲	苦聪话熟练	汉语熟练	哈尼语熟练
	长子	李里生	85/10	拉祜	初中	苦聪话熟练	汉语熟练	哈尼语熟练
	次子	李夸生	87/09	拉祜	高中	苦聪话熟练	汉语熟练	哈尼语熟练
27	户主	李娅婼	50/05	拉祜	脱盲	苦聪话熟练	汉语熟练	哈尼语熟练
28	户主	李美英	62/04	拉祜	小学	苦聪话熟练	汉语熟练	哈尼语熟练
	女儿	施金花	81/09	拉祜	小学	苦聪话熟练	汉语熟练	哈尼语熟练
	儿子	施树明	82/12	拉祜	初中	苦聪话熟练	汉语熟练	哈尼语熟练
29	户主	武主顺	65/05	拉祜	小学	苦聪话熟练	汉语熟练	哈尼语熟练
	配偶	李海努	65/09	拉祜	小学	苦聪话熟练	汉语熟练	哈尼语熟练
	长女	武成兰	85/02	拉祜	大学	苦聪话熟练	汉语熟练	哈尼语熟练
	次女	武成芬	90/06	拉祜	高中	苦聪话熟练	汉语熟练	哈尼语熟练
	儿子	武继荣	97/02	拉祜	小学	苦聪话熟练	汉语熟练	哈尼语一般
30	户主	王得生	65/03	拉祜	小学	苦聪话熟练	汉语熟练	哈尼语熟练
	配偶	李阿凤	70/06	拉祜	文盲	苦聪话熟练	汉语熟练	哈尼语熟练
	儿子	王福生	87/04	拉祜	初中	苦聪话熟练	汉语熟练	哈尼语熟练
	女儿	王福珍	92/09	拉祜	初中	苦聪话熟练	汉语熟练	哈尼语一般
31	户主	龙阿正	67/02	拉祜	脱盲	苦聪话熟练	汉语熟练	哈尼语熟练
	配偶	王海波	68/08	拉祜	脱盲	苦聪话熟练	汉语熟练	哈尼语熟练
	儿子	龙忙者	91/08	拉祜	高中	苦聪话熟练	汉语熟练	哈尼语熟练
	女儿	龙夸英	93/11	拉祜	初中	苦聪话熟练	汉语熟练	哈尼语一般
32	户主	李永福	68/03	拉祜	小学	苦聪话熟练	汉语熟练	哈尼语熟练
	配偶	杨向英	67/08	拉祜	小学	苦聪话熟练	汉语熟练	哈尼语熟练
	长子	李福得	87/12	拉祜	高中	苦聪话熟练	汉语熟练	哈尼语熟练
	次子	李福宝	90/02	拉祜	高中	苦聪话熟练	汉语熟练	哈尼语熟练
33	户主	武发生	63/01	拉祜	小学	苦聪话熟练	汉语熟练	哈尼语熟练
	儿子	武建明	01/01	拉祜		苦聪话熟练	汉语一般	哈尼语略懂
34	户主	李四权	42/05	拉祜	文盲	苦聪话熟练	汉语熟练	哈尼语熟练
	配偶	施唐英	44/09	拉祜	小学	苦聪话熟练	汉语熟练	哈尼语熟练
	女儿	李桂英	75/09	拉祜	初中	苦聪话熟练	汉语熟练	哈尼语熟练
	儿子	李小红	76/09	拉祜	小学	苦聪话熟练	汉语熟练	哈尼语熟练

(续表)

34	儿媳	李汉色	78/08	哈尼	初中	哈尼语熟练	汉语熟练	苦聪话熟练
	儿媳	张喊收	83/03	哈尼	初中	哈尼语熟练	汉语熟练	苦聪话熟练
	孙子	龚云兵	92/08	拉祜	初中	苦聪话熟练	汉语熟练	哈尼语熟练
	孙子	张小明	93/09	拉祜	小学	苦聪话熟练	汉语熟练	哈尼语熟练
35	户主	李树英	61/01	拉祜	小学	苦聪话熟练	汉语熟练	哈尼语熟练
	儿子	白正荣	87/07	拉祜	初中	苦聪话熟练	汉语熟练	哈尼语熟练
	女儿	白亚丽	89/02	拉祜	高中	苦聪话熟练	汉语熟练	哈尼语熟练
36	户主	王心保	64/12	拉祜	小学	苦聪话熟练	汉语熟练	哈尼语熟练
	配偶	王海努	72/08	哈尼	脱盲	哈尼语熟练	汉语熟练	苦聪话熟练
	长子	王东	92/02	拉祜	初中	苦聪话熟练	汉语熟练	哈尼语熟练
	次子	王云	94/02	拉祜	初中	苦聪话熟练	汉语熟练	哈尼语一般
	女儿	王米沟	95/11	拉祜	小学	苦聪话熟练	汉语熟练	哈尼语一般
	侄子	王学清	84/06	拉祜	初中	苦聪话熟练	汉语熟练	哈尼语熟练
	侄女	王小英	86/10	拉祜	初中	苦聪话熟练	汉语熟练	哈尼语熟练
37	户主	陶老七	70/12	拉祜	小学	苦聪话熟练	汉语熟练	哈尼语熟练
	配偶	杨排叶	71/09	哈尼	脱盲	哈尼语熟练	苦聪话熟练	汉语熟练
	儿子	陶玉德	92/05	拉祜	初中	苦聪话熟练	汉语熟练	哈尼语熟练
	女儿	陶清采	95/06	拉祜	小学	苦聪话熟练	汉语熟练	哈尼语熟练
38	户主	罗顺发	70/02	拉祜	小学	苦聪话熟练	汉语熟练	哈尼语熟练
	配偶	王桂英	78/01	拉祜	小学	苦聪话熟练	汉语熟练	哈尼语熟练
	儿子	罗发新	97/01	拉祜	小学	苦聪话熟练	汉语熟练	哈尼语一般
	女儿	罗金美	98/12	拉祜	小学	苦聪话熟练	汉语熟练	哈尼语一般
39	户主	杨阿才	64/02	拉祜	小学	苦聪话熟练	汉语熟练	哈尼语熟练
	配偶	罗秀芬	66/09	拉祜	小学	苦聪话熟练	汉语熟练	哈尼语熟练
	长子	杨春荣	86/03	拉祜	初中	苦聪话熟练	汉语熟练	哈尼语熟练
	次子	杨春福	88/11	拉祜	高中	苦聪话熟练	汉语熟练	哈尼语熟练

附录四 羊街乡拉祜族(苦聪人)语言观念调查问卷表（个案）

被调查人姓名:王宝　性别:男　年龄:56　文化程度:小学三年级　民族:拉祜族(苦聪人)
职业:农民　　居住地：烧灰箐寨

请在您所选答案前的拉丁字母下划横线。例如："A"。

(1) 您怎么看待拉祜族(苦聪人)掌握汉语文的作用？

　　A 很有用　　B 有些用　　C 没有用

(2) 您认为学好汉语的目的是：（按重要程度排序）A　　C　　B　　D

　　A 找到好的工作,得到更多的收入　　B 升学的需要
　　C 便于与外族人交流　　　　　　　　D 了解汉族文化

(3) 您怎么看待拉祜族(苦聪人)掌握哈尼语的作用？

　　A 很有用　　B 有些用　　C 没有用

(4) 您认为掌握苦聪话的目的是什么？（按重要程度排序）B　　C　　A

A 找到好的工作,得到更多的收入　　B 便于与本族人交流

C 了解和传承本族的历史传统文化

(5) 您对拉祜族(苦聪人)都会使用汉语、哈尼语的态度是什么?

　　A 迫切希望　　B 顺其自然　　C 无所谓　　D 不希望

(6) 如果拉祜族(苦聪人)成为汉语单语人,您的态度是什么?

　　A 迫切希望　　B 顺其自然　　C 无所谓　　D 不希望

(7) 如果有人在外地学习或工作几年后回到家乡,不再说苦聪话,您如何看待?

　　A 可以理解　　B 反感　　C 听着别扭　　D 不习惯　　E 无所谓

(8) 您希望子女最好会说什么语言?

　　A 普通话　　B 苦聪话　　C 当地汉语方言　　D 普通话和苦聪话　　E 哈尼语

　　F 无所谓

(9) 您愿意把子女送到什么学校学习?

　　A 用汉语授课的学校　　B 用汉语和英语授课的学校

　　C 用汉语和苦聪话授课的学校

(10) 您希望本地广播站使用什么语言播音?

　　A 苦聪话　　B 普通话　　C 当地汉语方言　　D 普通话和苦聪话　　E 哈尼语

　　F 无所谓

(11) 您是否希望苦聪话在村寨中永远保留下去?

　　A 希望　　B 无所谓　　C 不希望

(12) 请您按照重要程度将以下语言进行排序 A　C　B　D

　　A 普通话　　B 苦聪话　　C 当地汉语方言　　D 哈尼语

(13) 如果家里的孩子不会说苦聪话,您的态度是什么?

　　A 同意　　B 无所谓　　C 反对

(14) 如果您家里的孩子不肯说苦聪话,您的态度是什么?

　　A 同意　　B 无所谓　　C 反对

(15) 您家的孩子学说话时,您最先教给他的是哪种语言?

　　A 普通话　　B 苦聪话　　C 当地汉语方言　　D 哈尼语

(16) 干部在开会发言时,您希望他们说什么语言?

　　A 普通话　　B 苦聪话　　C 当地汉语方言　　D 哈尼语

(17) 您个人学会下列语言的顺序是 A　C　B　D

　　A 苦聪话　　B 哈尼语　　C 当地汉语方言　　D 普通话

　　是如何学会的?

　　在党舵小学上学时学会哈尼话,跟亲戚和小学老师学会汉语。

第四章 羊街乡中梁子彝族语言使用现状

中梁子寨属羊街乡朗支村委会，距乡政府 16 公里，一共 85 户，357 人。其中彝族 225 人，占全寨人口的 63%；汉族 94 人，占 26.3%；哈尼族 37 人，占 10.4%；白族 1 人，占 0.3%。该寨是羊街乡唯一的彝族相对聚居的寨子。主要粮食作物是水稻、玉米、小麦等，经济作物有甘蔗、烤烟等。

由于历史来源、族际婚姻、语言态度、文化教育、地理位置等各种因素的综合影响，中梁子彝族语言使用出现了两种显著变化：一是除少数中、老年人还能使用母语外，大部分人放弃了母语而转用汉语；二是多数人兼用哈尼语。

第一节 中梁子彝族的语言转用

语言转用，也称语言替换，是指一个民族或民族中的一部分人放弃了本族语而转用另一民族语言的现象。语言转用是语言使用功能的一种变化，是语言发展中出现的语言关系的转变。

一 中梁子语言转用的表现

中梁子彝族语言转用主要表现在年龄、使用范围、人口数量以及母语的传承等几个方面。

（一）不同年龄段语言转用的情况不同

根据不同年龄段母语的掌握情况，可以将中梁子彝族母语使用的年龄段划为以下五种：50 岁以上、40—49 岁、30—39 岁、20—29 岁和 7—19 岁。年龄段不同，语言转用的情况也不同。

（1）50 岁以上：处在这一年龄段的彝族（50 人），全部以彝语作为第一语言，且全部兼用汉语。在日常交际中，他们汉语与彝语并用，但使用汉语的场合较多。57 岁的李会美大妈，彝语和汉语都很熟练，但她只在与她年纪相当的人谈话时才用彝语，在家不用彝语，因为小孩全都说汉语了，没有谈话对象。她说，等他们这一帮人过去后，说彝语的人就没有了。五个年龄段语言使用情况，分别列表如下：

表 4-1　中梁子彝族 50 岁以上的人文化程度、语言熟练程度表

姓名	出生年月	民族	文化程度	第一语言及熟练程度	第二语言及熟练程度	第三语言及熟练程度
李招来	28/10	彝	文盲	彝语熟练	汉语熟练	哈尼语熟练
车秀英	28/12	彝	文盲	彝语熟练	汉语熟练	哈尼语一般
车会英	30/07	彝	文盲	彝语熟练	汉语熟练	哈尼语不会
彭招娣	32/06	彝	文盲	彝语熟练	汉语熟练	哈尼语熟练
杨礼保	33/01	彝	小学	彝语熟练	汉语熟练	哈尼语熟练
杨玉诺	34/04	彝	文盲	彝语熟练	汉语熟练	哈尼语熟练
车其迫	35/04	彝	半文盲	彝语熟练	汉语熟练	哈尼语熟练
杨能嘎	38/07	彝	文盲	彝语熟练	汉语熟练	哈尼语熟练
普玉英	39/02	彝	小学	彝语熟练	汉语熟练	哈尼语不会
普理奎	39/07	彝	小学	彝语熟练	汉语熟练	哈尼语熟练
白美英	39/08	彝	文盲	彝语熟练	汉语熟练	哈尼语一般
白翠英	39/11	彝	文盲	彝语熟练	汉语熟练	哈尼语熟练
白范英	39/12	彝	文盲	彝语熟练	汉语熟练	哈尼语一般
李贵英	40/04	彝	文盲	彝语熟练	汉语熟练	哈尼语熟练
彭忠文	40/06	彝	小学	彝语熟练	汉语熟练	哈尼语熟练
杨福贵	40/11	彝	文盲	彝语熟练	汉语熟练	哈尼语不会
李八斤	40/12	彝	小学	彝语熟练	汉语熟练	哈尼语一般
方拾妹	41/02	彝	小学	彝语熟练	汉语熟练	哈尼语熟练
方连珍	41/02	彝	文盲	彝语熟练	汉语熟练	哈尼语不会
普万兴	41/04	彝	小学	彝语熟练	汉语熟练	哈尼语熟练
杨兰仙	42/06	彝	小学	彝语熟练	汉语熟练	哈尼语一般
普阳苍	42/07	彝	小学	彝语熟练	汉语熟练	哈尼语熟练
白阿尾	42/11	彝	小学	彝语熟练	汉语熟练	哈尼语不会
李开发	43/08	彝	小学	彝语熟练	汉语熟练	哈尼语熟练
李玉珍	43/12	彝	小学	彝语熟练	汉语熟练	哈尼语一般
普白奎	44/12	彝	初中	彝语熟练	汉语熟练	哈尼语熟练
杨会英	46/01	彝	小学	彝语熟练	汉语熟练	哈尼语熟练
李桃仙	46/03	彝	半文盲	彝语熟练	汉语熟练	哈尼语一般
李玉保	46/11	彝	小学	彝语熟练	汉语熟练	哈尼语熟练
白乔福	47/03	彝	小学	彝语熟练	汉语熟练	哈尼语熟练
李会珍	48/08	彝	文盲	彝语熟练	汉语熟练	哈尼语一般
李记珍	48/09	彝	半文盲	彝语熟练	汉语熟练	哈尼语熟练
普万林	49/06	彝	小学	彝语熟练	汉语熟练	哈尼语熟练
杨建华	49/10	彝	小学	彝语熟练	汉语熟练	哈尼语一般
李玉兰	50/03	彝	文盲	彝语熟练	汉语熟练	哈尼语熟练
张呀白	50/07	彝	脱盲	彝语熟练	汉语熟练	哈尼语熟练
白玉芬	50/12	彝	小学	彝语熟练	汉语熟练	哈尼语熟练
李会美	51/06	彝	脱盲	彝语熟练	汉语熟练	哈尼语一般
白依阿	52/02	彝	脱盲	彝语熟练	汉语熟练	哈尼语熟练
李现保	52/06	彝	小学	彝语熟练	汉语熟练	哈尼语熟练

(续表)

姓名	出生年月	民族	文化程度	第一语言及熟练程度	第二语言及熟练程度	第三语言及熟练程度
杨寿昌	52/12	彝	小学	彝语熟练	汉语熟练	哈尼语熟练
杨存英	54/07	彝	脱盲	彝语熟练	汉语熟练	哈尼语熟练
杨培林	55/07	彝	小学	彝语熟练	汉语熟练	哈尼语熟练
李树芬	55/09	彝	高中	彝语熟练	汉语熟练	哈尼语熟练
普茶叶	56/05	彝	脱盲	彝语熟练	汉语熟练	哈尼语熟练
李永平	56/05	彝	小学	彝语熟练	汉语熟练	哈尼语熟练
白发美	56/07	彝	脱盲	彝语熟练	汉语熟练	哈尼语一般
李秀芬	56/07	彝	小学	彝语熟练	汉语熟练	哈尼语熟练
李玉福	56/12	彝	小学	彝语熟练	汉语熟练	哈尼语熟练
白寿英	57/08	彝	小学	彝语熟练	汉语熟练	哈尼语一般

(2) 40—49岁：处于这一年龄段，第一语言为彝语并能熟练使用的人明显下降到了51.6%，以汉语为第一语言的人数升至48.3%。在这一年龄段，彝语不论作为第一语言或是第二语言，人们能熟练使用的比例依然很高，但出现了"一般"和"略懂"等级，这说明彝族掌握彝语的水平已下降。41岁的李有福说，他上小学前一直说彝语，长大后，和村民们或来打工的人交谈，他都说汉语。有时，他用彝语和彝族老人交谈，但觉得说起来很拗口。如果有人彝语说得很快，他听起来就有困难了。

表4-2 中梁子彝族40—49岁人文化程度、语言熟练程度表

姓名	出生年月	民族	文化程度	第一语言及熟练程度	第二语言及熟练程度	第三语言及熟练程度
张保诺	58/03	彝	脱盲	彝语熟练	汉语熟练	哈尼语一般
杨寿发	58/08	彝	小学	彝语熟练	汉语熟练	哈尼语熟练
李美云	58/09	彝	小学	彝语熟练	汉语熟练	哈尼语一般
杨会新	60/11	彝	初中	彝语熟练	汉语熟练	哈尼语熟练
普丽英	62/03	彝	小学	汉语熟练	彝语熟练	哈尼语不会
李周白	62/11	彝	脱盲	彝语熟练	汉语熟练	哈尼语熟练
杨忠祥	63/01	彝	初中	彝语熟练	汉语熟练	哈尼语熟练
杨秀琴	63/06	彝	初中	彝语熟练	汉语熟练	哈尼语熟练
白春义	63/07	彝	脱盲	彝语熟练	汉语熟练	哈尼语熟练
李智英	63/09	彝	初中	彝语熟练	汉语熟练	哈尼语熟练
李贵福	63/09	彝	初中	汉语熟练	彝语熟练	哈尼语不会
杨美英	63/09	彝	初中	彝语熟练	汉语熟练	哈尼语熟练
杨寿永	63/10	彝	初中	彝语熟练	汉语熟练	哈尼语熟练
车立发	64/02	彝	初中	汉语熟练	彝语熟练	哈尼语熟练
杨伦	64/12	彝	小学	汉语熟练	彝语一般	哈尼语不会
李玉红	64/12	彝	初中	彝语熟练	汉语熟练	哈尼语熟练
李秀珍	65/01	彝	小学	彝语熟练	汉语熟练	哈尼语一般
李长毛	65/03	彝	初中	汉语熟练	彝语熟练	哈尼语熟练
李秀芝	65/03	彝	初中	彝语熟练	汉语熟练	哈尼语熟练

(续表)

白小英	65/06	彝	小学	汉语熟练	彝语熟练	哈尼语熟练
普家林	65/07	彝	初中	汉语熟练	彝语熟练	哈尼语熟练
杨寿清	65/12	彝	小学	汉语熟练	彝语熟练	哈尼语熟练
李玉花	66/01	彝	小学	彝语熟练	汉语熟练	哈尼语熟练
李有福	66/02	彝	小学	彝语熟练	汉语熟练	哈尼语熟练
李定启	66/05	彝	小学	汉语熟练	哈尼语熟练	彝语略懂
普宝明	66/10	彝	小学	汉语熟练	彝语熟练	哈尼语一般
白衣们	67/03	彝	脱盲	汉语熟练	彝语熟练	哈尼语一般
李嘎努	67/06	彝	小学	汉语熟练	彝语一般	哈尼语一般
李桥有	67/06	彝	小学	汉语熟练	彝语一般	哈尼语一般
普正文	67/11	彝	初中	汉语熟练	彝语熟练	哈尼语熟练
李记英	67/12	彝	初中	汉语熟练	哈尼语熟练	彝语一般

(3) 30—39岁:在这一年龄段,以汉语为第一语言并能熟练使用的人数比例明显上升,达到了93.9%,彝语作为第一语言并能熟练使用的则下降到了6.1%。

表4-3 中梁子彝族30—39岁人文化程度、语言熟练程度表

姓名	出生年月	民族	文化程度	第一语言及熟练程度	第二语言及熟练程度	第三语言及熟练程度
普李白	68/06	彝	小学	汉语熟练	彝语熟练	哈尼语熟练
杨建	68/08	彝	小学	汉语熟练	彝语略懂	哈尼语不会
杨寿强	69/02	彝	初中	汉语熟练	彝语熟练	哈尼语熟练
杨丽萍	69/02	彝	初中	汉语熟练	哈尼语一般	彝语略懂
普玉辉	69/05	彝	初中	彝语熟练	汉语熟练	哈尼语熟练
张金花	69/06	彝	小学	汉语熟练	彝语熟练	哈尼语一般
车文林	69/07	彝	初中	汉语熟练	彝语熟练	哈尼语熟练
杨寿平	69/08	彝	高中	汉语熟练	彝语熟练	哈尼语熟练
白陆拾宝	69/12	彝	小学	彝语熟练	汉语熟练	哈尼语熟练
白生梅	70/01	彝	初中	汉语熟练	彝语熟练	哈尼语熟练
李玉宝	70/03	彝	小学	汉语熟练	哈尼语熟练	彝语一般
彭利兵	70/08	彝	初中	汉语熟练	哈尼语一般	彝语不会
普小三	70/08	彝	小学	汉语熟练	彝语熟练	哈尼语一般
杨老六	71/02	彝	小学	汉语熟练	彝语熟练	哈尼语熟练
普会连	71/06	彝	小学	汉语熟练	彝语一般	哈尼语熟练
普玉光	71/11	彝	小学	汉语熟练	彝语一般	哈尼语一般
普玉林	72/08	彝	小学	汉语熟练	彝语一般	哈尼语一般
白乔林	72/08	彝	小学	汉语熟练	哈尼语熟练	彝语不会
普阿生	72/09	彝	初中	汉语熟练	彝语熟练	哈尼语熟练
李双明	72/10	彝	初中	汉语熟练	彝语熟练	哈尼语熟练
杨秀英	72/12	彝	初中	汉语熟练	彝语一般	哈尼语一般
李中平	73/02	彝	初中	汉语熟练	彝语一般	哈尼语不会

(续表)

姓名	出生年月	民族	文化程度	第一语言及熟练程度	第二语言及熟练程度	第三语言及熟练程度
方英翠	73/09	彝	脱盲	汉语熟练	彝语熟练	哈尼语一般
杨忠寿	74/06	彝	初中	汉语熟练	哈尼语熟练	彝语略懂
杨秀丽	74/08	彝	小学	汉语熟练	彝语一般	哈尼语不会
普会忠	74/09	彝	脱盲	汉语熟练	哈尼语熟练	彝语一般
杨老七	74/12	彝	小学	汉语熟练	彝语熟练	哈尼语熟练
彭利强	75/10	彝	小学	汉语熟练	哈尼语一般	彝语不会
李玉良	76/04	彝	小学	汉语熟练	哈尼语熟练	彝语略懂
卢春丽	76/06	彝	初中	汉语熟练	彝语熟练	哈尼语一般
杨有明	76/10	彝	初中	汉语熟练	彝语熟练	哈尼语熟练
李江平	76/11	彝	初中	汉语熟练	哈尼语熟练	彝语略懂
杨生宝	77/03	彝	初中	汉语熟练	彝语熟练	哈尼语熟练

(4) 20—29 岁：这一年龄段的彝族第一语言全部是汉语，彝语被作为第二语言或第三语言使用。村民们介绍说，这一年龄段的孩子们多数时间在外上学或打工，已完全转用汉语。28 岁的普龙强说，他是彝族，平时讲汉语，跟只会讲彝语的老人见面打招呼时说一点彝语，一般就说汉语了。他的媳妇是哈尼族，在家里讲汉语或哈尼语，见到外人都讲汉语。

表 4-4 中梁子彝族 20—29 岁人文化程度、语言熟练程度表

姓名	出生年月	民族	文化程度	第一语言及熟练程度	第二语言及熟练程度	第三语言及熟练程度
白乔胜	78/06	彝	脱盲	汉语熟练	彝语熟练	哈尼语熟练
普证明	78/08	彝	小学	汉语熟练	哈尼语熟练	彝语一般
彭玉清	78/08	彝	小学	汉语熟练	彝语熟练	哈尼语熟练
普杨白	78/08	彝	小学	汉语熟练	哈尼语熟练	彝语一般
普龙强	79/09	彝	初中	汉语熟练	彝语熟练	哈尼语熟练
杨记春	79/10	彝	高中	汉语熟练	哈尼语一般	彝语略懂
车拥福	79/10	彝	初中	汉语熟练	哈尼语熟练	彝语一般
李水明	80/02	彝	初中	汉语熟练	彝语熟练	哈尼语熟练
李江华	80/07	彝	初中	汉语熟练	哈尼语熟练	彝语略懂
车桥党	80/08	彝	初中	汉语熟练	彝语一般	哈尼语一般
李琴娣	80/08	彝	高中	汉语熟练	彝语一般	哈尼语一般
车菊华	82/05	彝	大学	汉语熟练	哈尼语一般	彝语不会
杨丽芳	82/06	彝	高中	汉语熟练	彝语略懂	哈尼语一般
杨志学	82/07	彝	初中	汉语熟练	哈尼语一般	彝语不会
杨广学	82/08	彝	高中	汉语熟练	哈尼语一般	彝语略懂
李　华	82/09	彝	高中	汉语熟练	彝语不会	哈尼语不会
李江勇	82/09	彝	初中	汉语熟练	哈尼语一般	彝语略懂
李秀琼	83/08	彝	大学	汉语熟练	彝语熟练	哈尼语一般
李锦旭	84/06	彝	初中	汉语熟练	彝语一般	哈尼语一般
李江妹	84/08	彝	高中	汉语熟练	彝语不会	哈尼语不会

(续表)

车记美	84/09	彝	初中	汉语熟练	哈尼语一般	彝语不会
普玉仙	84/09	彝	初中	汉语熟练	彝语熟练	哈尼语一般
李文学	84/11	彝	大学	汉语熟练	哈尼语一般	彝语不会
普箭成	84/12	彝	初中	汉语熟练	哈尼语熟练	彝语不会
杨勤学	85/02	彝	初中	汉语熟练	彝语略懂	哈尼语略懂
杨梅红	85/11	彝	初中	汉语熟练	哈尼语一般	彝语略懂
李春丽	85/11	彝	初中	汉语熟练	哈尼语一般	彝语不会
车建平	85/12	彝	初中	汉语熟练	哈尼语熟练	彝语略懂
李国康	85/12	彝	高中	汉语熟练	彝语熟练	哈尼语一般
彭拾会	86/06	彝	初中	汉语熟练	彝语略懂	哈尼语不会
李文清	86/09	彝	大学	汉语熟练	哈尼语一般	彝语不会
李志华	86/09	彝	初中	汉语熟练	彝语熟练	哈尼语一般
杨乔珍	86/11	彝	大学	汉语熟练	彝语一般	哈尼语不会
李文华	87/06	彝	初中	汉语熟练	哈尼语一般	彝语不会
普玉红	87/06	彝	高中	汉语熟练	彝语一般	哈尼语一般
杨梅燕	87/08	彝	初中	汉语熟练	哈尼语熟练	彝语略懂

(5) 7—19岁：与20—29岁年龄段的彝族一样，这一阶段第一语言全部是汉语。大多数人彝语能力完全丧失，日常交际中均已完全转用汉语。尤其是正在上学的学生，学习和使用彝语的机会就更少了。

表4-5　中梁子彝族7—19岁人文化程度、语言熟练程度表

姓名	出生年月	民族	文化程度	第一语言及熟练程度	第二语言及熟练程度	第三语言及熟练程度
李双妹	88/03	彝	大学	汉语熟练	哈尼语一般	彝语不会
杨 明	88/07	彝	大学	汉语熟练	哈尼语一般	彝语不会
李国华	88/12	彝	初中	汉语熟练	彝语一般	哈尼语一般
杨 红	89/04	彝	初中	汉语熟练	彝语不会	哈尼语不会
杨建平	89/11	彝	高中	汉语熟练	彝语一般	哈尼语一般
杨甜生	90/05	彝	初中	汉语熟练	彝语略懂	哈尼语不会
杨福英	90/08	彝	高中	汉语熟练	彝语一般	哈尼语一般
杨玉英	91/05	彝	高中	汉语熟练	彝语一般	哈尼语一般
李祖耀	91/07	彝	初中	汉语熟练	哈尼语熟练	彝语一般
李玉光	91/09	彝	小学	汉语熟练	哈尼语一般	彝语不会
李雄丽	91/09	彝	高中	汉语熟练	哈尼语一般	彝语不会
杨 春	92/01	彝	高中	汉语熟练	哈尼语一般	彝语不会
白 琳	92/02	彝	初中	汉语熟练	哈尼语一般	彝语不会
李 聪	92/05	彝	初中	汉语熟练	哈尼语一般	彝语不会
杨 志	92/06	彝	初中	汉语熟练	彝语不会	哈尼语不会
杨记摇	92/07	彝	高中	汉语熟练	哈尼语一般	彝语不会

(续表)

李 勇	92/08	彝	初中	汉语熟练	哈尼语一般	彝语不会
普顺才	92/09	彝	初中	汉语熟练	彝语一般	哈尼语不会
普遇德	92/12	彝	初中	汉语熟练	哈尼语一般	彝语不会
李俊丽	93/04	彝	初中	汉语熟练	哈尼语一般	彝语不会
杨谷发	93/04	彝	初中	汉语熟练	哈尼语一般	彝语不会
李 伟	93/05	彝	初中	汉语熟练	彝语略懂	哈尼语不会
李祖泽	93/05	彝	初中	汉语熟练	哈尼语熟练	彝语不会
李祖恩	93/05	彝	初中	汉语熟练	哈尼语熟练	彝语不会
杨韶东	93/08	彝	初中	汉语熟练	哈尼语一般	彝语略懂
杨 艳	93/08	彝	初中	汉语熟练	哈尼语一般	彝语不会
普建星	93/09	彝	初中	汉语熟练	彝语一般	哈尼语不会
车永春	93/11	彝	初中	汉语熟练	哈尼语一般	彝语略懂
李 婷	93/11	彝	初中	汉语熟练	哈尼语一般	彝语不会
李祖发	93/12	彝	初中	汉语熟练	彝语一般	哈尼语一般
普海东	94/05	彝	初中	汉语熟练	哈尼语熟练	彝语不会
李 圆	94/06	彝	初中	汉语熟练	哈尼语一般	彝语不会
李晓丽	94/11	彝	初中	汉语熟练	哈尼语一般	彝语不会
杨 丽	94/12	彝	初中	汉语熟练	哈尼语一般	彝语不会
李 玲	95/01	彝	小学	汉语熟练	哈尼语熟练	彝语不会
杨桥辉	95/02	彝	小学	汉语熟练	哈尼语一般	彝语不会
李光运	95/04	彝	小学	汉语熟练	哈尼语一般	彝语不会
普玉蓉	95/05	彝	小学	汉语熟练	哈尼语一般	彝语不会
李明福	95/06	彝	初中	汉语熟练	哈尼语一般	彝语不会
李红梅	95/08	彝	小学	汉语熟练	哈尼语一般	彝语略懂
白 芬	95/12	彝	小学	汉语熟练	哈尼语一般	彝语不会
杨韶娟	95/12	彝	小学	汉语熟练	哈尼语一般	彝语略懂
普建粮	96/06	彝	小学	汉语熟练	彝语一般	哈尼语不会
车永江	96/08	彝	小学	汉语熟练	哈尼语一般	彝语略懂
普海云	96/10	彝	小学	汉语熟练	哈尼语熟练	彝语不会
李祖爱	97/02	彝	小学	汉语熟练	彝语一般	哈尼语一般
杨桥忠	97/04	彝	小学	汉语熟练	哈尼语熟练	彝语不会
杨卓婷	97/12	彝	小学	汉语熟练	彝语不会	哈尼语不会
普笑容	98/02	彝	小学	汉语熟练	哈尼语一般	彝语不会
杨福生	99/04	彝	小学	汉语熟练	哈尼语熟练	彝语不会
普彩云	99/04	彝	小学	汉语熟练	哈尼语熟练	彝语不会
杨卓平	99/07	彝	小学	汉语熟练	彝语不会	哈尼语不会
杨 吉	99/08	彝	小学	汉语熟练	哈尼语一般	彝语不会
普 云	00/06	彝	小学	汉语熟练	哈尼语一般	彝语不会
普春花	00/08	彝	小学	汉语熟练	哈尼语略懂	彝语不会
普加宝	00/08	彝	小学	汉语熟练	哈尼语一般	彝语不会
普中文	00/09	彝	小学	汉语熟练	哈尼语一般	彝语不会
普寒云	00/12	彝	小学	汉语熟练	哈尼语一般	彝语不会

通过以上表格,我们可以看出:不同年龄段中梁子彝族转用汉语的程度是不同的,同时这

也反映了彝语逐渐衰变、消亡的过程。

(二) 彝语使用的范围在逐渐缩小

中梁子彝族生活中主要使用汉语，大部分人的彝语交际能力丧失。19岁以下的年轻人很多成为使用汉语和哈尼语的双语人。无论是在社会、村寨还是在家庭内部，已几乎没有彝语使用的场合。

根据对不同对象、不同场合语言使用情况的调查，除了懂彝语的中老年人在"见面打招呼"、"聊天"、"生产劳动"、"买卖"、"看病"、"节日聚会"、"婚嫁"和"丧葬"等几个有限的场合讲彝语外，其他场合如学校、商店、医院，还有开会、赶集等场合，都转用了汉语。彝语不仅没能在大的场合使用，而且还从家庭中逐渐消退。从家庭内部语言使用情况调查的结果看，爷爷、奶奶等长辈对晚辈使用彝语和汉语，而晚辈对长辈使用彝语的就极少；同辈之间50岁以上的主要使用彝语和汉语，小辈之间就主要用汉语交际了。如68岁杨福贵老人的6个子女中，出去工作的子女们有的会说彝语，有的不会说；在家的时候他和老伴有时说彝语，有时说汉语；和会说彝语的孩子有时说彝语，有时说汉语；和不会说彝语的孩子及孙子就只说汉语。他认为，汉语是"公话"，说"公话"对升学、找工作都很有用。他的孙子、孙女在昆明，用不上彝语，有的也只会说一点，所以在一起时不能完全说彝语。他回忆说，30来年前大家还使用彝语进行交流，慢慢地几乎不说了。下面是中梁子彝族不同对象、不同场合语言使用情况调查表（个案）。

调查对象：李八斤，男，彝族，68岁，一直生活在中梁子。
调查时间：2008年1月10日。

交际场合		与本族人	与非本族人	既有本族人又有非本族人
见面打招呼		彝/汉	汉/哈	汉/彝/哈
聊天		彝/汉	汉/哈	汉/彝/哈
生产劳动		彝/汉	汉/哈	汉/彝/哈
买卖		彝/汉	汉/哈	汉/彝/哈
看病		彝/汉	汉/哈	汉/彝/哈
开会	开场白	汉	汉	汉
	传达上级指示	汉	汉	汉
	讨论、发言	汉	汉	汉
公务用语		汉	汉	汉
学校	广播用语	无	无	无
	课堂用语	汉	汉	汉
	课外用语	汉	汉	汉
节日、集会		彝/汉	汉	汉/彝/哈
婚嫁		彝/汉	汉	汉/彝/哈
丧葬		彝/汉	汉	汉/彝/哈

调查对象:李记英,女,彝族,40岁,中梁子妇女主任。
调查时间:2008年1月10日。

交际场合		与本族人	与非本族人	既有本族人又有非本族人
见面打招呼		汉	汉	汉
聊天		汉	汉	汉
生产劳动		汉	汉	汉
买卖		汉	汉	汉
看病		汉	汉	汉
开 会	开场白	汉	汉	汉
	传达上级指示	汉	汉	汉
	讨论、发言	汉	汉	汉
公务用语		汉	汉	汉
广播用语		无	无	无
学 校	课堂用语	普通话	普通话	普通话
	课外用语	汉	汉	汉
节日、集会		汉	汉	汉
婚嫁		汉	汉	汉
丧葬		汉	汉	汉/彝

调查对象:杨会英,女,彝族,62岁(家庭成员包括:丈夫,两个女儿、两个儿子、儿媳,四个孙子、孙女)。
调查时间:2008年1月10日。

交际双方		本族语	当地汉语
长辈对晚辈	父母对儿子	√	
	爷爷奶奶对孙女	√	√
	公婆对儿媳		√
晚辈对长辈	儿子对父母	√	√
	孙女对爷爷奶奶	√	√
	儿媳对公婆		√
同辈之间	父亲与母亲	√	
	儿子与儿媳		√
主人对客人	对本族客人	√	√
	对汉族客人		√
	对本族干部	√	
	对非本族客人		√
	对本族老师	√	√
	对汉族老师		√
	对陌生人		√

(三)熟练掌握彝语的人口数量随年龄段的降低而急剧减少

根据实地调查及数据统计,我们可以看到,中梁子彝族能够熟练掌握母语的人口数量随年龄段的降低而正在急剧减少,在所有年龄段中,只有100人属于"熟练"等级,仅占全村总人口357人的28%。而且,即便是彝语水平属于"熟练"等级的人,也早已失去了经常使用彝语的机会,对彝语日渐生疏。

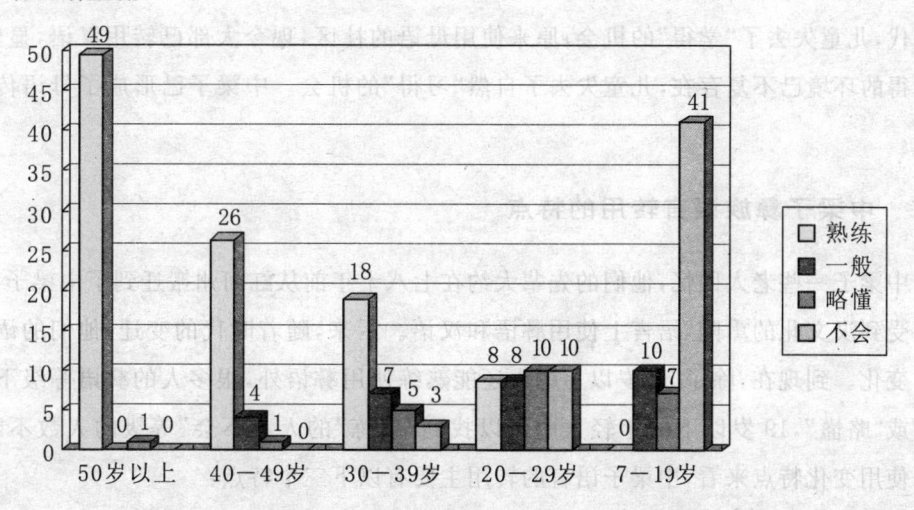

图4-1 中梁子不同年龄段彝语使用能力比对图

图4-1说明:50岁以上的人全部都能熟练使用彝语;49岁以下至20岁,属于"熟练"等级的人顺次递减,属于"不会"等级的人逐渐增多;7—19岁年龄段属于"熟练"等级的人已然消失,而"不会"等级的人陡然升高。可以预见,现有的"一般"和"略懂"等级将会很快消失,直至汉语完全取代彝语。

(四)中梁子彝语的传承已出现断层

语言的连续使用不仅要靠一代一代的自然传承,还要靠家庭与社区的语言教育,使儿童在母语社区之内能自然习得母语。

中梁子的彝族家庭,父母基本上已不再主动地将母语传授给下一代。其变化大致经过这样的过程:从曾祖辈开始是彝、汉兼用,传承的过程中有的主要传承彝语,有的主要传承汉语。不同年龄段的语言使用差异能显示这一变化。从统计数字来看,50岁以上的均以彝语为第一语言;40—49岁年龄段把彝语作为第一语言的有16人,汉语作为第一语言的有15人;30—39岁年龄段以彝语为第一语言的只有2人,其他均以汉语为第一语言;29岁以下的第一语言已完全是汉语。

从语言态度调查得知,50岁以上的老人对后代最先教彝语,而49岁以下的人大多是最先教当地汉语方言或普通话,原因是彝语几乎没有使用的场合,而为了和周围的人交流或升学、找工作都需要汉语。另外,有的村民自身的语言能力仅属于"一般"或"略懂"甚至"不会"的等级,当然就无法将母语传给下一代。如41岁的李有福说自己不说彝语了,他在家里和哈尼族媳妇说汉语,两个孩子最先学会的语言也是汉语。42岁的李玉花说,她能说彝语,但在和本族人打招呼或聊天时也是彝语和汉语交替使用,在家里也很少使用彝语。60岁的李会珍和57岁的李会美姐妹也说,她们在家教小孩说的是汉语,大的孩子40多岁了,不会说彝语,只会听一点,彝语只用于她们两姐妹聊天时使用,但也不完全使用彝语,有时还掺杂汉语。

总之,中梁子彝语传承出现了断层。在家庭中,父母基本上不再主动地将母语传授给自己的下一代,儿童失去了"学得"的机会;原来使用母语的社区,现今大部已转用汉语,显然,母语自然习得的环境已不复存在,儿童失去了自然"习得"的机会。中梁子已形成了母语传承断代的局面。

二　中梁子彝族语言转用的特点

据中梁子一些老人回忆,他们的先辈大约在七八十年前从红河州搬迁到了中梁子。那时,他们已受到汉文化的熏陶,语言上使用彝语和汉语。后来,随着时代的变迁,他们的语言使用发生了变化。到现在,除了50岁以上的人还能熟练使用彝语外,很多人的彝语等级下降到了"一般"或"略懂",19岁以下的年轻人中难以找到"熟练"的人,"不会"等级的人数不断上升。从彝语使用变化特点来看,中梁子语言的转用主要有以下三个特点:

(一) 语言转用属于急促型

语言转用有缓慢型与急促型之分。两类转用在时间长短、语言结构变化等方面存在差异。缓慢型是在经历了较长时间的积累之后引发的语言转用。这类转用一般需先经过一个较长的语言兼用阶段才能最终实现。在演变过程中,转用语的成分会逐渐进入语言结构的各个层面,导致母语结构的衰变。急促型是在较短的时间之内就完成语言替换。这种替换,由于语言兼用的时间相对较短,因而语言结构的变化较小,转用语对母语的影响程度较轻。

中梁子彝语属于语言转用的急促型。因为就转用的历时长短而论,中梁子彝族在迁来时已兼用汉语,由祖父辈到父母辈到自己的儿子辈,历时四代,六七十年就基本完成了母语向汉语的转换,转用时间较短。就语言结构的变化特点而言,由于语言转用历时较短,转用语尚未来得及对母语的结构施加较大的影响,因而母语没有发生较大变化。

(二) 语言转用处在转用晚期

语言转用有早期、中期和晚期之别,不同时期语言转用的特点不同。从母语使用的人口数量、年龄段、范围,以及彝语母语传承特点等几个方面进行综合考察,可以看到中梁子彝族现阶段的语言转用处于"收尾"阶段,大部分家庭已完成了语言转用的全过程,少数人虽还保留母语,但仅在有限的场合使用。如村民李八斤(男,彝族,68岁)有三个孩子,老大嫁在元江,老三嫁了一个四川人,在昆明搞建筑,老二的媳妇也是彝族,但他们的彝语使用能力仅是"一般",孙子、孙女都只会听几句,但不会说了。过年孩子全部回来时只好说汉语。老人说,他们这一代还有人说彝语,以后的就不好说了。家里的小孩不会说或不肯说他都没有意见,孙子、孙女成为了汉语单语人,他也顺其自然。

(三) 语言转用与年龄成反比,与文化程度成正比

语言转用与年龄大小、文化程度高低有关。从"文化程度、语言熟练程度表"中可以看出,中梁子的语言转用与年龄成反比。即年龄愈大,语言转用的比例愈低;年龄愈小,语言转用的比例愈高。如 50 岁以上的人没有出现语言转用;20—29 岁年龄段的彝族人第一语言已全部转用汉语,作为第二或第三语言使用的彝语,其使用等级属于"略懂"和"不会"的已高达 55.6%。语言转用又与文化程度成正比,即文化程度越低,语言转用的比例越小;文化程度越高,语言转用的比例就越大。比如 50 岁以上的彝语使用水平属于"不会"等级的人数为 0,他们的文化程度普遍不高:文盲占 28%,半文盲占 6%,脱盲占 12%,小学文化程度的占 50%,初中和高中的分别占 2%。而 20—29 岁年龄段的受教育程度明显比 50 岁以上的人高:脱盲占 2.8%,小学程度占 8.3%,初中约占 52.8%,高中约占 22.2%,大学约占 13.9%。

三 中梁子语言转用的原因

中梁子语言转用的原因是多方面的。既有历史的原因,又有现实的原因;既有内部原因,又有外部原因。

(一) 对汉文化的高度认同和开放的语言态度是中梁子彝族转用汉语最重要的因素

中梁子彝族搬迁来此以前早已受到汉文化较大影响。中梁子彝族的先辈们主要来自红河州。1939—1946 年(民国二十八年至三十五年),元江属第三行政督察专署(驻建水)。1949 年 8 月元江解放后成立了元江临时人民政府,属蒙自专区。一些来自红河县城、保县、石屏、五区(洼底)等地的彝族陆续搬迁到了中梁子。红河的建水、石屏等地是吸收中原文化较早的地方,素有"滇南邹鲁"、"文献名邦"的美誉,当地的人民(包括彝族)早已受到汉文化的影响,在语言使用上他们当时就兼用彝语和汉语。

一直以来,中梁子彝族对汉文化高度认同,汉族的文化习俗逐步深入到他们的日常生活中。他们过年早已不过彝族年,但隆重地庆祝春节;火把节也过得不热闹,而元宵节、清明节、端午节、中秋节等汉族节日却过得和汉族一样隆重。过春节时他们年前要杀猪宰羊,准备年货,迎接老祖宗亡魂回家,献饭、烧香;大年三十要迎新岁、进岁;初一要献饭、放爆竹;过元宵节要包汤圆;清明节要敬天、祭祖……。相比之下,本族传统节日反而不像其他彝族地方一样受到重视了。服饰方面,在走访中我们看到,村子里年轻人和中年的男子、女子的穿戴都与汉族一样,只有老年妇女还在头上包一块头巾,传统的彝族服装只有在节假日或跳彝族舞蹈的时候才穿戴出来。

中梁子彝族对汉文化强烈的认同感,使得他们的语言态度呈开放型。在实地调查中我

们了解到,100%的人认为彝族掌握汉语文"很有用";希望子女最早学会普通话的人占33%,希望最早学会彝语的只有11%。在回答"您愿意把子女送到什么学校学习"这个问题时,44%的人选择"用汉语和英语授课的学校";33%的人选择"用汉语和彝语授课的学校"。他们清醒地认识到,中梁子彝语在升学、就业乃至日常交际方面都还存在较大的局限性,他们希望加强对汉文化的学习,更快地融入社会的各个领域。在回答"如果您家里的孩子不会说彝语,您的态度是什么"和"如果您家里的孩子不肯说彝语,您的态度是什么"两个问题时,55.5%的受访者认为"无所谓",44.4%的受访者觉得"反感"。即便是"反感",他们在家庭中,也没有给孩子传授彝语,尽管他们觉得遗憾,但他们自身的彝语水平和当前彝语使用的现状使他们无可奈何。100%的受访者都希望彝语能在村寨中永远保留下去,但他们也清楚地知道,只有学好汉语,才能升学、与更多的人交流、外出打工、挣钱。对于一般的人而言,毕竟吃饱、穿暖、生活水平得到提高才是最实在的。40岁的李记英在回答"您希望子女最好会说什么话"这一问题时,她选择"普通话",因为"普通话"使他们能与更多的人交流,能获得更多的机会。

可以看出,尽管中梁子彝族在感情上需要保留和传承彝语,但现实的需要使他们在不知不觉中选择了放弃,而对汉文化的高度认同感导致了他们语言态度的开放性,最终选择了转用实用性最强的汉语。

(二) 族际婚姻加快了中梁子语言转用的进程

中梁子彝族过去一直和外族通婚。在现有的85户村民中,共有族际通婚家庭41户,占总户数的48.24%。彝族和汉族通婚的9户,彝族和哈尼族通婚的21户,其中有两户彝族和汉族、哈尼族通婚。上世纪70年代以前,他们主要娶汉族姑娘,哈尼族媳妇(1957年以前出生)只有三人。80年代末开始,哈尼族媳妇(1968—1977年出生)的数量多了起来,彝族娶哈尼族、汉族媳妇所占比例达到了71.88%。90年代末以后,彝族村民们的婚姻观念更加开放,娶哈尼族、汉族媳妇的比例达到了85.71%。通过与外族通婚,中梁子实际上已成了彝、汉、哈尼等族杂居的村寨。为了相互间较好地进行交流,村民们在生产、生活中都使用汉语,扩大了汉语的使用场合,而彝语的使用范围逐渐退缩到了家庭。在族际通婚家庭中,汉族或哈尼族媳妇不会说彝语,因此,具有强势语言地位和交际功能的汉语在家庭交流中占据了主导地位。

进入改革开放的新时期,彝族姑娘通过在外工作或读书认识了外面的小伙子并嫁了出去,有的通过媒人介绍远嫁河南、贵州等地,她们回乡的时候大都说汉语。如28岁的杨水清,父母都是彝族,她年纪大点时才会说一点彝语,嫁到河南几年后回来,忘光了仅会的一点彝语,她说的当地汉语里还带上了很浓的河南腔,使她的老邻居也听不懂她说什么了。

表 4-6　中梁子寨娶进的媳妇民族成分及人口数量表

出生年份	彝族 人口	彝族 百分比	汉族 人口	汉族 百分比	哈尼族 人口	哈尼族 百分比
1957 年以前	12	57.1	6	28.6	3	14.3
1958—1967 年	13	65.0	7	35.0	0	0
1968—1977 年	9	28.1	8	25.0	15	46.9
1978—1987 年	2	14.3	1	7.1	11	78.6

（三）学校教育的普及促进了中梁子的语言转用

学校是中梁子彝族学习、使用汉语的重要场所。除了部分家庭有意识传承汉语外，大部分彝族汉语能力是在学校里获得的。

据朗支小学王少晰校长（男，哈尼族，40 岁）介绍，中梁子彝族重视汉语学习。很多中梁子彝族的汉语能力是在学校获得或得到提高的。学校也尽量为学生创造汉语学习环境，如除了上语文课使用普通话外，其他课程的教学也坚持使用普通话；教师和学生的交流、食堂等服务也使用普通话或当地汉语方言。王校长说："在学校，上课时间都使用普通话，下课后，老师和学生一般用当地汉语交流。"来自不同地方、不同民族的孩子们在校园内为了相互更好地进行交流，都使用汉语。41 岁的李有福说，他上小学前一直说彝语，上小学后，彝族同学很少，他就用汉语和其他同学交流。杨会英（62 岁）老人也表示，她在上学前几乎不讲汉语，上学后汉语水平才有了提高。王校长还说，现今彝语在校园里面是听不到的，很多彝族学生的汉语水平很高。

另外，寄宿制也促进了学生汉语水平的提高。学生一周有五天在学校，只有两天在家。处于这样一个汉语的大环境里，无形当中促进了彝族学生汉语水平的提高。一位叫普彩云的同学（彝族，8 岁）说，她平时住校，周末回家，周日晚上返回学校，在学校与同学们天天说汉语。现在，她的汉语使用娴熟，彝语一句也不会说。

经过学校教育，汉语得到了极大的普及，提高了少数民族孩子的汉语言能力，加快了彝族语言的消亡。

第二节　中梁子彝族的语言兼用

中梁子彝族不仅转用汉语，还兼用哈尼语。现实的需要是彝族兼用哈尼语的最主要原因。

一　中梁子彝族语言兼用的表现

中梁子彝族语言兼用的表现可以从不同年龄段的哈尼语能力、使用人口数量两个方面来进行考察。

中梁子彝族的哈尼语兼用能力，可以按年龄段划为以下五个阶段：50 岁以上、40—49 岁、

30—39岁、20—29岁和7—19岁。分述如下:

(1) 50岁以上:中梁子彝族50岁以上年龄段的人以彝语为第一语言,且多以汉语为第二语言,哈尼语为第三语言。把哈尼语作为第三语言使用的,属于"熟练"等级的有33人,占66%;属于"一般"等级的有12人,占24%;属于"不会"等级的只有5人,占10%。

表4-7 中梁子50岁以上彝族哈尼语使用分析表(共50人)

语言熟练程度 \ 语言习得顺序	第一语言 人口	第一语言 百分比	第二语言 人口	第二语言 百分比	第三语言 人口	第三语言 百分比
熟练	0	0	0	0	33	66
一般	0	0	0	0	12	24
略懂	0	0	0	0	0	0
不会	0	0	0	0	5	10

(2) 40—49岁:这一年龄段大多把哈尼语作为第三语言使用,作为第二语言使用的只有2人,占6.5%。作为第三语言使用属于"熟练"等级的19人,占61.3%;属于"一般"等级的7人,占22.6%。这一年龄段哈尼语的使用情况和50岁以上年龄段的相差不大。

表4-8 中梁子40—49岁彝族哈尼语使用分析表(共31人)

语言熟练程度 \ 语言习得顺序	第一语言 人口	第一语言 百分比	第二语言 人口	第二语言 百分比	第三语言 人口	第三语言 百分比
熟练	0	0	2	6.5	19	61.3
一般	0	0	0	0	7	22.6
略懂	0	0	0	0	0	0
不会	0	0	0	0	3	9.7

(3) 30—39岁:在这一年龄段中,把哈尼语作为第三语言使用的属于"熟练"等级的人数下降到了39.4%,原因是作为第二语言使用人数在"熟练"等级和"一般"等级都有所上升。与40—49岁年龄段人群相比,这一年龄段把哈尼语作为第二语言使用的"熟练"等级提高了11.7%,前两个年龄段没出现的"一般"等级,在这里占了9.1%。这说明哈尼语在中梁子彝族这一阶段的人群中的使用范围更广了。

表4-9 中梁子30—39岁彝族哈尼语使用分析表(共33人)

语言熟练程度 \ 语言习得顺序	第一语言 人口	第一语言 百分比	第二语言 人口	第二语言 百分比	第三语言 人口	第三语言 百分比
熟练	0	0	6	18.2	13	39.4
一般	0	0	3	9.1	8	24.2

						(续表)
略懂	0	0	0	0	0	0
不会	0	0	0	0	3	9.1

(4) 20—29岁：这一年龄段把哈尼语作为第二语言使用的人数又明显上升，属于"熟练"等级和"一般"等级的人数比例之和占到了52.8%。作为第三语言使用，属于"熟练"和"一般"等级的人数比例占33.3%。把作为第二语言和第三语言使用的，分别属于"熟练"和"一般"等级的比例相加，达到了86.1%。这说明这一阶段使用哈尼语的人数更多了。

表4-10 中梁子20—29岁彝族哈尼语使用分析表（共36人）

语言习得顺序 语言熟练程度	第一语言		第二语言		第三语言	
	人口	百分比	人口	百分比	人口	百分比
熟练	0	0	6	16.7	4	11.1
一般	0	0	13	36.1	8	22.2
略懂	0	0	0	0	1	2.8
不会	0	0	0	0	4	11.1

(5) 7—19岁：这一年龄段把哈尼语作为第二语言使用属于"熟练"等级的比例下降到了15.5%，作为第三语言使用的没有"熟练"等级的人，但属于"一般"等级的人数比较多。在"一般"等级中，把哈尼语作为第二语言和第三语言使用的人数相加的比例只占65.5%，"不会"等级的比例是所有年龄段里最高的，占17.2%。这一年龄段的人的哈尼语使用能力比其他年龄段有所下降。

表4-11 中梁子7—19岁彝族哈尼语使用分析表（共58人）

语言习得顺序 语言熟练程度	第一语言		第二语言		第三语言	
	人口	百分比	人口	百分比	人口	百分比
熟练	0	0	9	15.5	0	0
一般	0	0	33	56.9	5	8.6
略懂	0	0	1	1.7	0	0
不会	0	0	0	0	10	17.2

总之，中梁子彝族使用哈尼语的人口数量较多，全村80.4%的彝族人会说哈尼语。18岁的杨红说，她上学时一般都住在学校里，周末才回家，和家人及村子里的人都讲汉语，但是，村子里很多人都会讲哈尼语。

二 中梁子彝族兼用哈尼语的原因

现实需要、语言态度及族际婚姻是中梁子彝族兼用哈尼语的主要原因。

(一) 人口较少,处于占绝对优势的哈尼族包围之中是兼用哈尼语最主要的原因

中梁子彝族人口较少,只占羊街乡全乡人口的 1.3%。处于哈尼族包围中的彝族,要想生存,就必须学会哈尼语。我们在村寨调查时,彝族村民告诉我们,会说哈尼语,能更好地了解政策,能和哈尼族的乡、村领导们更好地进行交流。如当朗支乡的副主任沙玉平(哈尼族)带我们走进彝族村民杨会英大妈(62 岁)家的时候,大妈很热情地用哈尼语和沙副主任打招呼,沙副主任用哈尼语把我们介绍给她,他们的交流自然、流畅。大妈自豪地说,她是彝语、汉语和哈尼语都说得好的"三语人"。她还说,村民们的日常活动也都跟哈尼族联系在一起:和哈尼族的村民们用哈尼语一起聊天、劳动;和哈尼族共同参加节日、聚会;赶街、买卖、参加娱乐活动等也要使用哈尼语。村民李玉福(52 岁)说,他的彝语是家里老人教的,汉语是在学校里学的,哈尼语就是在和哈尼族同学、朋友在一起时学习到的。通过与哈尼族经常接触,自然形成了一个哈尼语的使用环境,中梁子彝族在这一环境中自然地习得了哈尼语。

(二) 语言态度是中梁子彝族兼用哈尼语的内因

语言态度是对语言地位、语言前途的认识。语言态度关系到是否乐意学习和使用一门语言,对是否掌握另一语言有重要的作用。通过问卷调查,我们了解到中梁子彝族对学会并使用哈尼语大多抱积极的态度。

调查显示:在问到"您怎么看待彝族掌握哈尼语的作用"这一问题时,44.4%的村民认为"很有用",55.5%的人认为"有些用",没有人认为"没有用"。李玉福(52 岁)和普箭成(23 岁)都认为,在朗支乡因为主要和哈尼族居住在一起,要和他们交流或者交朋友,就必须会说哈尼语。李八斤老人(68 岁)说,作为一个彝族百姓或彝族干部,掌握哈尼语更方便与哈尼族人和哈尼族干部进行交流和沟通。对于"您对彝族人都会使用汉语、哈尼语的态度是什么"这一问题的回答,44.4%的人选择"迫切希望",55.5%的人认为学习语言应"顺其自然",因为他们自己就是在和哈尼族的交往中自然地学会哈尼语的。

作为本村典型的"三语人",杨会英老人(62 岁)说:"$xa^{31} n^{31} xa^{31} yo^{55} tɕhi^{31} ma^{31} za^{55}$(哈尼语,意为'哈尼彝族是一家')。哈尼族和彝族自古像亲兄弟一样,我遇到哈尼人就讲哈尼话。"在与 30 岁以上的彝族村民的接触中发现,他们都会讲或会听哈尼语,因为他们认为生活在哈尼族聚居的环境中,应该积极地学习他们的语言,使自己的生活更加方便。

(三) 和哈尼族的联姻使家庭内部语言的使用发生了变化

从上世纪 80 年代末开始,中梁子的哈尼族媳妇(1968—1977 年出生)的数量多了起来。90 年代末以后,在娶亲的青年中,娶进的哈尼族媳妇(1978—1987 年出生)的比例达到了 78.6%。(详见表 4-6)

哈尼族媳妇使彝族家庭内部的语言状况发生了改变。彝族人口较少,为了生产、生活更加方便,在村子公共场合兼用哈尼语是很自然的事。但是,哈尼语进入家庭使彝族兼用哈尼语的

水平和性质发生了变化。在依然是男主外、女主内的中梁子家庭结构中,母亲通常担负对子女早期语言教育的责任,孩子的语言状况往往是跟随母亲的,母亲是哈尼族,子女的哈尼语水平一般都属于"熟练"等级。28岁的普龙强娶的就是一位哈尼族妻子,他们在家都说哈尼语,儿子和女儿也都能说哈尼语。外出的时候他有时说汉语,有时说哈尼语。仅会的一点彝语只是在见到彝族老人的时候才说几句。

可以看出,在族际通婚家庭中,属于亚强势语言地位和交际功能的哈尼语在彝族家庭交流中已占据了主导地位,使中梁子彝族的语言使用很快发生了变化。

综上所述,中梁子彝族是一个转用汉语、兼用哈尼语的群体。它的这种语言生活状况,取决于地理、经济、社会、文化、教育等因素,也与中梁子彝族自身的开放性和包容性有关。中梁子彝族转用汉语、兼用哈尼语,是自身发展的需要,是不以人们的意志为转移的。随着经济、政治、文化、教育等方面的全面发展,汉语和哈尼语在他们的家庭生活和社会生活中将占有更为重要的地位。

第五章 羊街乡各民族的语言关系

任何一种语言都是在某种特定的语言关系中存在和发展的。在一个多语的社会里,不同语言处于一种相互影响、相互制约的关系之中。

羊街乡是以哈尼族为主体的多民族聚居地区,是一个多语社区。在这里的哈尼、汉、彝、拉祜(苦聪)等民族长期生活在一起,不同语言之间长期共存,既相互制约、相互竞争,又相互影响、相互补充,形成一个基本满足人们日常交际需要的语言功能系统。

本章根据实地调查的材料,主要分析羊街乡各民族语言的关系,包括功能差异、功能互补,以及语言和谐的成因。

第一节 羊街乡的不同语言存在功能差异

羊街乡使用的哈尼、汉、彝、苦聪四种语言,在使用人口、使用范围等方面存在差异。根据各语言实际使用功能的特点,我们可以将这四种语言分为强势语言、亚强势语言和弱势语言三类。

一 强势语言——汉语

汉语是羊街乡的强势语言,其强势地位是由其通用语地位决定的。

汉语作为国家的通用语言,广泛用于学校、媒体、贸易、公务等场所。它的使用范围通常不受民族、地域等局限,在族际交流中,还是不同民族共同交际的语言。

由于汉语共同语的地位,我国各少数民族都积极学习汉语,把汉语作为最重要的兼用语。在羊街乡,虽然汉族人口只占全乡人口10.8%,但这里的少数民族绝大部分人都兼用汉语。总的说来,羊街乡20岁至59岁的少数民族大多能熟练掌握汉语,不懂或略懂汉语的多是60岁以上的老人和部分学龄前儿童。在我们调查的羊街乡15个村寨3292人中,少数民族汉语熟练的约占71.2%,汉语一般的约占15.1%,汉语略懂的约占7.8%,汉语不会的只占5.9%,如图5-1所示:

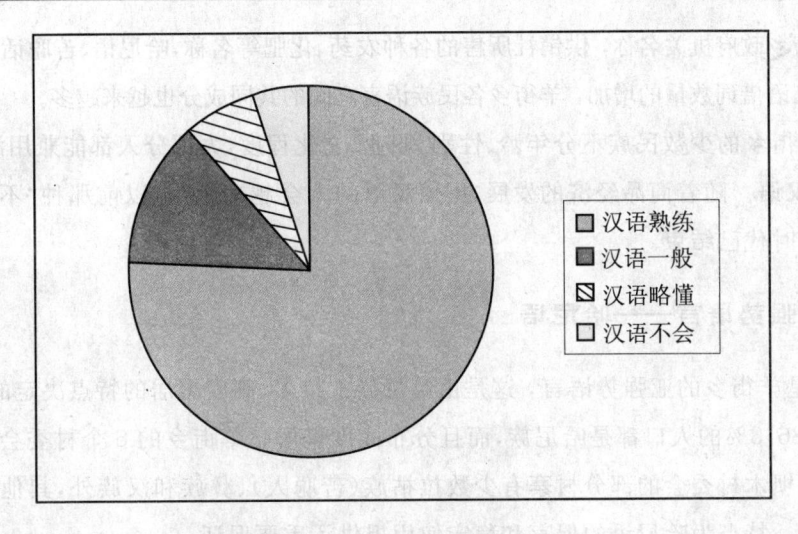

图 5-1　羊街乡少数民族汉语掌握情况

下面是一些自然村寨掌握汉语的人数和百分比：

表 5-1

地点及民族	调查人数	懂汉语百分比
烧灰箐寨拉祜族（苦聪人）	161	96.9
昆南寨哈尼族	411	60.1
勾着寨彝族	13	100
中梁子寨彝族	213	100
搓塔旧寨哈尼族	167	78.0
新村寨哈尼族	237	77.6

语言使用问卷调查表明，当谈话对象既有本民族又有其他民族时，羊街乡 90% 以上的人都使用汉语来交流。外来的上级干部到羊街乡使用的语言也是汉语。在校学生大部分时间用汉语跟老师和同学交流。在新建的羊街乡中心小学，老师在课堂也都用汉语授课。人们收看的电视节目、听到的广播等都是汉语。此外，汉语还进入部分少数民族的传统节日用语中，如烧灰箐寨的拉祜族（苦聪人）在祭竜、过年、过节等重大场合，还用汉语表演相声、小品等娱乐节目，借此烘托节日气氛。

汉语具有较强的影响力，这里的少数民族都愿意学习汉语。不少家长考虑到孩子的学习成绩和前途，越来越重视下一代汉语水平的提高，部分家长甚至在小孩学说话时就直接教汉语。一位家长说："汉语对孩子今后读书很重要，哈尼话嘛，他跟其他小孩边玩边学就会了。"问卷调查表明，羊街乡 95% 以上的人都迫切希望成为兼用本民族语和汉语的双语人。

汉语作为强势语言的另一个表现，是它在语言接触中对其他民族语言产生的巨大影响。随着时代的发展，羊街乡各民族语言都出现了不少新概念、新术语，各民族语言都从汉语里借用了大量词汇。如羊街乡政府机关名称，供销社所售的各种农药、化肥等名称，哈尼语、苦聪话、彝语都借用汉语。随着汉语借词数量的增加，羊街乡各民族语言之间的共同成分也越来越多。

总之，羊街乡的少数民族不分年龄、性别、职业、文化程度，大部分人都能兼用汉语，甚至有的已经转用汉语。随着商品经济的发展，不懂汉语的人会越来越少，以前那种"不懂汉话也能活一辈子"的时代已结束。

二 亚强势语言——哈尼语

哈尼语是羊街乡的亚强势语言，这是由哈尼族人口多、高度聚居的特点决定的。

羊街乡86.3%的人口都是哈尼族，而且分布高度聚居。羊街乡的6个村委会中，除党舵、羊街、朗支和坝木村委会的部分村寨有少数拉祜族（苦聪人）、彝族和汉族外，其他都是哈尼族的聚居区，这一特点为哈尼语的保存和稳定使用提供了重要保证。

表 5-2　羊街乡民族人口分布统计表

村委会	村寨名称	总人口	总户数	哈尼族	汉族	彝族	傣族	拉祜族（苦聪人）	白族	苗族
党舵	烧灰箐	185	39	9	3		1	172		
	伙甫	535	118	535						
	尼当	338	80	338						
	拖垤	104	25	104						
	党舵	451	98	451						
	坡头	205	42	161	15			29		
垤霞	依垤	58	14	57		1				
	落欧	128	28	128						
	帕罗	204	45	204						
	阿寺党	164	32	164						
	大地	168	43	167	1					
	尼果上寨	296	70	293	3					
	尼果中寨	136	28	136						
	尼果下寨	170	34	170						
	拉巴哈米	521	107	519	2					
	甫衣	78	18	78						
	浪施	206	46	206						
	垤霞	1536	354	1536						
	水龙	859	184	857	2					
	鲁南	276	58	276						
羊街	新村	258	57	255	2		1			
	阿太龙	510	117	510						
	半阳	140	36		140					
	沙楷	261	59		261					
	羊街	1042	251		1042					

(续表)

朗支	中梁子	357	85	37	94	225		1	
	孟义	194	43	190			4		
	勾着	111	22	11	85	14		1	
	大梁子	148	36	147		1			
	大地	146	35	146					
	唐房	190	42	190					
戈垤	戈垤上寨	87	16	87					
	戈垤大寨	334	71	334					
	戈垤小寨	321	73	319	1	1			
	哨当	548	133	548					
	伙麻大寨	640	142	639		1			
	伙麻小寨	376	84	376					
	搓塔旧寨	187	40	183	2	1		1	
	搓塔新寨	108	22	107	1				
	昆南	436	92	436					
坝木	归垤	469	100	469					
	它科	267	59	266	1				
	罗马	119	27	119					
	牛街	1040	257	1036	3	1			
	规党	182	44	182					
	伙期龙	213	50	213					
	田房	251	57	251					
	东瓜林	131	26	1	130				
	西龙	132	68	132					
	坝行	545	117	545					
	坝木	998	230	997	1				
乡机关		445	91	242	125	62	5	10	1
总计		17804	4045	15357	1914	307	11	201	13	1

调查统计显示,这里的哈尼族绝大部分都会说哈尼语。在哈尼族聚居区抽样调查的2429人中,能熟练掌握哈尼语的共2412人,占哈尼族调查总人口的99.30%;哈尼语水平一般的共13人,占哈尼族调查总人口的0.54%;略懂哈尼语的共2人,约占哈尼族调查总人口的0.08%;不会哈尼语的共2人,约占哈尼族调查总人口的0.08%。哈尼族人口上的绝对优势,在很大程度上决定了哈尼语在羊街乡的亚强势地位。9个村寨哈尼族掌握哈尼语的程度差异见表2-2。

在羊街乡,不少拉祜族(苦聪人)、汉族、彝族都学会了哈尼话,哈尼语在某种程度上成为羊街乡的"通用语"。羊街乡非哈尼族人口总数为2447人。我们对其中的1887人的哈尼语水平进行了调查,能熟练使用哈尼语的有825人,占非哈尼调查人口总数的43.72%;哈尼语水平一般的有417人,占22.10%;哈尼语略懂的有569人,占30.15%;完全不懂哈尼语的有76人,占4.03%。

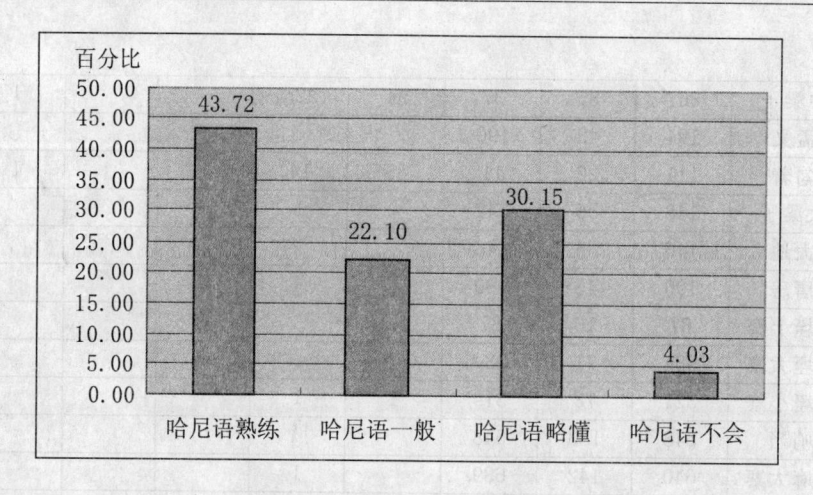

图 5-2

在羊街乡的非哈尼族中,汉族、彝族、拉祜族(苦聪人)的哈尼语熟练程度各不相同。相对而言,拉祜族(苦聪人)的哈尼语水平最高,其次是彝族,最后是汉族。在被调查的人员中,拉祜族(苦聪人)、彝族、汉族能熟练使用哈尼语的百分比平均值分别为82.8%、42.04%、27.0%。

表 5-3 非哈尼族哈尼语熟练程度表

民族	调查点	调查人口	熟练 人口	熟练 百分比	一般 人口	一般 百分比	略懂 人口	略懂 百分比	不会 人口	不会 百分比
拉祜	坡头	29	24	82.8	0	0	5	17.2	0	0
彝	中梁子	213	93	43.7	90	42.2	4	1.9	26	12.2
彝	勾着	13	2	15.4	7	53.8	4	30.8	0	0
汉	勾着	78	7	9.0	4	5.1	57	73.1	10	12.8
汉	坡头	14	12	85.7	0	0	2	14.3	0	0
汉	中梁子	86	29	33.7	46	53.5	3	3.5	8	9.3

哈尼族对自己的母语有深厚的感情。在回答语言态度问卷调查"如果家里的孩子不会说哈尼语,您的态度是什么"和"如果您家里的孩子不肯说哈尼语,您的态度是什么"时,81.25%的人都反对自己的小孩不会说哈尼语,对于那些会说哈尼语而不愿意说的人,90%以上的人都表示"反对"。在羊街乡,不会讲哈尼语的人很难被哈尼族同胞认可。羊街乡文化站站长倪伟顺说:"一些走出大山到外工作的哈尼族人往家打回电话时,仍然满口哈尼话。如果回家后不说哈尼话,就会受到其他哈尼族的指责。"他还提到这样的事例:羊街乡一个在外当兵多年的哈尼族小伙子回家后不说哈尼语,他母亲当时就哭了。哈尼族聚居的村寨里,办红白喜事都离不开哈尼语,有的还要专门请"摩批"念经。作为哈尼人而不说哈尼语,哈尼族认为是"出卖祖宗"。

从使用范围来看,哈尼语的使用范围介于强势的汉语和弱势的苦聪话、彝语之间,已经超越家庭和村寨内部的范围。哈尼语广泛用于当地的集市贸易和不同民族的村寨内部。走在羊街乡集市上,可以看到穿着各异的人们用哈尼语询问价格、进行买卖交易。

哈尼语在羊街乡如此重要,以至于当地汉族村民刘跃云都说"不管是做生意还是在单位里工作,能说哈尼语肯定要好办事","政府干部到村寨里调解纠纷,如果不懂一点哈尼语的话,根本没法调解清楚"。他还讲了一位汉族朋友到哈尼村寨去收电费的事:这位朋友白天去收电费,留在家里的大部分是小孩和老人,汉语都很差,需要等会说汉语的户主天黑收工回来才能收到电费。后来,他学会了一些简单的哈尼语,提高了工作的效率,一个村子的电费很快就收齐了。他还谈了自己到哈尼村寨做生意由于会讲哈尼语而带来的种种方便,说人们对会讲哈尼语的人始终比不会讲哈尼语的人更亲切。

三 弱势语言——彝语、苦聪话

彝语和苦聪话是羊街乡这个语言社会中的弱势语言。这是因为这两个群体使用人口少,其语言使用范围狭小。

羊街乡彝族和拉祜族(苦聪人)的人口仅占羊街乡总人口的2.8%。其中彝族共307人,占羊街乡总人口的1.7%;拉祜族(苦聪人)共201人,占总人口的1.1%。由于人口少,彝语的功能严重衰退,多数人已转用汉语。拉祜族(苦聪人)则普遍兼用汉语和哈尼语。

从使用范围来看,羊街乡的苦聪话,一般只限于家庭内部、村寨内部或本民族之间,在学校、媒体、贸易、公务等场合一般不使用。朗支村委会中梁子寨的彝族,其彝语的使用范围甚至已经缩小到家庭内的祖父母辈,中青年一代人的彝语已经基本被强势语言汉语取代。

总之,羊街乡的汉语、哈尼语、彝语和苦聪话由于长期以来使用功能的不同,存在强势与弱势之分。

第二节 羊街乡各民族语言的和谐发展

长期以来,羊街乡各民族语言尽管在语言功能上存在差异,但始终还处于相互补充、和谐发展的状态。本节主要分析羊街乡各民族语言和谐发展的表现及条件。

一 各民族语言和谐发展的表现

羊街乡各民族语言的和谐发展,主要表现为语言功能和谐及语言结构互补两个方面。

1. 语言功能和谐

羊街乡各民族语言功能和谐主要表现在语言功能互补上。所谓功能互补,就是各民族都根据实际的交际需要选择使用语言。不同语言各就各位,各司其职。在家庭内部、村寨内部多使用本族语言,在机关、学校、医院等公共场所,则多使用国家的通用语——汉语。与本族人交流时,使用本民族语,当与别的民族交流时,如果会说对方语言,一般都使用对方的语言来交流,如果不懂对方语言,就使用汉语。整个交流过程中,人们自由地转换语码,从不觉得不同语言的使用有任何冲突。表5-4是哈尼族在不同场合、与不同对象的语言使用情况,是根据43份问卷调查表统计的。("本"表示本族语哈尼语,"汉"表示汉语)

表5-4 羊街乡哈尼族在不同场合、与不同对象的语言使用情况表

交际场合		对象 本族人	外族人 汉族	外族人 拉祜族	外族人 彝族	既有本族人又有外族人
见面打招呼		100%本	90%汉	80%汉	100%汉	100% 本或汉
聊天		92% 本	100%汉	100%汉	100%汉	100% 本或汉
生产劳动		100% 本	100%汉	90%汉	100%汉	100% 本或汉
买卖		90% 本	100%汉	100%汉	100%汉	100% 本或汉
看病		100% 本	100%汉	100%汉	100%汉	100% 本或汉
开会	开场白	100% 本	100%汉	100%汉	100%汉	100% 本或汉
开会	传达上级指示	90% 本	100%汉	100%汉	100%汉	100% 本或汉
开会	讨论、发言	100% 本	100%汉	100%汉	100%汉	100% 本或汉
	公务用语	100% 本	100%汉	100%汉	100%汉	100% 本或汉
学校	课堂用语	56%汉	100%汉	100%汉	100%汉	100% 本或汉
学校	课外用语	100% 本	100%汉	100%汉	100%汉	100% 本或汉
节日、集会		100% 本	100%汉	100%汉	100%汉	100% 本或汉
婚嫁		100% 本	90%汉	85%汉	100%汉	100% 本或汉
丧葬		100% 本	95%汉	97%汉	100%汉	100% 本或汉

2. 语言结构互补

羊街乡各民族的语言结构存在互补关系,这种互补是语言和谐的一种表现。语言互补主要表现为各语言根据自己的需要从别的语言里吸收成分来丰富自己。随着社会及经济的发展,各民族语言之间相互借用的成分日益增多。

羊街乡各民族语言之间的借用最明显、最突出的是词汇借用。以哈尼语为例,在2000个哈尼常用词汇中,汉语借词有268个,占13.4%。在我们记录的1504个苦聪话常用词汇中,汉语借词共268个,占17.8%。羊街乡各民族语言中汉语借词不断增加的趋势,促进了各民族语言共同成分的增长,有助于语言之间的和谐。

烧灰箐寨苦聪话的汉语借词分为三类:一类是苦聪词汇里所没有的。如:

词义	苦聪话	词义	苦聪话
葱	tshɔ^{55}	柳树	liu^{31} sv^{55}
棉絮	miɛ̃^{31} ɕi^{55}	冰糖	pi^{33} tshā^{31}
泥鳅	ni^{31} tɕhu^{33}	虾	ɕa^{33}
西瓜	ɕi^{33} kua^{33}	酒糟	tɕv^{31} tsɔ^{33}
绵羊	mĩ^{31} za^{31}	毛驴	mɔ^{33} liɛ^{33}
上街	ke^{33} kā^{31}	桥	tɕhau^{31}

有的借词与本民族固有词并用。如：

词义	苦聪固有词	汉语借词
铁	sv^{33}	thiɛ^{31}
埂子	ti^{33} pɔ^{31}	kɛ̄^{33} tsʅ^{33}
爸爸	a^{33} pʌ^{33}	pa^{31} pa^{33}
妈妈	a^{33} mʌ^{33}	ma^{31} ma^{33}
胃	a^{31} fv^{55} mʌ^{33}	wɛ^{35}
新娘	zʌ^{31} mi^{31} sɤ^{55}	ɕī^{33} n̩a^{31}
大腿	phi^{31} pa^{33}	ta^{33} thui^{31}

有的借用成分与固有成分结合在一起构成新词。如：

李树	li^{31} tsʅ^{33}　　tɕɛ^{31}
	李子（借）　树（固）
鱼泡	ŋɔ^{31} tɕhi^{55}　　phau^{33}
	鱼（固）　　泡（借）
橄榄	kã^{31} lã^{31}　　ɕi^{35}
	橄榄（借）　果（固）
前边	sã^{35} tɕhɛ^{31}　　pɔ^{35}
	上前（借）　边（固）

总之，在羊街乡各民族使用的语言之间，我们看到的是一种有机的互补，人们在不同场合使用不同的语言，实现功能上的互补。

二　各民族语言和谐发展的条件

如同民族和谐发展一样，语言和谐发展也是需要条件的。羊街乡语言和谐发展的条件主要有以下几点：

1. 现实需要是形成语言和谐的重要推动力

羊街乡是一个多民族"大杂居、小聚居"的区域，不同民族长期以来在政治、经济、文化、教育等各方面互相依赖、互相帮助，谁也离不开谁。处于强势地位的通用语汉语是各民族学习的首选。人口较少的拉祜族（苦聪人）、彝族、汉族，出于现实生活的需要，也必须学习并使用哈尼语。人们根据实际需要，选择使用不同的语言，构成了和谐的语言生活。

2. 族际婚姻是促使语言和谐的一个重要因素

族际婚姻对和谐的语言关系能起到积极的作用。在过去，羊街乡各民族虽然已经出现族际婚姻，但在很长一段时间里，主要实行族内婚姻。改革开放以来，随着各民族经济、生活等方面的交流增多，族际婚姻逐渐增多。羊街乡除汉、哈尼、拉祜和彝族之间互相通婚外，还有一些到外地的族际婚姻家庭，还有从外地嫁入的傣族、白族、苗族媳妇。

由于受本地语言环境的熏陶，羊街乡的大部分外族媳妇，经过两三年的共同生活，都能用丈夫一方的语言进行交流，少数不能说的也能听懂一些，交流时就兼用自己的母语和丈夫一方的语言。在一些多民族的家庭里，往往是几种语言交替使用，和谐共处。族际婚姻对羊街乡各民族语言的和谐发展起到了积极的促进作用。

3. 开放的语言态度是实现语言和谐的重要因素

羊街乡各民族语言尽管在使用功能上存在差异,但各民族彼此尊重对方的语言。问卷调查表明,羊街乡不论民族、性别、年龄,都希望下一代能使用多种语言,用他们的话来说,就是"最好什么语言都会说,这样见到什么民族,就可以说什么话"。这种对语言的开放态度,成为羊街乡各民族语言和谐发展的润滑剂,避免了可能存在的语言纠纷。羊街乡各民族普遍认为掌握汉语文有很大作用,大都希望成为兼用汉语的双语人。下面是羊街乡语言兼用态度43份问卷调查的统计表:

表 5-5

问题	很有用	有些用	没有用	顺其自然
您怎么看待汉族掌握汉语文的作用?	80%	20%	0	0
您怎么看待汉族掌握哈尼语的作用?	80%	20%	0	0
您怎么看待彝族掌握汉语文的作用?	100%	0	0	0
您怎么看待哈尼族掌握汉语文的作用?	100%	0	0	0
您怎么看待拉祜族(苦聪人)掌握汉语文的作用?	78%	22%	0	0
您怎么看待彝族掌握哈尼语的作用?	75%	25%	0	0
您怎么看待拉祜族(苦聪人)掌握哈尼语的作用?	67%	22%	11%	0

表 5-6

问题	迫切希望	顺其自然	无所谓	不希望
您对彝族人都会使用汉语、哈尼语的态度是什么?	50%	50%	0	0
您对拉祜族(苦聪人)都会使用汉语、哈尼语的态度是什么?	56%	22%	11%	11%
如果拉祜族(苦聪人)成为汉语单语人,您的态度是什么?	0	11%	0	89%
如果哈尼族人成为汉语单语人,您的态度是什么?	0	25%	0	75%
您对哈尼族人都会使用汉语、哈尼语的态度是什么?	63%	37%	0	0

第三节 羊街乡哈尼语的语言接触关系

羊街乡是汉族、哈尼族、彝族和拉祜族(苦聪人)共同居住的多民族行政乡,全乡境内各民族之间的关系十分融洽。在这里,汉语、哈尼语、彝语、苦聪话等多种语言自然共存,互相影响,和谐互补。而且,各民族相互学习对方语言,出现普遍的语言兼用现象。50多年来,随着我国边疆民族地区政治、经济、文化等各方面条件的逐步改善、义务教育的普及,哈尼族与汉族的接触和交流不断加强,兼用汉语的人数也越来越多。尤其是改革开放30年来,由于哈尼族普遍兼用汉语,其母语也受到了汉语较大的影响。下面以羊街村委会依垤寨的哈尼语为例,从语音、词汇两方面分析哈尼语受汉语影响的特点及规律。

一 哈尼语中的汉语借词

(一) 汉语借词的类别

词汇借用是语言接触中语言影响最直接、最明显的现象。哈尼语在与汉语的长期接触中，吸收了许多汉语词汇。

根据这次调查统计，依垤哈尼语中的汉语借词比例约为15%。这些汉语借词的吸收极大地丰富了哈尼语的表达，已成为哈尼语词汇中不可分割的一部分。

哈尼语中的汉语借词既有实词，也有虚词。实词包括名词、动词、形容词、量词、副词等；虚词有连词。

1. 名词

名词是哈尼语中数量最多的一类汉语借词。如：

饮食衣着：

miɛ^{24} thiɔ^{33}	面条	mi^{33} ɕɛ^{31}	米线
mi^{33} kaŋ^{55}	卷粉（米干）	tshv^{24}	醋
tɕhiŋ^{55} tɕɛ^{24}	酱油（青酱）	vei^{31} tɕiŋ^{55}	味精
tʂhɤ^{31} tsʅ^{55}	绸子	tuaŋ^{24} tsʅ^{31}	缎子

动物、植物名称：

lo^{31} tsʅ^{33}	骡子	mo^{55} lø^{55}	驴
lo^{31} tho^{55}	骆驼	zø^{31} tshɛ^{24}	油菜
zɛŋ^{31} ɕi^{55}	芫荽	pa^{31} kɔ^{31}	八角
mɤ^{31} tsʅ^{33}	小麦	ta^{24} mɤ^{31}	大麦
tɕhiŋ^{55} kho^{55}	青稞	ɣo^{55} suɛŋ^{31}	莴笋
lo^{31} ti^{55} saŋ^{55}	花生（落地生）	taŋ^{55} kui^{55}	当归
sa^{55} tshi^{31}	三七	thiɛŋ^{55} ma^{31}	天麻

用品、工具：

tɛŋ^{55} xo^{31}	灯	tɛŋ^{55} siŋ^{55}	灯芯
tɛŋ^{55} tɕo^{31}	灯罩	ma^{55} tɛŋ^{55}	马灯
tɛŋ^{55} lɔŋ^{55}	灯笼	tiɛŋ^{31} tɛŋ^{55}	电灯
ɕaŋ^{55}	香（烧的香）	tɕhi^{31}	油漆
tsɛŋ^{55} lɔŋ^{55}	蒸笼	ko^{55} tshaŋ^{31}	锅铲
thiɔ^{31} kuɛŋ^{55}	匙（调羹）	phaŋ^{31} tsʅ^{55}	盘子
pɛ^{55} tsʅ^{31}	杯子	thuŋ^{31}	水桶
kv^{31} laŋ^{31}	篮子	suan^{24} phaŋ^{31}	算盘

thv⁵⁵ tshɛ⁵⁵	钱（货币）	thaŋ³¹ xɔ³¹	银元（铜毫）
tshʅ³³ tsʅ⁵⁵	尺子	tiŋ⁵⁵ tsʅ³¹	钉子
tsɛ⁵⁵ ta⁵⁵	剪子（剪刀）	tɕa³¹ tsʅ⁵⁵	夹子
tsho⁵⁵ tsʅ³¹	锉	thø⁵⁵ pɔ³¹	刨子（推刨）
tɕhɛŋ³¹ tsʅ³³	钳子	tʂhaŋ⁵⁵ tʂhaŋ⁵⁵	铲子
zaŋ³¹ wa⁵⁵	铁锹	pɛŋ⁵⁵ taŋ³¹	扁担
lɛ⁵⁵ za³¹	锥子	sua³¹ tsʅ³³	刷子
mɤ³¹ xv³¹	墨斗（墨壶）	tʂɔŋ⁵⁵	钟
po⁵⁵ li³¹	玻璃	ɕi³³ zi⁵⁵ fei³¹	洗衣粉
tiɛŋ³¹ sʅ²⁴ tɕi⁵⁵	电视机	faŋ³¹ zɛŋ⁵⁵ tɕi⁵⁵	缝纫机
tiɛŋ²⁴ faŋ³¹ ko⁵⁵	电饭锅	tiɛŋ²⁴ lv³¹	电炉
piŋ⁵⁵ ɕiaŋ⁵⁵	冰箱	sui³³ xv³¹	水壶
zɤ³¹ sui³³ tɕhi³¹	热水器	tiɛŋ³¹ hua²⁴	电话
ʂɤ⁵⁵ tɕi⁵⁵ tiɛŋ³¹ hua²⁴	手机	niɛŋ³³ mi³³ tɕi⁵⁵	碾米机
fɛŋ³³ sui³¹ tɕi⁵⁵	粉碎机	mo³¹ mɛŋ²⁴ tɕi⁵⁵	磨面机
piɛŋ²⁴ za³¹ tɕhi³¹	变压器	phɔ²⁴	炮
tv³¹ zo³¹	毒药	ma³¹ tsʅ³¹	子弹
xua²⁴ fɛ³¹	化肥	fv³¹ xo³¹ fɛ³¹	复合肥
sø⁵⁵ sv³¹	尿素	tɕa³¹ ɣaŋ⁵⁵ liŋ³¹	甲胺磷
ti³¹ ɕa³¹ sʅ⁵⁵	敌杀死	phv⁵⁵ kɛ³¹	普钙
lv³¹ lv³¹ fɛŋ³³	氯氯粉	thaŋ³¹ ɣaŋ⁵⁵	碳氨

交通工具：

tɕhi³¹ tʂhɤ⁵⁵	汽车	tho⁵⁵ la⁵⁵ tɕi⁵⁵	拖拉机
mo³¹ tho³¹ tʂhɤ⁵⁵	摩托车	taŋ⁵⁵ tɕhɤ⁵⁵	单车
ma⁵⁵ tʂhɤ⁵⁵	马车	kv³¹ lv³¹	轮子

文化娱乐：

pɛŋ⁵⁵ tsʅ⁵⁵	本子	tɕhɛŋ⁵⁵ pi³¹	铅笔
mɤ³¹	墨	mɤ³¹ sui⁵⁵	墨水
liŋ³¹ tsʅ⁵⁵	铃子	tiɛŋ³¹ ziŋ⁵⁵	电影

地点：

ziŋ³¹ naŋ³¹ sɛŋ³³	云南省	zuŋ³¹ tɕaŋ⁵⁵ ɕɛŋ²⁴	元江县
zaŋ³¹ kɛ⁵⁵	羊街	mɛ³¹ ɔ⁵⁵	庙
sʅ³¹ zuɛ²⁴	寺院	tshɤ³¹ so²⁴	厕所
ʂaŋ⁵⁵ tiɛŋ²⁴	商店	zi⁵⁵ zɛ²⁴	医院

ɕo³¹ ɕɔ²⁴	学校	tho⁵⁵ ɤ³¹ so³³	托儿所
ɕɔ³³ ɕo³¹	小学	tʂəŋ⁵⁵ ɕo³¹	中学
kɔŋ⁵⁵ tʂhaŋ³¹	工厂	pa³¹ kɔŋ⁵⁵ ʂʅ³¹	办公室
li³³ ʂɤ²⁴	旅社	tshəŋ⁵⁵ wei⁵⁵ xui²⁴	村委会
ta³¹ tui²⁴	大队	khɔŋ⁵⁵ ʂɤ³¹	公社
vei³¹ xua²⁴ tʂaŋ²⁴	文化站	tɕiɔ²⁴ ʐo³¹ tɕy²⁴	教育局
vei³¹ ʂəŋ⁵⁵ so⁵⁵	卫生所	phɛ²⁴ tʂhu³¹ so³³	派出所
kɔŋ⁵⁵ ɕo⁵⁵ ʂɤ²⁴	供销社	ɕi³¹ ʐoŋ³¹ ʂɤ²⁴	信用社
ʐɛ⁵⁵ ʑi³¹ tʂaŋ²⁴	烟叶站	tɕi³¹ ʂəŋ⁵⁵ tʂaŋ²⁴	计生站
ʂɤ³¹ ʑi⁵⁵ tʂaŋ²⁴	兽医站	sø⁵⁵ kɔŋ³¹ tʂaŋ²⁴	水管站
piɛŋ³¹ tiɛŋ³¹ tʂaŋ²⁴	变电站	tɕhi³¹ tʂhɤ⁵⁵ tʂaŋ²⁴	汽车站
noŋ³¹ mɔ³¹ ʂʅ²⁴ tʂhaŋ³³	农贸市场		

人物称谓：

lɔ³³ ʂʅ³¹	老师	i⁵⁵ səŋ⁵⁵	医生
paŋ⁵⁵ tʂaŋ³¹	班长	ɕo³¹ səŋ⁵⁵	学生
a³¹ ko⁵⁵	哥哥	ʂɤ³¹ tʂaŋ³¹	社长
liŋ⁵⁵ thɔ²⁴	领导	ʑi⁵⁵ ɕoŋ³¹	英雄
tɛ³¹ piɔ²⁴	代表	mo³¹ faŋ³¹	模范
laŋ⁵⁵ xaŋ³¹	懒汉	miŋ³¹ tʂhv³¹	民族
xaŋ²⁴ tʂhv³¹	汉族	li³¹ sv⁵⁵ tʂhv³¹	傈僳族
tsaŋ²⁴ tʂhv³¹	藏族	miɔ³¹ tʂhv³¹	苗族
xø³¹ tʂhv³¹	回族	na³¹ ɕi⁵⁵ tʂhv³¹	纳西族
tɕiŋ³³ pho⁵⁵ tʂhv³¹	景颇族	maŋ³¹ kv⁵⁵ tʂhv³¹	蒙古族

时间：

i³¹ ʐø³¹	一月	tsɛŋ³¹ ʐø³¹	正月
ɤ²⁴ ʐø³¹	二月	saŋ³³ ʐø³¹	三月
ʂʅ³³ ʐø³¹	四月	v³¹ ʐø³¹	五月
lv³¹ ʐø⁵⁵	六月	tɕhi³¹ ʐø⁵⁵	七月
pɑ³¹ ʐø⁵⁵	八月	tɕv³³ ʐø³¹	九月
ʂʅ³¹ ʐø⁵⁵	十月	ʂʅ³¹ i³¹ ʐø³¹	十一月
tɔŋ³¹ ʐø³¹	十一月（冬月）	ʂʅ³¹ ɤ²⁴ ʐø³¹	十二月
ɕiŋ³³ tɕhi³³	星期	ɕiŋ³³ tɕhi³³ ʑi³¹	星期一
ɕiŋ³³ tɕhi³³ ɤ²⁴	星期二	ɕiŋ³³ tɕhi³³ saŋ⁵⁵	星期三
ɕiŋ³³ tɕhi³³ ʂʅ²⁴	星期四	ɕiŋ³³ tɕhi³³ v⁵⁵	星期五

| ɕiŋ³³ tɕhi³³ lv³¹ | 星期六 | ɕiŋ³³ tɕhi³³ tieŋ⁵⁵ | 星期日 |

除了以上这些时间词以外,我们在实地调查中,询问到几点几分,或者各家各户的门牌号码、电话号码的时候,哈尼族一般都用当地汉语基数词,而不用本民族固有的基数词。汉语借词的实时运用,极大地丰富了哈尼语言的表达。

抽象意义及新词术语:

ko³¹ tɕa⁵⁵	国家	tʂɛŋ²⁴ tshɤ³¹	政策
sɿ⁵⁵ ɕɤŋ³¹	思想	tɕo³¹ v³¹	觉悟
thɛ³¹ thv²⁴	态度	mi³¹ tsv³³	民主
tsɿ³¹ zv³¹	自由	tʂɛŋ³¹ tʂɿ²⁴	政治
tsi⁵⁵ tɕiŋ³¹	经济	vei³¹ xua²⁴	文化
zɛŋ³¹ mi³¹	人民	tʂɛŋ²⁴ fv³¹	政府
kɔŋ²⁴ tʂhaŋ³³ taŋ³³	共产党	kɔŋ²⁴ tɕhi⁵⁵ thɔŋ³¹	共青团
kɔŋ⁵⁵ zɛŋ³¹ kai⁵⁵ tɕi³¹	工人阶级	ʂɤ³¹ xui²⁴ tʂu³³ ʑi³¹	社会主义

从以上例子我们可以看出,哈尼语中借用汉语的名词涵盖了饮食衣着、动植物名称、生产生活用品及工具、交通工具、人物称谓、文化娱乐、抽象概念等语义范围。这些都是与人民群众的衣食住行密切相关的词汇。其中用品、工具类词汇是借用数量最大的一类,约占汉语借词总数的五分之一,而且多属于新借词。随着哈尼族地区生产方式、经济模式的发展变化,生活水平的不断提高,这些有关农用物资、家用电器、现代交通工具的新词术语也逐渐进入哈尼语词汇系统中。这些新事物、新名词与哈尼族老百姓的日常生活紧紧相连,已经融入并极大地丰富了哈尼语的词汇系统。

2. 动词

tɤ²⁴ tsɛ⁵⁵	斗争	ɕɛŋ²⁴ tɕø⁵⁵	选举
thuaŋ²⁴ tɕi³¹	团结	zoŋ⁵⁵ xv³¹	拥护
kɛ³³ faŋ²⁴	解放	kɤ³¹ mi³¹	革命
xui³¹ pɔ²⁴	汇报	tɕɛ²⁴ sɤ³¹	建设
thi³¹ ko⁵⁵	提高	tho⁵⁵ luɛŋ²⁴	讨论
ɕɛŋ⁵⁵ tʂhuaŋ³¹	宣传	piɔ²⁴ ʑaŋ³¹	表扬
ʂɛŋ³¹ li²⁴	胜利	sɿ³¹ pai²⁴	失败
fa⁵⁵ tʂaŋ³¹	发展	phi⁵⁵ phiŋ³¹	批评
tɕɛ⁵⁵ tʂha³¹	检查	faŋ²⁴ fa³¹	犯法
faŋ²⁴ tsø³³	犯罪	tɕhiɛŋ³¹ zɛŋ²⁴	承认

3. 形容词

| tɕo⁵⁵ xua²⁴ | 狡猾 | tɕo⁵⁵ ɔ³¹ | 骄傲 |

新中国成立 50 多年以来,人民群众当家做主,各族人民在政治、经济、文化、教育等方面都

享有平等的权利。随着哈尼族政治地位的提高,在贯彻落实党和国家法律法规的过程中,接受了一批与政治、文化生活密切相关的新词汇。

4. 量词

凡哈尼语中没有的量词,一般都直接借用汉语,从而使哈尼语的表达更加丰富、准确。哈尼语量词中的汉语借词主要是名量词。其中表示标准的度量衡量词如 tɕhi^{55}"斤"、ɬaŋ^{31}"两"、xɔ^{55}"角(毫)"、tɕheŋ^{31}"钱"等,几乎都是借用汉语的。例如:

(ɕi^{33} zi^{55} fei^{31} tɕhi^{31}) pɔ^{31}　　　　(一)包(洗衣粉)
　洗　衣　粉　一　　包

(a^{31} pa^{55} tɕhi^{55}) phiŋ^{55}　　　　　　(一)瓶(酒)
　酒　一　　瓶

(tʂhʅ^{31} ʂu^{31} ɔ^{55} mɯ^{55} zi^{55}) thiɛ^{31}　(一)条(好烟)
　烟　　好　　一　　条

tɕhi^{31} tɕhi^{55} pha^{31}　　　　　　　　　(一)斤(半)
一　斤　半

(ŋa^{55}) ɬaŋ^{31}　　　　　　　　　　　　(五)两
五　两

(sum^{55}) tɕheŋ^{31}　　　　　　　　　　(三)钱
三　钱

(thv^{55} tshɛ^{55} liaŋ^{33}) xɔ^{55}　　　　(两)角(钱)
　钱　两　　角

5. 副词

如 tɕo^{31} tɕiŋ^{31} "究竟"。

　　tɕo^{31} tɕiŋ^{31} no^{33} ha^{55} mɛ^{31} ɛ^{31} mo^{55} a^{33} te^{31} a^{31}？你究竟要说什么?
　　究　竟　你　什　么　　说　想　(语助)

6. 连词

如 ɣ^{31} tɕhi^{33} "而且"、pu^{31} ko^{31} "不过"、ta^{31} ʂɣ^{31} "但是"等。例如:

ɣ^{31} tɕhi^{33} "而且":

　　no^{31} ka^{55} ma^{31} ti^{31} ma^{31} xɣ^{31}, ɣ^{31} tɕhi^{33} su^{31} ma^{31} ti^{31} ma^{31} xɣ^{31}。
　　你　道路　也　不　知道　而且　文字　也　不　知道
　　你又不知道路,而且也不认识字。

pu^{31} ko^{31} "不过":

　　ŋa^{33} zi^{31} lo^{31}　zi^{31} ɔ^{33} kha^{31}, pu^{31} ko^{31} ho^{55} lo^{31}　ma^{33} dza^{31} ba^{31}。
　　我　来(结助)来　可以　　不过　饭　(结助)不　吃　了
　　我可以来一下,不过饭就不吃了。

ta³¹ ʂɤ³¹ "但是、却":

  ŋa³³ ɛ³¹ lo³¹ ɛ³¹ pa³³, a³³ ø³¹ ma³¹ ka³¹ li³³ tɕhi³¹ ta³¹ ʂɤ³¹。
  我 说（结助）说了 他 不 听 懂 能 但是

我说是说了，他却听不懂。

有的借词进入哈尼语以后，还加同义的固有词附注。这类借词便于哈尼族理解词义，但所占数量不多。例如：

lɤ³¹ tɤ⁵⁵	v³¹ tsha³¹	漏勺	tsø³¹ mo³¹	xaŋ³¹ ti⁵⁵	皇帝
漏斗（汉）	勺子（哈）		首领（哈）	皇帝（汉）	
za³¹ mɛ³¹	ɣo³¹ mɑ³¹	衙门			
衙门（汉）	大门（哈）				

此外，一些汉语借词进入哈尼语系统后，已适应哈尼语的语法规则，具有构成新词的能力。如哈尼语中有由名词构成的动词，汉语借词也有这个特点。例如：

khɛ⁵⁵ xø²⁴ khɛ⁵⁵	开会	tʂaŋ³¹ ko⁵⁵ tʂaŋ²⁴	唱歌
开 会 开		唱 歌 唱	
thiɔ³¹ v³³ thiɔ²⁴	跳舞	tsɔ³¹ ɕa³¹ tsɔ²⁴	照相
跳 舞 跳		照 相 照	
ta⁵⁵ tɕɛŋ⁵⁵ ti³¹	打针		
打 针 打			

如上例的 khɛ⁵⁵ xø²⁴ "开会"是从汉语借来的，由于汉语动词在宾语前的语序与哈尼语动词在宾语后的语序不同，借入时是当一个成分借入的。但是为了表示动宾短语的意义，就把"开会"中的"开"当动词用，构成宾动短语。其他例子也是这种情况。

哈尼语除了音译借用汉语的词汇外，还借用汉语的概念并用本语词素造出一些新词。例如：

ɬa³¹ ʂɤ⁵⁵ tɕhi⁵⁵ ɕa³¹	初一	ɬa³¹ ʂɤ⁵⁵ n̩⁵⁵ ɕa³¹	初二
月 新 一 夜		月 新 二 夜	
ɬa³¹ ʂɤ⁵⁵ sum³¹ ɕa³³	初三	ɬa³¹ ʂɤ⁵⁵ tshɛ³¹ ɕa⁵⁵	初十
月 新 三 夜		月 新 十 夜	
ɣo³¹ pɛ³¹ pɛ³¹ phv⁵⁵	白菜	na³¹ tsh̩⁵⁵ la⁵⁵ tɕhi³¹	医生
菜 白		药 师傅	
su⁵⁵ ɣa³¹ tsɔ³¹ la⁵⁵ xɔ⁵⁵	学校	mo⁵⁵ kum³¹ aŋ⁵⁵ tv³¹	商店
书 读 家		货物 销售	

但往往还存在与这类意译词同义的音译词，二者出现并存并用的现象（例见下）。

（二）哈尼语中汉语借词的使用

汉语借词进入哈尼语词汇系统之后，原来没有的就成为新增的词语。还有一些词本语里原来就有,但又借用了汉语借词,形成了固有词与汉语借词并用。还有一种情况是,表示新概念时,汉语借词(音译词)和用本语创造的新词并用。

1. 固有词和汉语借词并用

固有词	汉语借词	汉义
a^{55}ʐɤ^{31}	a^{31}ko^{55}	哥哥
paŋ^{55}lv^{55}	tɕaŋ^{55}tɕhv^{55}	江鳅
ʑa^{55}laŋ^{55}	zɛn^{31}mi^{31}	人民
pho^{55}nø^{55}	xan^{24}tshv^{31}	汉族
ɬa^{33}ʂa^{31}	zuŋ^{31}tɕaŋ^{55}ɕeŋ^{24}	元江县
kɯ^{55}fv^{31}	suan^{24}	算
fv^{31}tʂha^{55}	ku^{55}tɕi^{31}	估计
ɣɔ^{55}nɑ^{31}nɑ^{33}	faŋ^{31}tɕa^{24}	放假
tɔ^{55}tsɿ^{55}to^{31}	thɔ^{55}luɛŋ^{24}	讨论
tɔ^{31}phv^{31}phv^{31}	faŋ^{55}tui^{24}	反对
thɛ^{55}tsa^{31}	tɤ^{24}tsɛ^{55}	斗争
ɬum^{55}phv^{31}m^{31}	tɕo^{55}xua^{24}	狡猾
khø^{31}nɑ^{55}	tɕɔ^{55}ɔ^{31}	骄傲
ka^{31}xɛ^{55}pa^{33}tsɿ^{31}	tshɤ^{31}so^{24}	厕所

2. 音译词和意译词并用

意译词	音译词	汉义
a^{55}kø^{31}kø^{55}phɯ^{55} 懒人　懒	laŋ^{55}xaŋ^{31}	懒汉
su^{55}ɣa^{31}tsɔ^{31} la^{55}xɔ^{55} 书　读　家	ɕo^{31}ɕɔ^{24}	学校
mo^{55}kum^{31}aŋ^{55}tv^{31} 货物　销售	ʂaŋ^{55}tiɛŋ^{24}	商店
i^{55}sɛŋ^{55}sɛŋ^{55}num^{55} 医生　房屋	ʑi^{55}ʑɛ^{24}	医院
su^{55}ɣa^{31}tsɔ^{31}tshɔ^{31} 书　读　人	ɕo^{31}sɛŋ^{55}	学生
su^{55}ɣa^{31}mɛ^{55}ɤ^{33}la^{55}tɕhi^{31} 书　教　的　师傅	lɔ^{33}sɿ^{31}	老师
na^{31}tshɿ^{55}la^{55}tɕhi^{31} 药　　师傅	i^{55}sɛŋ^{55}	医生

a³¹ ha³³ ha³¹ ʂo⁵⁵　　　　suɛŋ³¹ tɕi⁵⁵　　　　阉鸡
鸡　　阉鸡

固有词和汉语借词、音译词和意译词,在日常使用中出现的频率、范围因职业、年龄的不同而异。

二　语音

哈尼语受汉语影响的最直接的表现是哈尼语词汇系统中吸收接纳了许多汉语词汇。这些词借入哈尼语后对哈尼语的声母、韵母、声调三个方面都造成了影响和冲击,使哈尼语语音系统发生了变化,其中以韵母受影响最为显著。下面以羊街乡垤霞村依垤寨哈尼语为例,从声、韵、调三方面分析依垤哈尼语的语音受汉语影响的特点。

(一) 声母

依垤哈尼语吸收了汉语当地方言中的唇齿浊擦音 v(在汉语普通话里是 w)。如:

vɛŋ³¹ xua⁵⁵　　　文化　　　　　　vaŋ⁵⁵　　　网
vei⁵⁵ ʐɛŋ³¹　　　委员　　　　　　vaŋ³¹　　　王(姓)

在依垤哈尼语原有的语音系统中,除了[f]和[h]外,擦音都有清浊对立。借入当地汉语方言中的 v 后,除[h]外,都是清浊对立的。依垤哈尼语能借入并吸收[v],有其内部条件。因为哈尼语有唇齿部位的元音化辅音[v]作韵母,因此,辅音声母[v]容易借入。

(二) 韵母

依垤哈尼语原有的语音系统中复合元音韵母较少,在长期与汉语接触的过程中,依垤哈尼语吸收了汉语中的 iɛ、ɔ、ua、ui、ei 等 5 个复合元音韵母和 iŋ、ɛŋ、uɛŋ、uaŋ、iɛŋ、iaŋ 等 6 个带鼻辅音尾的韵母。例如:

iɛ　　(kɔŋ⁵⁵) niɛ³¹　　　(工)业
ɔ　　thiɔ²⁴　　　　　　跳
ua　　kua⁵⁵　　　　　　瓜
ui　　(ta³¹) tui²⁴　　　(大)队
ei　　(tiɛŋ³¹) fei²⁴　　　(电)费
iŋ　　liŋ³¹ (tsɿ⁵⁵)　　　铃子
ɛŋ　　tsɛŋ⁵⁵ (lɔŋ⁵⁵)　　蒸笼
uɛŋ　　(thɔ⁵⁵) luɛŋ²⁴　　讨论
uaŋ　　(ɕɥŋ⁵⁵) tʂhuaŋ²⁴　宣传
iɛŋ　　piɛŋ⁵⁵ (tɕaŋ⁵⁵)　　边疆
iaŋ　　liaŋ³¹ (ʂɿ³¹)　　　粮食

依坒哈尼语能吸收如此多的带鼻音尾韵母,是因为原本在固有词里,已经有[aŋ]、[ɑŋ]、[ɔŋ]三个带鼻音尾韵母。如:ɬa⁵⁵ thaŋ⁵⁵"公兔"、thɑŋ⁵⁵"春"、ɣɔŋ³¹ thɔŋ⁵⁵"中指"。所以其他汉语中的带鼻辅音尾的韵母就比较容易进入哈尼语的语音系统中。

(三) 声调

依坒哈尼语受汉语影响增加了一个中升调。例如:

    ta²⁴ phɔ²⁴   大炮   tieŋ³¹ ʂʅ²⁴ 电视

由于声、韵、调都受汉语影响发生变化,依坒哈尼语的音节结构也发生了变化。哈尼语固有的音节结构有三种类型,即"元音"、"辅音+元音"、"辅音+元音+辅音"。由于受汉语影响,依坒哈尼语中又出现了两种新的音节结构类型,即"辅音+元音+元音"、"辅音+元音+元音+辅音",这两种类型只出现在借词上。例如:

辅音+元音+元音:vei³¹(tɕiŋ⁵⁵)   味(精)

辅音+元音+元音+辅音:tuaŋ²⁴(tsʅ³¹) 缎(子)

附　　录

一　依坒哈尼语语音系统

元江县羊街乡的哈尼语,属汉藏语系藏缅语族彝语支哈尼语哈雅方言哈尼次方言元江羊街土语。该乡位于元江县东南部,距县城46公里。该乡为哈尼族聚居地,全乡有17804人,其中哈尼族有15357人,占全乡人口的86.3%。全乡境内的哈尼语差别不大,相互都能通话。坒霞村委会是该乡哈尼族聚居区之一,辖有14个村寨,1061户,4800人,其中哈尼族4791人,汉族8人,彝族1人。该村委会哈尼族人口占全乡总人口的26.9%。依坒寨离乡政府驻地9公里,共14户,58人,是坒霞村委会较为偏僻、保留哈尼族传统文化较完整的村寨之一。

(一) 声母

声母共有28个。主要特点是:1.塞音、塞擦音、擦音大部有清浊对立。2.ɬ和l对立。3. x与h是两个对立音位。4.通过汉语借词增加了v。5.无腭化声母,也无复辅音声母。列表如下:

p	ph	m	f	v
t	th	n	l	ɬ
ts	tsh	s	z	
tʂ	tʂh	ʂ	ʐ	
tɕ	tɕh	ɕ	ʑ	

| k | kh | ŋ | x | ɣ |
| h | | | | |

例词：

p	po³¹	吹	pɯ³¹	满
ph	pho³¹	倒	phɯ³¹	蓝
m	mu⁵⁵	猴	mɤ³¹	叫
f	fv³¹	看	fa³¹tʂv³¹	火柴
v	veŋ³¹xua⁵⁵	文化	vaŋ⁵⁵	网
t	tɯ³¹	浸泡	tɛ³¹	饱
th	thɯ⁵⁵	颠簸	thɛ³¹	踢
n	nɔ³¹	你	no⁵⁵	糯
l	lɛ⁵⁵	追赶	lo⁵⁵	够
ɬ	ɬɛ⁵⁵	曾孙	ɬo⁵⁵	放牧
ts	tso³¹	锋利	tsɛ⁵⁵	剩
tsh	tshɔ³¹	人	tshɛ⁵⁵	挖
s	sɔ³¹	香	sɤ⁵⁵	牙
z	zo⁵⁵	走	zɤ³¹	压
tʂ	tʂu³¹	（上）街	tʂo³¹	坐
tʂh	tʂhv³¹	养（鸡）	tʂho³¹	跟
ʂ	ʂɿ³¹	死	ʂɤ³¹	金子
ʐ	ʐɿ⁵⁵	潮湿	ʐɤ³¹	恨
tɕ	tɕi³¹	磨	a³¹tɕɛ³¹	说谎
tɕh	tɕhi³¹	驮	tɕhɛ³¹	高
ɕ	ɕo³¹	锈	ɕi⁵⁵	这
ʑ	ʑv⁵⁵	睡	ʑi⁵⁵	来
k	ka³¹	冷	kɤ³¹	白鹇鸟
kh	kha³¹	梳	khɯ⁵⁵	雕刻
ŋ	ŋa³¹	我	ŋɯ³¹	是
x	xa³¹	硬	xɑ⁵⁵	苦
ɣ	ɣa³¹xa³¹	力量	ɣɑ³¹	得到
h	ha³¹	鸡年	hɑ⁵⁵	竹子

声母说明：

1. m、n 能自成音节。例如 m⁵⁵ "天"，m³¹ "干活"，n³¹ "二"。

2. ɕ 的实际音值是 xj。例如：ɕa⁵⁵（xja⁵⁵）"田"，ɕa⁵⁵（xja⁵⁵）"过（夜）"。

(二) 韵母

韵母共 28 个。分为单元音韵母、带鼻音尾韵母和复合元音韵母三类。

1. 单元音韵母

单元音韵母有 13 个：

ɿ i e ɛ a ɑ ɔ o v ɯ ɤ y ø

例词：

ɿ	tsɿ³¹	（下）去	sɿ⁵⁵	七
i	ti⁵⁵	打	pi⁵⁵	给
e	(ɑ³³)ke³¹	鳝鱼	pe⁵⁵	荒（田）
ɛ	tɛ³¹	装得下	pɛ⁵⁵	扔
a	ta³¹	上	pa³¹	失魂
ɑ	tɑ³¹mo⁵⁵	大爹	pɑ³¹	亮
ɔ	tɔ³¹	喝	pɔ⁵⁵	（一）只（耳朵）
o	to³¹	出	po⁵⁵	写
v	tv³¹	狠毒	pv⁵⁵	臭
ɯ	sɯ⁵⁵tsɯ⁵⁵	树	pɯ³¹	满
ɤ	sɤ⁵⁵	牙	pɤ³¹	打靶
y	tɕhy³¹	甜	ɕy³¹y⁵⁵	铁锅
ø	ɤø³¹	喜欢	pø³¹	（有）洞

2. 带鼻音尾韵母

带鼻音韵母共 10 个。有两类：一类带 -m 尾，另一类带 -ŋ 尾。

(1) 带 -m 尾的只有 um 1 个，只出现在固有词中。例如：

sum⁵⁵ 三　　　ʂum³¹ 铁　　　tum³¹ 穿

(2) 带 -ŋ 尾的韵母有 9 个。其中 aŋ、ɑŋ、ɔŋ 三个韵母既出现在固有词上，又出现在汉语借词上，其他几个韵母大都出现在汉语借词上。例如：

iŋ	liŋ⁵⁵tɔ²⁴	领导	liŋ³¹tsɿ⁵⁵	铃子
ɛŋ	tsɛŋ⁵⁵lɔŋ⁵⁵	蒸笼	tɛŋ⁵⁵	灯
aŋ	phaŋ⁵⁵tɤ³¹	糖	ɬa⁵⁵thaŋ⁵⁵	公兔
ɑŋ	mɑŋ⁵⁵	（属）马	thɑŋ⁵⁵	春
ɔŋ	zɔ³¹xɔŋ⁵⁵	傻子	tɔŋ³¹	后退
uɛŋ	tshuɛŋ⁵⁵wei³³xui⁵⁵	村委会	thɔ⁵⁵luɛŋ²⁴	讨论
uaŋ	thuaŋ³¹	团	ɕɛŋ⁵⁵tshuaŋ³¹	宣传
iɛŋ	zu⁵⁵tiɛŋ³¹	优点	zi³¹tɕiɛŋ²⁴	意见

| iaŋ | ṣaŋ⁵⁵liaŋ⁵⁵ | 商量 | liaŋ³¹ʂɿ³¹ | 粮食 |

3. 复合元音韵母

复合元音韵母共有 5 个，大都出现在汉语借词上。例如：

iɛ	kɔŋ⁵⁵niɛ³¹	工业	liɛ³¹ʂɿ²⁴	烈士
iɔ	miɛ²⁴thiɔ²⁴	面条	tshoɔ³¹piɔ³¹	肥皂
ua	sua³¹tsɿ³³	刷子	kua⁵⁵	瓜
ui	ta³¹tui²⁴	大队	xui²⁴	会（议）
ei	xua²⁴fei³¹	化肥	tiɛŋ³¹fei²⁴	电费

韵母说明：别的方言的紧元音在依垤话里都变为松元音。如：

绿春话	依垤话	汉语
lu̱³¹	lo⁵⁵	够
na̱³¹	na⁵⁵	深
ŋa̱³¹	ŋɑ⁵⁵	五
ku̱³¹	kho⁵⁵	六

（三）声调

依垤哈尼语共有四个声调：高平 55、中降 31、中平 33、中升 24。其中，中升调大多出现在汉语借词上。中平调 33 只出现在多音节词中，不出现在单音节上，大多来源于变调。由于对其来源的规律还认识不清，本音系按实际读音标出。例如：

高平 55　　　　　　　　　　　　中降 31

phɛ⁵⁵	提篮	phɛ³¹	脾
khɑ⁵⁵	挖	khɑ³¹	种植
to⁵⁵	话	to³¹	出去
pɯ⁵⁵	乱	pɯ³¹	脓

中平 33　　　　　　　　　　　　中升 24

v³³thɔ³³	包头	ta²⁴mɣ³¹	大麦
phoɔ³³la³³	变化	phoɔ²⁴	炮
ta³³n⁵⁵	继父	ʂɿ²⁴tɕo³¹sɣ³¹	四脚蛇
pø³³lø³³	锣	haŋ²⁴	焊

（四）音节结构类型

音节结构共有五种类型。其中第二种出现频率最高，为固有词的音节结构。第三、四、五 3 种主要出现在汉语借词上。例如：

1. 元音：ɣɯ³¹ 笑　　　ɔ⁵⁵ 熟
2. 辅音 + 元音：pi⁵⁵ 给　　no⁵⁵ 踩
3. 辅音 + 元音 + 元音：kua⁵⁵ 瓜　　khua⁵⁵ 夸
4. 辅音 + 元音 + 辅音：ʂum³¹ 铁　　maŋ⁵⁵ 长
5. 辅音 + 元音 + 元音 + 辅音：liaŋ³¹ 粮　　tieŋ³¹ ʂʅ²⁴ 电视

（本音系的发音人是白岩松，男，哈尼族，1982 年 2 月出生，父母都是哈尼族。他从小在该村长大，哈尼语是他的母语，小学四年级起才逐渐学会了汉语，在该乡读完了小学和初中。）

二　羊街乡哈尼族说当地汉语方言的语音系统

哈尼族与当地汉族接触的过程中，部分人掌握了当地汉语。其音系特点如下：

（一）声母

哈尼族说当地汉语方言的声母有 23 个。排列如下：

p	ph	m	f	v
t	th	n	l	
ts	tsh	s		
tʂ	tʂh	ʂ	ʐ	
tɕ	tɕh	ɕ	ʑ	
k	kh	x		

声母例词：

p	piɛŋ⁵⁵	边	pɔ²⁴	抱
ph	phiŋ³¹	平	pha²⁴	怕
m	məŋ³¹	门	mɛ³³	买
f	fei⁵⁵	飞	foŋ⁵³	冯
v	vəŋ³¹	闻	vei³³	微
t	ti⁵⁵	低	tuaŋ³³	短
th	thɛ²⁴	太	thuŋ³¹	同
n	ny³³	女	nɔ³³	脑
l	ly³³	吕	liɛŋ²⁴	连
ts	tsv³³	祖	tsəŋ⁵⁵	增
tsh	tshaŋ⁵⁵	仓	tshɔ³¹	曹
s	sv⁵⁵	苏	saŋ³¹	散
tʂ	tʂəŋ⁵⁵	蒸	tʂv⁵⁵	猪
tʂh	tʂhɔ³¹	潮	tʂhu²⁴	处

ʂ	ʂy⁵⁵	书	ʂeŋ⁵⁵	声
ʐ	ʐʅ³¹	日	ʐoŋ³¹	容
tɕ	tɕe³¹	杰	tɕiŋ⁵⁵	精
tɕh	tɕhueŋ³¹	全	tɕhɔ³¹	桥
ɕ	ɕi³¹	谢	ɕy⁵⁵	虚
ʑ	ʑaŋ³¹	杨	ʑo³¹	药
k	kv³³	古	kɛ²⁴	盖
kh	khɛ⁵⁵	开	khuɛ³¹	葵
x	xəu³¹	胡	xuɑ³¹	化

(二) 韵母

哈尼族说当地汉语方言的韵母有26个，其中单元音韵母9个，复元音韵母17个。排列如下：

韵母例词：

ʅ	tsʅ⁵⁵	资	tʂhʅ³¹	吃
i	ti³¹	叠	ɕi³¹	协
ɔ	tsɔ³³	招	tʂhɔ³³	抄
o	po⁵⁵	波	ko³¹	鸽
y	y³³	雨	tɕhy³³	曲
ɛ	thɛ²⁴	太	kɛ²⁴	盖
ɑ	tʂhɑ²⁴	茶	tsɑ³¹	杂
ə	pə³¹	北	xə²⁴	贺
v	mv³¹	木	tʂhv³¹	出
iɔ	thiɔ³¹	条	piɔ³³	表
ie	tie⁵⁵	爹	ɕie³¹	斜
iu	tɕhiu⁵⁵	秋	tiu⁵⁵	丢
ei	fei³¹	飞	vei³³	微
uɑ	xuɑ⁵⁵	花	kuɑ⁵⁵	刮
uɛ	kuɛ²⁴	怪	ʂuɛ²⁴	帅
əŋ	kəŋ⁵⁵	根	kəŋ⁵⁵	庚
iŋ	tɕiŋ³¹	紧	tɕiŋ⁵⁵	精
ɑŋ	ʐɑŋ³¹	然	tʂɑŋ⁵⁵	章
uŋ	tʂhuŋ³¹	从	tʂhuŋ³¹	虫
yŋ	ɕyŋ⁵⁵	薰	yŋ⁵⁵	晕

iɛŋ	liɛŋ³¹	连	phiɛŋ⁵⁵	偏
iɑŋ	liɑŋ³¹	良	ɕiɑŋ⁵⁵	香
iuŋ	tɕhiuŋ³¹	穷	ɕiuŋ⁵⁵	胸
yɛŋ	yɛŋ³¹	圆	tɕhyɛŋ³¹	权
uɛŋ	uɛŋ⁵⁵	温	tuɛŋ⁵⁵	蹲
uɑŋ	kuɑŋ⁵⁵	光	tʂhuɑŋ³¹	床

说明：

1. 带鼻音尾的韵母，有的读为鼻化元音。
2. [v]是一个唇齿半元音，它的音色因人而不同，有的摩擦较重，有的较轻，唇形略展，近于舌面后高元音[u]，也可记为[ʋ]。

(三) 声调

哈尼族说当地汉语方言有四个声调：高平调55，中平调33，中降调31，中升调24。

阴平——55	ko⁵⁵ 锅	to⁵⁵ 多	thɑ⁵⁵ 她	po⁵⁵ 波	tɕɑ⁵⁵ 家
阳平——31	tho³¹ 驮	tɕhe³¹ 茄	pho³¹ 婆	tɕhy³¹ 瘸	phɑ³¹ 爬
阴上——33	to³³ 朵	pa³³ 把	khuɑ³³ 垮	pv³³ 补	tsv³³ 祖
阳上——24	tso²⁴ 坐	xo²⁴ 祸	ɕɑ²⁴ 下	pv²⁴ 部	tv²⁴ 肚
阴去——24	kɔ²⁴ 个	ko²⁴ 过	phɑ²⁴ 怕	tɕi²⁴ 借	tso²⁴ 做
阳去——24	tɑ²⁴ 大	xə²⁴ 贺	pv²⁴ 步	tv²⁴ 度	tɛ²⁴ 代
阴入——31	tɑ³¹ 答	ko³¹ 鸽	tɕɑ³¹ 恰	tɕhɑ³¹ 甲	tɕe³¹ 接
阳入——31	ti³¹ 叠	ɕi³¹ 协	tɕi³¹ 及	tɑ³¹ 达	pɑ³¹ 拔

(四) 音节结构类型

哈尼族说当地汉语方言共有五种音节结构类型：

1. 元音：ə²⁴ 二
2. 元音+元音+辅音：uɛŋ⁵⁵ 温
3. 辅音+元音：kə²⁴ 个
4. 辅音+元音+元音：tie⁵⁵ 爹
5. 辅音+元音+元音+辅音：tuɛŋ⁵⁵ 蹲

（发音人有两位。1.王福光，男，1991年12月出生（16岁），哈尼族，垤霞村委会垤霞寨人，羊街中学初中三年级。家庭内部使用哈尼语。2.张才英，女，1991年10月出生（16岁），哈尼族，垤霞村委会水龙寨人，羊街中学初中三年级。家庭内部使用哈尼语。）

三 羊街乡哈尼族说普通话的音系

羊街乡的哈尼族受过中小学教育的会说普通话。他们说普通话的音位系统简要介绍如下。

(一) 声母(22个)

p	ph	m	f	v
t	th	n	l	
ts	tsh	s		
tʂ	tʂh	ʂ	ʐ	
tɕ	tɕh	ɕ		
k	kh	x		

声母例词：

p	pu⁵¹	布	piɛ³⁵	别
ph	pha⁵¹	怕	phaŋ³⁵	盘
m	məŋ³⁵	门	ma³⁵	麻
f	fei⁵⁵	飞	fəŋ³⁵	冯
v	vəŋ³⁵	闻	vei³⁵	微
t	tɔ⁵¹	到	to³⁵	夺
th	thɛ⁵¹	太	thoŋ³⁵	同
n	naŋ³⁵	难	nu⁵¹	怒
l	liu³⁵	（姓）刘	liɛŋ³⁵ ʂɿ³⁵	粮食
ts	tsɔ⁵⁵	糟	tsu³⁵	祖
tsh	tshaŋ⁵⁵	仓	tshɔ³⁵	曹
s	su⁵⁵	苏	so⁵⁵	缩
tʂ	tʂɔ⁵⁵	招	tʂu³⁵	主
tʂh	tʂhɔŋ⁵⁵	昌	tʂho³⁵	潮
ʂ	ʂui⁵¹	税	ʂaŋ⁵¹	扇
ʐ	ʐəŋ⁵¹	认	ʐu⁵¹	若
tɕ	tɕɜ³⁵	杰	tɕiŋ⁵⁵	精
tɕh	tɕhiu⁵⁵	秋	tɕhi³⁵	齐
ɕ	ɕiu⁵⁵	修	ɕɜ⁵¹	谢
k	kuɛ⁵¹	贵	kɔ⁵⁵	高
kh	khui³⁵	开	khɛ⁵⁵	葵
x	xui⁵⁵	灰	xoŋ³⁵	红

(二) 韵母(32个)

ɿ i y ɛ a ɔ ɑ ɜ e u ʮ o

ua	uo	iɛ	yɛ	uɛ	ei	ui	iɔ	iu
aŋ	iŋ	əŋ	yŋ	ɑŋ	oŋ			
iɛŋ	iaŋ	ioŋ	yɛŋ	uɛŋ	uaŋ			

韵母例词：

ɿ	tsɿ⁵⁵	资	tshɿ³⁵	词
i	ti⁵¹	地	tɕi⁵⁵	鸡
y	y³⁵	雨	tɕhy³⁵	取
ɛ	ɛ³⁵	哀	tɛ⁵¹	戴
a	tɕa⁵⁵	家	ɕa⁵⁵	虾
ɑ	mɑ³⁵	马	lɑ⁵⁵	拉
ɔ	ɔ³⁵	熬	kɔ⁵⁵	高
o	ko⁵⁵	勾	kho⁵⁵	抠
ɤ	ɤ³⁵	鹅	khɤ³⁵	可
u	ku⁵¹	故	khu³⁵	苦
ə	ə³⁵	耳	ə⁵¹	二
ua	khua⁵⁵	夸	kua⁵⁵	瓜
uo	kuo⁵⁵	锅	suo³⁵	锁
iɛ	tɕiɛ³⁵	解	ɕiɛ³⁵	写
yɛ	yɛ⁵⁵	约	tɕhyɛ⁵⁵	缺
uɛ	uɛ⁵⁵	歪	kuɛ⁵⁵	乖
ei	lei⁵⁵	勒	pei⁵⁵	悲
ui	ui⁵⁵	威	kui⁵⁵	龟
iɔ	iɔ⁵⁵	腰	phiɔ⁵⁵	飘
iu	iu⁵⁵	忧	tɕhiu⁵⁵	秋
aŋ	aŋ⁵⁵	安	taŋ⁵⁵	担
iŋ	iŋ⁵⁵	因	thiŋ⁵⁵	厅
əŋ	əŋ⁵⁵	恩	təŋ⁵⁵	灯
yŋ	yŋ⁵⁵	晕	ɕyŋ⁵⁵	熏
ɑŋ	ɑŋ³⁵	昂	tɑŋ³⁵	党
oŋ	khoŋ⁵⁵	空	tsoŋ⁵⁵	钟
iɛŋ	iɛŋ⁵⁵	烟	thiɛŋ⁵⁵	天
iaŋ	liaŋ³⁵	亮	ɕiaŋ⁵⁵	香
ioŋ	ioŋ⁵⁵	雍	ɕioŋ⁵⁵	凶
yɛŋ	yɛŋ⁵⁵	怨	ɕyɛŋ⁵⁵	宣

uəŋ	uəŋ⁵⁵	翁	tʂhuəŋ⁵⁵	春	
uaŋ	uaŋ⁵⁵	弯	kuaŋ⁵⁵	光	

(三) 声调(三个:55、51、35调)

tsoŋ⁵⁵	钟	thiŋ⁵⁵	听	
tɛ⁵¹	戴	ɕɛ⁵¹	谢	
tɕɛ³⁵	杰	khə³⁵	可	

(发音人有两位。1.王福光,男,1991年12月出生(16岁),哈尼族,垤霞村委会垤霞寨人,羊街中学初中三年级。家庭内部使用哈尼语。2.张才英,女,1991年10月出生(16岁),哈尼族,垤霞村委会水龙寨人,羊街中学初中三年级。家庭内部使用哈尼语。)

四 元江县羊街乡汉语方言音系

(一) 声母

元江县羊街乡汉语方言共有24个声母。擦音除舌尖前音外均分清浊。舌尖前、舌面前、舌后三套对立。有舌根浊擦音 ɣ。排列如下:

p	ph	m	f	v
t	th	n	l	
ts	tsh	s		
tʂ	tʂh	ʂ	ʐ	
tɕ	tɕh	ɕ	ʑ	
k	kh	x	ɣ	

声母举例:

p	pɑ⁴²	八	pɛŋ³¹	笨
ph	phɑ³¹	怕	phɛŋ⁴²	盆
m	mɑ³¹	骂	mɛŋ⁴²	门
f	fɑ⁴²	发	fɛŋ³³	粉
v	vɑ⁴²	袜	vɛŋ⁴²	闻
t	tɑ³³	打	tɛŋ⁵⁵	灯
th	thɑ⁴²	塔	thɛŋ⁴²	疼
n	nɑ⁴²	拿	nɛŋ⁴²	能
l	lɑ⁴²	辣	lɛŋ³³	冷
ts	tsɑ⁴²	杂	tsɛŋ⁵⁵	争
tsh	tshɑ⁴²	擦	tshɛŋ⁴²	曾
s	sɑ³³	洒	sɛŋ⁵⁵	生

tʂ	tʂa⁴²	扎	tʂɛŋ⁵⁵	蒸
tʂh	tʂha⁴²	茶	tʂhɛŋ⁴²	沉
ʂ	ʂa⁵⁵	沙	ʂɛŋ⁴²	神
ʐ	ʐaŋ⁴²	然	ʐɛŋ⁴²	仁
tɕ	tɕa⁵⁵	家	tɕiŋ⁵⁵	精
tɕh	tɕha⁴²	掐	tɕhiŋ⁵⁵	清
ɕ	ɕa⁵⁵	虾	ɕiŋ⁵⁵	心
ʑ	ʑa⁴²	压	ʑiŋ⁴²	赢
k	kã⁵⁵	肝	kɛŋ⁵⁵	根
kh	kha³³	卡	khø³³	苦
x	xa⁴²	含	xɛŋ³³	很
ɣ	ɣɛ³¹	爱	ɣɛ⁴²	岩

(二) 韵母

元江县羊街乡汉语方言共有 26 个韵母,包括单元音韵母 9 个,复元音韵母 17 个,其中二合元音韵母 14 个,三合元音韵母 3 个。排列如下:

ɿ　i　y　ɛ　ø　ɑ　o　ɣ　ã
iu　iɔ　ei　ɑu　ui　uɛ　uɑ　iɛ̃　yɛ̃　uã　iŋ　ɛŋ　ɑŋ　uŋ
iɑŋ　iuŋ　uɛŋ

韵母举例:

ɿ	tsɿ⁵⁵	资	tʂhɿ⁴²	吃
i	ti³¹	第	tɕi³³	姐
y	y³³	雨	tɕhy⁴²	曲
ɛ	tɛ³¹	代	kɛ³¹	盖
ø	tø³¹	度	kø⁴²	骨
ɑ	tɑ⁴²	答	lɑ⁴²	辣
o	po⁵⁵	波	pho⁵⁵	坡
ɣ	tɣ⁴²	得	kɣ⁴²	格
ã	tã³³	胆	kã⁵⁵	竿
iu	tɕhiu⁵⁵	秋	ɕiu⁵⁵	修
iɔ	thiɔ⁴²	条	liɔ⁴²	聊
ei	pei³¹	倍	mei³¹	妹
ɑu	tɑu⁵⁵	刀	kɑu³³	搞
ui	tui³¹	对	kui³¹	桂

uɛ	xuɛ⁴²	怀	kuɛ³¹	怪
uɑ	xuɑ⁵⁵	花	kuɑ⁴²	刮
iɛ̃	tiɛ̃³¹	电	liɛ̃³³	脸
yɛ̃	tɕhyɛ̃⁴²	全	ʑyɛ̃⁴²	原
uɑ̃	tuɑ̃³³	短	kuɑ̃⁵⁵	关
iŋ	tɕhiŋ⁵⁵	青	ɕiŋ⁴²	行
ɛŋ	tɛŋ³³	等	kɛŋ⁵⁵	根
ɑŋ	tɑŋ³³	党	kɑŋ⁵⁵	缸
uŋ	tuŋ⁵⁵	东	tshuŋ⁴²	从
iɑŋ	tɕhiɑŋ⁵⁵	腔	ɕiɑŋ⁵⁵	香
iuŋ	tɕhiuŋ⁴²	穷	ɕiuŋ⁵⁵	胸
uɛŋ	tuɛŋ⁵⁵	蹲	xuɛŋ⁴²	魂

韵母说明：

普通话中的单元音韵母[u]在羊街乡汉语方言中变为[ø]。普通话中的前鼻音韵母在羊街乡汉语方言中有的变为鼻化音，如普通话中的[an]在羊街乡汉语方言中读为[ɑ̃]，普通话中的[iɛn]读为[iɛ̃]。有的前鼻音韵母则变为舌根音韵母，如普通话中的[in]在羊街乡汉语方言中变为[iŋ]，普通话中的[en]，变为[ɛŋ]，普通话中的[un]变为[uɛŋ]。

（三）声调

元江县羊街乡汉语方言有四个声调：高平调55，中平调33，高降调42，低降调31。与古汉语四声八类对应如下：

阴平——55	锅 ko⁵⁵	多 to⁵⁵	他 thɑ⁵⁵	波 po⁵⁵	家 tɕɑ⁵⁵
阳平——42	驮 tho⁴²	茄 tɕhi⁴²	婆 pho⁴²	爬 phɑ⁴²	瘸 tɕhi⁴²
阴上——33	朵 to³³	把 pɑ³³	垮 khuɑ³³	补 pø³³	祖 tsø³³
阳上——31	坐 tso³¹	祸 xo³¹	下 ɕɑ³¹	部 pø³¹	肚 tø³¹
阴去——31	个 kɑu³¹	过 ko³¹	怕 phɑ³¹	借 tɕi³¹	做 tso³¹
阳去——31	大 tɑ³¹	贺 xo³¹	步 pø³¹	度 tø³¹	代 tɛ³¹
阴入——42	答 tɑ⁴²	鸽 kɤ⁴²	甲 tɕɑ⁴²	恰 tɕhɑ⁴²	接 tɕi⁴²
阳入——42	叠 ti⁴²	协 ɕi⁴²	及 tɕi⁴²	达 tɑ⁴²	拔 pɑ⁴²

（四）音节结构

羊街乡汉语方言有四种音节结构类型。分别是：

1. 元音 + 元音：ɑu⁴² 熬
2. 辅音 + 元音：tø³¹ 度

3. 辅音+元音+元音：tuɑ̃³³ 短

4. 辅音+元音+元音+辅音：xuɛŋ⁴² 魂

（发音人：刘跃云，男，1974年9月出生，羊街乡汉族，初中学历。一直生活在羊街乡。第一语言是汉语。）

第六章 小结与预测

通过上面各章的分析,我们对羊街乡的语言使用情况现状及其演变可以形成以下几点认识。

一、羊街乡以单一民族聚居为主又有部分杂居的分布局面,是我国民族地区语言生活的一种类型。这一类型的语言生活具有不同于其他类型的特点,它对我国民族地区语言生活的研究具有一定的价值。

我国是一个以汉族为主体的多民族、多语种国家。由于不同民族、不同地区存在差异,加上各民族历史演变特点的不同,民族分布存在各种不同的类型。其中有聚居的,有杂居的,还有聚居和杂居交错的。各个类型中还可再分为小的不同类型。比如:单一民族聚居的类型还可分为纯单一民族聚居类型和夹杂少量别的民族的聚居类型;多民族杂居的类型,还可按民族多少分为两个民族杂居或三个、四个民族杂居等不同的类型;还可按民族成分分为以汉族为主或以当地人口多的民族为主,或以当地人口少的民族为主等不同类型。聚居和杂居交错的类型,还可依聚居或杂居的程度分为高度杂居型和低度杂居型等。民族分布的特点决定了语言生活的特点。我国民族地区的语言生活,可以依据民族分布分为不同的类型。

羊街乡是一个以单一民族聚居为主兼有少量几个民族杂居的区域。语言生活存在以下两种类型:

(一)单一民族语言的聚居区。属于这一类的大多是哈尼族村寨,如伙甫、昆南、党舵等寨全是哈尼族,都使用哈尼语。还有一个烧灰箐寨,居住的除嫁入的少量外来媳妇外都是拉祜族(苦聪人),都使用苦聪语。还有几个汉族聚居的村寨,如沙梏、东瓜林等,都使用汉语,也有少量兼用哈尼语。

(二)几个民族的杂居区。如坡头有哈尼族161人,拉祜族(苦聪人)29人,汉族15人。不同民族各自使用自己的语言,但还兼用其他民族的语言。又如中梁子,有彝族225人,汉族94人,哈尼族37人。除少数还能使用彝语外,有不少人已转用汉语,但有不少人还兼用哈尼语。

总的看来,聚居是羊街乡民族分布的最大特点,它成为一条红线制约着该乡语言生活的方方面面。

由于分布的聚居,使得哈尼语经常被使用,而且有较多的人在使用,这就容易保持其语言活力,使得语言在社会生活、家庭生活中得以稳定运行,保持其不可替代的功能。由于聚居,哈尼族文化得以较好保存,而民族文化的保存则有助于语言的保存。

二、羊街乡不同语言的功能虽存在着差异,但各自在不同的领域发挥作用,相互间是和谐的。

我们进入羊街乡这个民族和谐、语言和谐的大家庭,明显地感觉到这里存在着很浓的不同民族友好共处、相互尊重的气氛。各民族自由地在使用自己的语言,也自由地在兼用别的民族语言。我们看到,拉祜族(苦聪人)、彝族在街市里使用哈尼语、汉语时是那么自然;不同民族的儿童在一起时转换使用不同的语言是那么欢畅。我们感到,在他们的观念中,不管是什么语言都是有价值的,都是值得尊重的。语言偏见在羊街乡是看不到的。

语言互补,在羊街乡的语言生活中构成了一个有机的、和谐的系统,保证了各种语言在现实生活中的正常运行。这种互补关系,是各种语言"各就各位",充分发挥其功能,是各种语言之间"取长补短"。只要是需要,只要是有益于本族的发展,不管是哪种语言,都可以被兼用,都可以成为自己的主要交际工具,也都可以从中提取所需的成分来丰富自己。人们在使用自己的母语时,根本就分不清所用的语词是自己固有的还是从别的语言借来的。即使是母语里就有的基本词,也能再向别的语言借用。在一些人特别在少年儿童中,兼用语的水平已超过母语的水平。母语和兼用语的共同成分在增长,相互间的距离在逐渐缩小。各民族的语言观念已随着社会的发展、现实生活的需要而发生变化。人们在爱护自己传统文化的同时,还积极引进外来文化来丰富自己。

羊街乡和谐的语言生活,有其历史的和民族内外的原因。历史上,各民族共同生活在这样一座大山里,如果没有各民族的团结协作,没有同舟共济的精神,是难以征服大自然的。进入现代化建设的新时期,人们更需要不同民族的和谐协作,而我国民族平等的大环境,保证了各民族之间友好关系的不断发展。

三、哈尼语、苦聪话完善保存并在使用中得到发展的事实,雄辩地证明了人口少的语言在现代化进程中也有可能得到保存和发展,不至于一个个走向衰退或濒危。

在这次田野调查中,我们清楚地看到羊街乡的哈尼语、苦聪话还具有蓬勃的活力。这两种语言不仅使用广泛,而且不同辈分的语言水平差别不大。特别是哈尼语,不仅哈尼族使用它,大部分拉祜族(苦聪人)和部分彝族、汉族也兼用它。在羊街乡,哈尼语活跃在各个不同的环境;成为羊街乡维持社会运转的主要语言工具之一。哈尼语这种生机勃勃的状态,是调查组之前所没有预料到的。

哈尼语语言内部存在方言差异,不同方言之间的人不能互相通话,羊街乡的哈尼语属于哈尼语哈雅方言,其通话范围不过是在元江、红河一带。但是,即便是使用范围这样狭小的方言,也有它强大的生命力。因为它是这一带哈尼族日常生活中须臾不可缺少的实际工具,而且还负载着光辉灿烂的民族传统文化。

我们在羊街乡欣喜地看到、听到,用哈尼语吟唱的传统诗歌在群众中广泛流传,而且受到中青年的欢迎。乡党委书记白文华只有33岁,聆听哈尼族民歌时如痴如醉,还能与民间歌手对唱。他说:"我在酒席上只要有哈尼歌听,就满足了,吃什么菜都不重要。"20岁上下的年轻人,有些也能即景唱出几段。可以看出,羊街乡哈尼族文化的传承后继有人。语言是文化的一部分,文化遗产的保存有助于语言的保存。

苦聪话在羊街乡只有200多人使用,但也能够健康地存活下去。这也是我们到实地之前所没有预料到的。这里的苦聪人，不论大小都会苦聪话，就连从外寨嫁进的哈尼族媳妇不到一年时间也都学会说苦聪话。使用人口如此少的语言，为什么具有如此大的生命力？我们看到，苦聪人不仅使用自己的母语，普遍还兼用哈尼语和汉语，他们兼用哈尼语和汉语来弥补母语的不足。这大约是他们的母语能够保存的原因之一。

对羊街乡的哈尼语、苦聪话的前景，他们并不为之担忧，似乎没有人在思考这个问题。在访谈中，当问到对自己母语未来前途的认识时，他们几乎一致认为这里的哈尼语不会丢失，因为人们需要它。

羊街乡哈尼语能够保存下来的主要条件是分布聚居。看到那大山上错落的一个个哈尼族聚居的山寨，和充满风土人情的哈尼人，就会不由自主地想到哈尼语存在的合理性和必然性。羊街乡哈尼族成片聚居的分布局面是稳定的，不会轻易改变的。虽然在改革开放的新形势下，会有一批年轻人出外创业，而且人数还会不断增加，但与留在山寨的人相比，毕竟是少数，不会从根本上改变现有的聚居特点。因此，只要保持聚居的环境，人们就会坚持使用世代传下的、承载民族文化的母语。我们预测，哈尼语至少在今后的四五代（即今后的100多年）内还会稳定地使用下去，不会发生功能上的大变化。

至于苦聪话的前景如何，是否会由于使用人口少而不能长期稳定使用？诚然，羊街乡的苦聪话使用人口太少，对其长期保存是不利的，而且外出谋生、族际婚姻对母语的保留也会有所冲击。但我们深深感到，苦聪话是有生命力的，苦聪人浓厚的民族意识，是其保存母语的一个重要的有利因素。我们预测，苦聪话至少在今后的两三代（即今后的50年）内还会稳定地使用下去，不会发生功能上的大变化。

未来的世界，还将是多元的，百花齐放的。人类的进步，科学的发展，对事物的异同既有一体化的一面，又有多元化的一面。在经济生活尚不富裕的年代，人们注重经济生活的改善与提高，在接受先进科学技术、现代文化时，容易过多地强调民族间的共性而忽视传统文化的保存和继承；而当经济生活有了大的改善后，人们又会转过来重视传统文化的保存，强调各民族的个性，还会对过去忽视民族传统文化的保存而感到遗憾。

当然，我们在另一方面也要看到，由于现代化、经济一体化的迅猛发展，掌握多语的需要，少数民族的母语功能在某些方面会出现一定程度的弱变。比如，羊街乡的现代青少年掌握哈尼语传统文学语言的水平，已比不上前辈，其词汇量、句型的表达能力也低于前辈。

为此，有关政府机构应当重视羊街乡少数民族语言的保存，必须采取有效措施促使少数民族语言更好地为现代化建设服务。在这方面，需要做的事情很多。比如：在小学和学前班开展双语教学；培养少量能够使用拼音符号记录少数民族语言的人才；加强少数民族语言、文化的研究；进一步促进不同语言的和谐等等。构建羊街乡的语言和谐，是羊街乡现代化建设中的一个重要组成部分。

附 录

一 访谈录

（一）元江县县政府办公室主任郑荣访谈录

访谈对象：郑荣，男，42岁，哈尼族，本科文化程度，现任元江县县政府办公室主任。
访谈时间：2008年1月20日。
访谈地点：元江县政府。
访谈人：常俊之、普亚强。

问：请您介绍一下您的个人情况。
答：我叫郑荣，哈尼族，1966年12月出生于元江县那诺乡一个偏僻的哈尼山寨。1985年7月考入中央民族学院（现中央民族大学）语言学理论本科班学习，1989年7月毕业后回到哈尼山寨，长期从事基层行政管理工作。现任元江哈尼族彝族傣族自治县人民政府办公室主任。我本人比较热衷于少数民族传统文化的发展研究，所以一直以来都致力于以新的视角融入哈尼族社会文化之中，致力于少数民族地区的经济社会发展。

问：您会说哈尼语吗？
答：从小耳濡目染，精通哈尼语，熟悉民族文化，初中二年级后能熟练使用汉语文。

问：您曾长期在羊街乡担任乡长，您对该乡总体上有什么认识？
答：羊街乡是一个少数民族聚居的、相对落后的山区农业大乡，哈尼族人口占总人口的85%以上，劳动者受教育程度低，总体素质不高，市场化程度不高。羊街乡的主要资源优势为土地、水利、生态环境和民族文化。但目前产业发展还处于资源掠夺性的粗放型发展阶段，人地矛盾相对突出，产业发展与环境保护的矛盾日趋尖锐，民族文化发展正处于进退两难的尴尬境地。在今后的发展中必须坚定不移地贯彻科学发展观,走产业发展生态化、生态保护产业化的路子,对现存的民族文化资源加以适度的保护和发展,赋予其时代气息,激发生机与活力。

问:我们看到羊街乡哈尼语保留较好,您认为是什么原因?

答:迄今为止,羊街乡哈尼语保留得相对较好,我认为主要有四个方面的原因:一是从语言内部来分析,羊街乡的哈尼语方言、土语差别较小,方言、土语之间完全能够互相学习交流,且以操糯美土语的人口居多,便于统一规范;二是从周边的语言环境分析,羊街乡周边相邻的因远镇、那诺乡等,甚至延伸到红河县、墨江县的周边地区,均以哈尼族为主体,且方言、土语差别不大,便于交流;三,元江是哈尼族彝族傣族自治县,哈尼族人口占全县总人口的42%左右,哈尼族在该地社会发展史中具有特殊的地位,极容易增强民族自信心;四是羊街乡及其周边地区以保存哈尼族传统文化为优势,生产生活、宗教信仰和风俗习惯等自成一体,有别于其他民族,在很大程度上减缓了民族语言的融合与蜕变。

问:现代化进程对羊街乡的语言有什么冲击?

答:我认为现代化进程的加快对羊街乡的哈尼语产生了三个方面的冲击:一是现代化进程对哈尼族传统的社会结构、节日风俗、生活习惯等带来了较大的冲击,促使许多特殊场合使用的民族语言逐渐淡化和消失;二是现代化进程对哈尼族的传统思想观念带来冲击,随着信流和物流的加快,后辈的哈尼人逐渐失去使用本民族语言与外界交流和继承传统文化的信心;三是现代化进程对哈尼族学习使用民族语言的手段带来冲击,由于哈尼族没有传统的民族文字,许多现代化的学习手段无法使用,加之眼前利益的刺激,使许多极具价值但隐含于古老唱词中的古哈尼语逐渐消亡,语言不复完整。

问:羊街乡哈尼语不同辈分之间有什么变化?

答:羊街乡哈尼语不同辈分之间的变化显得层次分明,一旦不同年龄之间的人用哈尼语交流就显得尤为突出。一是50岁以上的哈尼族人基本能够熟练掌握和运用古歌唱词、祈福语之类的精深语言,讲述许多民族的神话、传说和民间故事等;二是35岁以上的哈尼族人还有少部分能够掌握和运用古歌唱词之类的语言,但有所淡化,绝大多数能够听懂上辈的唱词和祈福语,能讲述一些有限的祖先传说片断,但显得支离破碎,汉语借词等频频出现;三是35岁以下的哈尼族人仅限于使用生产生活中的常用语,对于古歌唱词、祈福语等精深的语言只是一种很模糊的印象,日常用语中汉语借词等语言成分明显增多;四是10岁以下的哈尼族孩子使用哈尼语,似乎只是与其他民族的一种区别特征,语言中的文化特征更显得微乎其微。

问:您对羊街乡今后语言的存在和发展是怎么看的?

答:羊街乡哈尼语的存在和发展还有一个较长的历史过程,但如果没有积极的应对措施,许多精深的语言将渐渐消失,语言中的民族文化特征日趋减少,逐步失去存在的意义,走向语言文化融合的结局。我认为应该采取积极的应对措施,保护和发展民族文化的多样性。

问:您认为该采取哪些可能的手段来保障羊街乡哈尼语的稳定使用?

答:为保障羊街乡哈尼语的稳定使用和发展,我认为应该采取三个方面的措施:一是充分发挥民族文化资源优势,积极推进文化旅游产业,以旅游发展为依托,打造民族文化产业发展平台,带动其他产业发展,逐渐显现民族文化的核心地位,增强民族自信心;二是将许多现代化的手段用于民族语言的学习、使用和发展,加大保护力度;三是在适度范围内学习、推广哈尼文,逐步培养一批能够熟练掌握并运用哈尼文的专业人员和乡土人才,加快对古歌唱词、家族谱系、民间传说、祈福语等精深语言的保护和发展。

问:羊街乡是一个以哈尼族为主的乡镇,彝族、拉祜族(苦聪人)所占比例极低,政府是如何处理三个民族之间的关系的?

答:哈尼族人口占羊街乡总人口的85%以上,但同时居住有少量的彝族、拉祜族(苦聪人)等少数民族,为妥善处理好各民族之间的关系,政府主要做好三个方面的工作:一是充分尊重彝族、拉祜族(苦聪人)等少数民族的信仰自由和风俗习惯,采取适度的倾斜政策扶持其发展,最大限度地缩短区域内各民族之间的发展差距,促进和谐发展;二是保障极少数民族的基层民主政治权利,合理安排各阶层的代表人物,充分体现大小民族之间的平等地位;三是促进各民族之间的民间交往,使其相互学习交流,求同存异,取长补短,建立共同的民族利益关系,增进团结和友谊。

(二)元江县羊街乡乡长龙来明访谈录

访谈对象:龙来明,男,42岁,哈尼族,大专学历,现任羊街乡乡长。

访谈时间:2008年1月7日。

访谈地点:羊街乡政府乡长办公室。

访谈人:常俊之、普亚强。

问:龙乡长,请您简单介绍一下羊街乡的基本情况。

答:羊街乡位于滇中南部哀牢山区,元江县东南部,乡政府驻地羊街村距县城46公里。位于北纬23°22′—23°31′,东经101°57′—102°8′之间,最高海拔2580米,最低海拔600米,呈立体气候,年平均气温18℃,年平均降雨量在1200毫米至2000毫米之间,东北与澧江镇接壤,南与那诺乡相连,西与因远镇隔清水河相望。

全乡土地总面积202.05平方公里,东西长17公里,南北宽13公里。耕地面积25348亩(其中田8268亩,地17080亩),人均耕地面积1.5亩。全乡辖6个村民委员会,54个村民小组,共有17804人。

粮食、烤烟、甘蔗、畜牧是我乡农民增收的重要来源。2007年人均有粮400公斤,每年均有粮食剩余。烤烟生产居元江十个乡镇第三位,2007年农民烤烟收入1840万元。甘蔗生产也是元江第三位,2007年农民甘蔗收入1200万元。畜牧业2007年收入1500万元。蔬菜是羊街乡农民增收的新亮点,2007年农民蔬菜种植收入超过1000万元。2007年农村经济收入达6400多万元,人均2200元。

羊街乡始终把科技和教育摆在经济和社会发展首位,2006年各种实用科技培训107期,受训人员15255人次。先后投资兴建了羊街乡中心小学教学楼、教师宿舍、学生宿舍等,并完成坝木小学扩建征地工作,羊街中学校园绿化也初具规模。

羊街乡积极进行新农村试点工作,投入15万元在党舵村委会7个村民小组兴建10个公厕、4个垃圾处理池、400米街道硬化;全乡共收到109台捐赠电视;村村通工程进一步推进,共有81%的农民参加新型农村合作医疗,看病难、看病贵得到进一步缓解;羊街到党舵、党舵到坡头的乡村公路弹石化工程正在进行中,人民生产生活条件进一步改善,新农村建设扎实推进。

问:请您介绍一下羊街乡的民族分布情况。

答:羊街乡主要居住着哈尼族、汉族、彝族、拉祜族(苦聪人)等民族。哈尼族分布在全乡6个村委会,是羊街乡的主要民族,占全乡总人口的86.3%;汉族主要在羊街村委会辖区,约占全乡人口的10.8%;彝族主要在朗支村委会下半山区,拉祜族(苦聪人)主要分布在党舵村委会的烧灰箐寨,彝族和拉祜族(苦聪人)约占全乡总人口的2.8%。

问:哈尼族是羊街乡的主体民族,哈尼语在全乡范围内使用的情况如何?

答:哈尼语在羊街的使用很普遍,就连汉族都有少部分人会讲哈尼话,多数人听得懂哈尼话,特别是羊街人民过哈尼年时,接待远方来客时讲的是哈尼话,喝的是哈尼酒,唱的是哈尼歌。

问:羊街乡哈尼族受教育情况如何?

答:羊街乡的哈尼族受教育达98%,大部分哈尼族都受过初等教育。近几年,也有不同层次的考取大中专院校的学生,他们是羊街的未来,更是羊街的希望。

问:羊街乡政府和老百姓是如何看待教育的?

答:羊街乡始终把科技和教育摆在经济和社会发展首位,认真贯彻落实"两基"、"两全"教育方针,努力改善办学条件,优化育人环境,投资230万元的羊街乡中心小学教学楼、教师宿舍、学生宿舍等主体工程,表明羊街乡党委政府对教育的高度重视。家庭也逐步打破传统观念,都希望子女能通过教育来改变命运,所以家庭对教育也十分关注,也关心自己子女的受教育问题。

问:龙乡长,您在本乡工作多年,感觉哈尼语在这几年有没有发生变化?

答:哈尼语在这几年来说还是有变化的,除了土生土长的哈尼人才能说流利的哈尼话,一般在外工作的哈尼族同胞的子女受环境的影响,或多或少已淡忘哈尼族语言。总的来说在羊街辖区的哈尼族人99%都懂哈尼语。

问:羊街乡外出打工人员多不多?他们回到家乡是否还讲哈尼语?

答:据2005年数据统计,全乡外出打工人员3009人,其中省外有1147人。随着经济、社会的发展和市场经济的带动,全乡外出打工人员已超过这个数。出外省打工的哈尼族人,回家都会讲哈尼语。

问:请您简单介绍个人情况。

答:我是本乡坝木寨人,1983年9月参加工作,先后担任过生产队会计、小学校长、乡党委副书记,从2004年1月至今一直担任羊街乡人民政府乡长。

问:龙乡长,您家庭内部不同成员之间一般使用什么语言交流?

答:家里有我和妻子,两个女儿,共四人,都是哈尼族。因两个女儿都在外念书,在家里用哈尼语和汉语进行"双语"交流。

问:您是否希望您的女儿学习哈尼语?

答:希望。因为本身自己是哈尼族人,更因为哈尼族有着悠久的历史,深厚的文化底蕴。

问:您认为羊街乡哈尼语是否需要保护?

答:需要保护。因为任何一种民族都有它悠久的民族传统文化和社会发展背景。

问:请您对羊街乡哈尼语的未来发展趋势作一下预测。

答:随着经济社会的迅猛发展,历史文化的变迁,羊街乡越来越多的哈尼族人走出大山,越来越多的哈尼人在外发展,同其他民族融合在一起。但居住在羊街乡祖祖辈辈的哈尼人,仍然会把哈尼语继续传播下去。

(三)羊街中学党支部书记王才保访谈录

访谈对象:王才保,男,37岁,哈尼族,大专学历,羊街中学党支部书记。

访谈时间:2007年12月28日。

访谈地点:羊街乡老生食馆。

访谈人:赵燕珍、白居舟。

问:王书记,您好,先请您介绍一下您个人的情况。

答:我叫王才保,哈尼族,今年37岁。1992年毕业于玉溪师专(现玉溪师范学院)中文系,1992年参加工作,开始在元江县青龙厂中学任教四年,1996年调到羊街中学任校长,2000年改任党支部书记。

问:请您介绍一下羊街中学的基本情况。

答:羊街中学不是完中,只有初中三个年级。每年招200多学生,全校登记在册的有700多学生,但因为中途流失的学生人数比较多,所以现在实际只有500多学生。

羊街中学的生源基本上都是羊街乡的,还有部分来自澧江镇。与羊街靠近的那诺乡的一些学生,因为方便也来这里上学。这里的学生85%是哈尼族,还有一部分汉族、彝族和拉祜族

(苦聪人)。其中汉族学生比彝族学生多,拉祜族(苦聪人)学生比较少。

从入学率看,过去我们分阶段普及九年制义务教育,先是普六,现在是普九。羊街乡小学毕业的学生,除了中途辍学的,凡是参加了考试的学生,都能被中学录取。

初中升高中比例就比较低了。我们这所中学每年初中毕业生大约有130人左右,升入高中的也就五六十个,升学率不到50%。升入高中的学生一般是到元江一中和元江民族中学这两所学校,还有部分学生会去读职业中学。一部分考不上高中的学生,家庭条件好一些的,也有自费去读中专的。

问:学生中途辍学的原因是什么?

答:经济原因是一方面,但不是主要原因。因为现在实行普九,教材费、学费全免,另外还有一种困难补助。像我们学校,伙食收费比较低,一个星期只收20块钱,每个月100块左右就可以维持了。一个学年也不过是1000块左右,这点收入对大多数家庭来说还是有保障的,供一两个初中生没有问题。所以因为家庭经济困难,读不起初中的情况是很少很少了。我觉得辍学的主要原因是厌学,百分之八九十辍学的学生都是因为不爱读书。

问:学生为什么有这样的厌学情绪呢?

答:主要是社会观念的影响吧。我们小时候,读书是唯一改变命运的途径,不但不厌学,还害怕犯错误被学校开除。当初拼命读书就想有个饭碗,有个稳定的工作。现在学校多起来了,入学的门槛也放低了,工作也就难找了。而且现在只是普九,读到高中、大学以后,家里遇到的经济困难也会越来越多。这几年乡里栽烤烟有点收入还好一点,花好几万块钱供一个大学生以前简直连想都不敢想。在这样的情况下,老一辈的观念里就有这个意识:"我好不容易供你读几年大学,供出一个大学生来就不了业,债都还不了,得不偿失啊。"我想这种意识是很大的根源。

问:那么家长对孩子辍学是什么态度?

答:有一部分是听之任之的。这跟本地区人的整体素质有一定关系。我们这个地方比较偏僻落后,有些家长自己都没有认识到读书的重要性,所以对孩子辍学也就没有特别重视。还有一部分家长虽想把孩子培养出来,但是自己的文化底子比较差,根本没有能力教育和帮助孩子克服学习中遇到的困难,连孩子一二年级的作业都辅导不了,他们解决不了实际问题,久而久之也就不闻不问了。

小学阶段辍学的情况就比较少。小的孩子,不去上学,父母管一下他就去了,而到了中学,孩子的逆反心理强了,老师、父母管都没用,时间长了以后,有的干脆就不读书了。父母、老师都没有办法。

问:那这些尚未读完初中就辍学的学生和没有继续升学的学生离开学校以后都干什么?

答:这些孩子一般都不会帮父母干什么活,就在家闲着,东转转西逛逛。这样的男孩比女孩多。女孩辍学或者毕业后基本上不会在本村,多数都外出打工去了。因为她们的就业条件比男同学要好,许多服务行业都招女工,她们出去都能找着活干,比如洗衣服、当保姆、到酒店洗碗筷等。出去打工的女孩都想嫁到外面去,所以这里的男青年找媳妇就有困难,只能到更穷的地方去找。

问:那么在初中阶段哈尼族学生的汉语水平怎样呢?

答:一般日常交流的汉语都会,只不过书面表达水平不太高。写文章时,经常语言不通顺,表达不清楚。这是因为哈尼语和汉语差别大,有的语序完全相反,比如我们说"吃饭",汉语是动词在前名词在后,哈尼语却是名词在前动词在后,所以哈尼族学生在使用汉语时也容易说成"饭吃",初中的孩子虽然不会犯这样的错误,但是句子不通顺,重复的错误比较多。

问:这种语言上的障碍有没有影响其他科目的学习?

答:这肯定会有影响。我们上语文课的老师在这方面都比较头疼,想把这个地方的语文成绩搞上去很困难。语文成绩上不去,其他科目也难上去,因为语文既是思维交流的工具又是理解其他科目的基础。

问:据您了解,在升入初中之前,也就是小学阶段,学校有没有对哈尼族学生实行过双语教学?

答:在一些比较偏远的学校是不能没有双语教学的。像原来的党舵小学就派懂哈尼语的老师去上课,在小学低段适当使用双语教学,让学生逐步适应,到小学高段就全部采用汉语教学了。现在小学为了集中办学方便,教学都搞撤并,把那些零散的学校合并为一校。原来的党舵小学就撤并到羊街乡中心小学,一入学就全部是汉语教学,不再用哈尼语辅助教学了。

问:你们从小学阶段就重视汉语教学,但是到了初中阶段学生的汉语水平还不是很好,您觉得主要原因是什么?

答:我想是语言大环境的问题。这一点其他少数民族也一样,甚至是汉族也会有这样的问题,使用汉语方言肯定会影响汉语普通话的使用。在我们这里,哈尼族在家庭、社会的广泛交际中普遍使用的都是哈尼语,这种大环境不改变的话,就不可能排除语言干扰。即便是在学校里,课堂上老师用汉语教学,但是在课下,哈尼族学生之间互相交流、讨论作业、一起玩耍都使用哈尼语。所以,在这里,哈尼语的使用对汉语学习的干扰很长时间内都会存在。

问:那您觉得在小学阶段进行双语教学对哈尼族学生克服语言障碍有没有帮助?

答:我没教过小学,双语教学具体情况我不懂。但是我想,双语教学是个无可奈何的举措,是没有办法的办法。因为既然你上学了,就应该学教学主要用的汉语。哈尼语可以在家里跟父母爷爷奶奶学,而汉语,真要学好,就只有严格按照汉语教学的程序来学习,从字、词、句逐步来打牢汉语文的基础。

问:和过去相比,羊街乡哈尼族使用汉语有什么变化吗?

答:当然有了。比如二三十年前,我们的父母辈多数不懂汉语,所以我们刚上学的时候大多数哈尼族孩子都不会讲汉语,学汉语是在进了学校以后才开始的。那个时候,在小学低年级(也就是一、二年级)老师还得或多或少地用哈尼语来辅助教学。但是现在,除了七八十岁的老人以外,都会汉语了,连五六十岁的老人都能听懂日常的汉语了。一点汉语都不会说的,只是一些生活在偏僻地区、常年不出门的农村妇女。随着通讯、交通等方面的发展,听不懂和不会讲汉语的哈尼人会越来越少。

问:和过去相比,哈尼语又有什么变化呢?

答:跟各个民族的语言一样,哈尼语也是随着社会的发展而发展变化的。古典的哈尼语(哈尼古歌)变化不大,但是日常用语变化很明显。一些新的名词、新的东西就只能用汉语了。所以哈尼语中夹杂着好多汉语,这些夹杂的汉语汉族人都听得出来,或者猜得出来。

问:您家里使用哈尼语吗?

答:是的,我爱人是元江纤维板厂的职工,也是哈尼族,也会说哈尼语。我们之间平时交流都用哈尼话,所以孩子也会讲哈尼话。孩子现在澧江一小读四年级,是奶奶带大的,平时跟奶奶也说哈尼话。

问:那你们教孩子汉语吗?

答:不存在教不教的问题,家里来客人了,如果不是哈尼族,就会说汉话,平时就说哈尼话,不会有意识地去教汉话。不过孩子在元江上过幼儿园,幼儿园教汉语,所以上学前汉语也会的。

问:您认为哈尼族掌握哈尼语是否重要?

答:特别重要,我本人也是哈尼族,不说民族自豪感,也应该尊重自己民族的历史,尊重自己民族的文化。哈尼语不是一种抽象的语言,里面有很多做人的道理,那里面有很多我们民族文化的精华,有一些很深厚的内容。我认为是哈尼人就应该先学会哈尼话,有的哈尼族家庭,从小父母就没有教孩子哈尼话,等孩子长大了,不会用哈尼话和本民族同胞交流,那是一种很大的遗憾。

问:那您觉得哈尼族学习汉语重要吗?

答:不到外面去就意识不到学汉语的重要,从生到死在几个村子里转圈就不觉得汉语重要。但是,如果到外面去,谋个什么职业,或做什么生意,汉语就很重要了。看各自的情况吧。

问:要是哈尼族全部成为哈尼语—汉语双语人您觉得怎么样?

答:我觉得这是好事情。但是所有哈尼人都成为双语人是不可能的,大部分年轻人是可能的。

问:您觉得哈尼语的前途怎么样?

答:我想只要有大面积的哈尼族聚居区,哈尼语是不会消失的。因为在这样的哈尼族聚居地区,平时的衣食住行都与哈尼语密不可分,不掌握哈尼语就没有办法在这个地方生活。虽然随着社会的发展,大量涌入的外来词可能会给哈尼语造成一些冲击,使哈尼语发生一些变化,但是有些东西是没有办法代替的。老一辈传下来的日常使用的哈尼语是不会被代替的,哈尼语的主流仍然会保持。因为哈尼语是很有包容性的,外来词只会被本族语接纳、包容,而且哈尼语本身也会向前发展,哈尼语有很多古歌,还有一些含蓄的语言。哈尼语本身是有很多发展空间的。另外,据我所知,一些团体和个人也在做一些哈尼语的保护和传承的工作,比如推行哈尼文,哈尼语广播、电视等,所以我认为哈尼语不会、也不能被别的语言取代。

（四）羊街乡中心小学校长李佳圣访谈录

访谈对象：李佳圣，男，41岁，彝族，中专学历，羊街乡中心小学校长。
访谈时间：2007年12月29日。
访谈地点：羊街乡中心小学。
访谈人：赵燕珍、白居舟。

问：李校长，能不能请您介绍一下您的个人情况？
答：我叫李佳圣，是洼底乡的彝族，今年41岁。1986年从玉溪师范学校毕业以后就到羊街乡朗支小学工作。1990年9月调到坝木小学任教导主任。1992年到1994年任校长。1994年9月调到羊街乡中心小学。1996年9月至今任羊街乡中心小学校长。

问：能不能请您介绍一下羊街乡小学的情况？
答：羊街乡有6个村完小，17个村小，73个教学班，在校学生有2027人，入学率达99.5%。学前班有4个，在校幼儿112人，非正规学前幼儿班5个。为了方便教学、集中办学，2007年小学实行撤并。原来我们中心小学只有90多个住校生，现在撤并后就有640个学生，住校生近600个。羊街村是以汉族为主，所以撤并前的学生里，汉族占多数，撤并后哈尼族学生多了，占了90%，汉族成了"少数民族"了。

问：羊街乡哪些村小办了学前教育呢？
答：除了羊街乡政府所在的羊街乡中心小学外，戈垤小学、坝木小学也有学前教育。

问：羊街乡的学前教育阶段是用什么语言进行教学的呢？
答：羊街乡政府所在的羊街村委会有许多汉族，所以中心小学的学前教育只用汉语教学。戈垤、坝木那些哈尼族学生比较多的学校偶尔会用哈尼语辅助教学，但主要还是用汉语。

问：那哈尼族学生经过学前教育后能克服语言障碍吗？
答：完全克服是不行，部分克服是有的。

问：为什么没有在小学阶段搞双语教学呢？
答：在学前教育阶段需要用哈尼语辅助教学。但是在全日制小学阶段已经不实行双语教学了，虽然汉族老师刚开始教时语言障碍大，感觉相当吃力，但是教到二三年级时，语言障碍就基本过了，学生的汉语水平也得到很大提高。以前我们有35个校点实行过双语教学，让懂哈尼语的老师来教以哈尼族为主的学生，但教下来的效果没有汉族老师教得好，这是多年的教学经验得出的结果。所以我还是提倡汉族老师来教哈尼族学生。

问：您在羊街乡工作这么长时间会不会说哈尼语？
答：哈尼语我也会一点的。以前为了教学方便刻意跟哈尼族学过。但是一般不说，听倒是能听懂一些。我本人是彝族,在家里跟父母都说彝语,我妻子是白族,我们在家里说汉语,孩子现在也只会说汉语了。

问:您觉得对哈尼语有没有必要采取一些措施保护和传承呢?

答:当然了,保护是有必要的,这对考古和科学研究都会有价值。

(五)羊街乡中心小学教师访谈录

访谈对象:杨建萍(女,27岁,苗族,元江农场人,1999年7月毕业于玉溪师范学校,1999—2003年执教于羊街乡党舵小学,2003—2007年在朗支小学任教,2007年下半年调到羊街乡中心小学任教)、涂永丽(女,32岁,羊街乡羊街村汉族,1995年毕业于玉溪师范学校,之后一直在羊街乡中心小学从事3—6岁儿童的学前教育工作,2007年开始教一年级)、王琼芬(女,40岁,东峨镇卡塔村哈尼族,1984年毕业于玉溪师范学校后一直从事小学教育,2003年调到羊街乡中心小学,现教小学一年级)、杨艳(女,25岁,羊街乡汉族,2000年毕业于玉溪师范学校,之后一直在羊街乡中心小学任教,现教小学六年级)。

访谈时间:2007年12月29日。

访谈地点:羊街乡中心小学。

访谈人:赵燕珍、白居舟。

问:经过学前教育的哈尼族学生进入一年级以后说汉语有没有问题?

王琼芬:上过学前班的就好一些,从偏远的哈尼族村子来的那些没有上过学前班的学生,老师说的话他们都听不懂。坝行那边的村子,很多家里都有电视机,经常看动画片的那些同学,汉语水平就好一些,即使不会用汉语表达,他们也能听懂老师的话。党舵那边的一些同学,家里没电视机的,不仅不会说,连听都听不懂汉语。

涂永丽:这里(羊街村委会)的学前教育设了两个班,一个中班,一个大班,经过两年的学前教育之后,哈尼族学生说汉语基本没有问题,但是那些从党舵过来的,没有经过学前教育,直接上一年级的学生,刚入学时说汉语就特别困难。不过,现在一个学期过去了变化倒是挺大的。刚来的时候,我们和他们沟通都带一个懂哈尼语的老师来解释。

问:你们上课的时候要带哈尼族老师做翻译吗?

涂永丽:不是的,在课堂上我们是直接用汉语来教学的。我们用普通话讲,学生能听懂就听,听不懂的,老师就做个别辅导,慢慢地学生也就适应了。只是在平常生活中,学生提了什么需要,而我们又听不懂,就让哈尼族老师来翻译一下。

问:你们学校的广播用不用哈尼语通知一些生活上的事情?

王琼芬:不会,我们都是用汉语,基本上学生都能听懂吧,年纪太小听不懂的他们自己会相互问的。

问：那么不会说汉语的学生和会说汉语的学生相比，学习成绩是不是有差距呢？

王琼芬：差距太大了，没有上过学前班的同学不用说是写汉语，连用汉语说都说不清楚，能够听懂老师的话也是了不起的了。其他地方的孩子上过幼儿园，没有幼儿园也是读过学前班的。这边的孩子一来就上一年级，听都听不懂，一下子教他那么多的知识，学生根本就接受不了。

涂永丽：我们班这学期分到的学生中有11个上过学前班，其中有8个是优生。其他班级也是这样。当然没上过学前班的有些比较聪明的孩子也能学好，第一个月可能跟不上，第二三个月可能就跟上来了。

问：学生学习成绩的差异除了语言障碍以外，还有没有别的原因？

涂永丽：学习态度也是一方面，但是我看主要还是语言障碍的原因。

杨艳：我觉得还有家庭因素。在这里老师教的是一样的，但是回到家以后家长教的就不一样了。家长教的多一些，学生的成绩也就好一些，但是一些哈尼族家长自己都不识字，也不能教自己的孩子。

问：从偏远地方来的小学生会不会因为听不懂而厌学呢？

杨建萍：这种情况还是有的。刚刚来到一所新的学校，面对那么多陌生的同学，又听不懂老师的话，学生会非常着急，有的就会跑回去，然后家长又把他送回来。慢慢地，通过谈心、请同学翻译、多关心他等方法，他就能逐渐适应新环境了。

问：用纯汉语教学学生遇到那么多困难，又为什么不在小学阶段搞双语教学呢？

涂永丽：老师要了解学生就必须跟他沟通，刚开始时学生听不懂汉语，你可以用动作来教他。双语教学就很麻烦，需要很多懂双语的老师，本地懂双语的老师又少。即便是有这样的老师也是不可能实行的，因为我们这里不光有哈尼族学生，还有汉族和其他民族的学生，所以只好用汉语普通话来统一教学了。

王琼芬：另外，我觉得如果再实行双语教学的话，学生适应的时间可能更长。把哈尼族孩子和汉族孩子以及其他民族的孩子混在一起教有好处。比如教语文课本上的插图，你一问，汉族学生马上就能用汉语回答，哈尼族学生跟着就记住了，这就是最大的好处。这样他们就没有依赖母语的思想，这比兼用哈尼语进行的双语教学效果要好得多。

杨建萍：如果让懂哈尼语的老师来教，学生跟哈尼族老师都说哈尼语。在课堂上也经常使用哈尼语的话，学生就会受到更大的语言限制，适应的时间就更长。

杨艳：党舵那边过来的一些学生，在低年级阶段，老师用哈尼语和汉语方言及普通话一起教，结果到六年级了，这些学生说汉语的发音还是很别扭。

问：党舵那边也是汉语教学，为什么有这样的差别呢？

涂永丽：因为他们几乎全部都是哈尼族，有一部分拉祜族（苦聪人），但拉祜族（苦聪人）也讲哈尼话，他们都是讲哈尼话的学生，所以平时也都用哈尼话交流。

问:大概需要多长时间学生才能适应这种纯汉语教学呢?

杨建萍:我认为学生用一年就基本可以适应了。我在朗支也教过一年级,全班26个同学只有一个汉族学生,其他都是哈尼族学生,刚来的时候能够用汉语从一数到十的哈尼族学生只有三四个,他们的父母带孩子来上学,我用汉语问他们叫什么名字他们都听不懂。经过一学期的纯汉语教学之后,他们在课下一起玩时都能用汉语交谈了,到第二个学期时,他们就能用汉语说出相对完整的句子了。

涂永丽:我觉得在哈尼族学生多的学校和班级,孩子要听得懂并且能用熟练的汉语表达,需要的时间就更长了。现在有的学生到三四年级还不能用熟练的汉语表达,只是能听懂。

问:那汉族学生和哈尼族学生在课下一起玩的时候是怎样交流的呢?

涂永丽:还是用汉语。比如汉族学生让哈尼族同学把橡皮筋拉开,汉族学生一边比动作一边用汉语说,这样多比几次动作,多说几次,相互间的交流障碍就消除了。内向的同学汉语学得相对慢一些,性格外向一些的学生汉语学得非常快。

杨建萍:对。环境在迫使人适应语言的变化。汉族同学说什么他们就跟着学,经过一学期的学习,多数同学都能从听不懂汉语过渡到能适应汉语教学了。汉族学生和哈尼族学生在课下一起玩耍,相互交流,在这个过程中哈尼族同学也学到了一些汉语,不完全是靠老师在课堂上教。

问:老师们有没有在课堂上要求学生们使用什么语言,不使用什么语言?

涂永丽:嗯,我倒是做过这样的要求。有时候个别同学在课堂上用哈尼语讨论,我就说上课时间不能用哈尼语,如果不能讲普通话就用汉语方言来说。每次在课堂上看到哈尼族同学用哈尼语交谈,我都鼓励他们多用汉语交谈,这样慢慢地就适应了。

问:小学高年级阶段,哈尼族学生的汉语书面表达能力怎么样呢?

杨建萍:跟汉族同学比总体上可能逊色一些,但是也有个别学得比较好的。

杨艳:差别很大,我现在教的是六年级语文,刚合并下来的党舵学生跟羊街的学生相比表达能力就差别很大,甚至上面下来的那些优生,写作能力都很差。

涂永丽:我认为是这样,如果并进来的是一年级的话,对孩子就特别好。如果到六年级才并进来的话,合并时间太短了,各方面的能力就得不到提高。我们这些一年级就并入,跟汉族学生一起学习的哈尼族学生,到了二三年级,他们的写作水平肯定比现在五六年级才过来的哈尼族学生要好。现在一年级学生一个学期以后就有转变了,说汉语时胆子大了。

问:那对不懂汉语的学生怎么教相对抽象的数学呢?

涂永丽:我做了很多教具,用实物来教学。比如我要教他们一加二,就拿一个苹果加上两个梨,他就认识三个水果了。大部分时候我也用简笔画,教他们看图数数。要是不用教具的话就会非常困难了。我想高段的老师在数学教学中可能会遇到更多的问题吧。

杨艳:学生的语言能力也是逐步上升的,到了高年级后,他们在语言上也慢慢通了,理解上也就加深了,理解起抽象的东西来也就容易一些了。

问：哈尼族学生之间有用汉语交流的情况吗？

涂永丽：有的，但是比较少。一些简单的句子，不需要很长时间去组织语言表达的时候，就用汉语讲。不过他们现在才一年级，在遇到用汉语说不出来的时候马上就会用哈尼语。

杨艳：只要有一个汉族同学在，他们就用汉语交流。如果没有汉族同学，他们就用哈尼语交流。

问：会不会有汉族同学跟哈尼族同学主动用哈尼语交流的情况呢？

杨艳：在闹着玩的时候偶尔会有。

问：在哈尼族家庭里有没有家长主动教自己的孩子说汉语的情况？

杨建萍：没有。许多哈尼族学生的家长自己都不会说汉语。特别是妇女，她们的社交范围太窄，长期在本族村，很少与外界接触，你跟她说汉话，她只会用哈尼话来回答。男的相对要好一些，会讲汉语的多一些。这些家长当然就不会教孩子说汉语了。

涂永丽：另外，我想可能有民族感情在里面，觉得我本来就是哈尼族，我就应该教孩子哈尼话，否则就是不认祖宗了。

（六）羊街乡文化站站长倪伟顺访谈录

访谈对象：倪伟顺，男，51岁，哈尼族，垤霞村委会尼果上寨村民，现为羊街乡文化站站长，玉溪师范学院客座教授。

访谈时间：2007年12月29日。

访谈地点：羊街乡老生食馆。

访谈人：赵敏、朱茂云。

问：倪站长，请您简单介绍一下哈尼族的历史和文化情况。

答：哈尼族的历史比较早。羊街乡的哈尼族有两个支系，糯比和糯美。两个支系的语言基本相同，只是生活习俗稍有不同。1988年，糯美支系的哈尼族山寨出土了战国时期的编钟。在哈尼山寨出土的这种早期乐器表明：这里很早以前就是人类生息繁衍的地方。另一支系是糯比。距离乡政府约10公里的垤霞寨就是一个糯比支系哈尼族的聚居寨。据说，红河垤玛的哈尼族打猎来到垤霞，见这里山清水秀，是个繁衍后代的好地方，便劝儿子在这里安家，父亲则顺原路返回。儿子在这里定居下来后，便以他的名字为寨命名，垤霞寨的哈尼族不断发展壮大，形成了如今羊街乡庞大的哈尼族糯比支系。哈尼族文化历史悠久，有古老的梯田稻作文化，终年不断的民俗节日，丰富多彩的民歌民谣等等。这些文化很丰富，但其挖掘和保护还不够。哈尼族的文化还要靠年轻人传承下去。

问：倪站长，您给我们谈谈羊街乡哈尼语的使用情况吧。

答:哈尼族是羊街乡的主要民族,哈尼语在羊街乡的使用范围也很广。比如在乡政府部门工作的大部分干部都是哈尼族,包括乡长和书记。在羊街乡,哈尼族干部占了85%到90%。会议如果没有其他民族干部出席,都用哈尼语。其他单位,比如卫生院,很多医生是哈尼族,日常用语是哈尼语,汉族医生也能听懂哈尼语。在全乡,哈尼族人使用哈尼语,部分汉族、彝族和拉祜族(苦聪人)也会使用哈尼语。可以说哈尼语在羊街乡被普遍使用。

问:您觉得哈尼语对哈尼族文化有什么作用?

答:哈尼语在保护哈尼文化方面的作用很大。比如说哈尼族的很多古歌是用哈尼语口传的,用其他语言就不能原汁原味地表达,哈尼歌谣中有很多很美的或者有典故的词,没有办法用其他语言翻译,包括一些生产生活的谚语也不能用汉语准确译出。哈尼族还有很多古规和节日都使用特定的哈尼语。比如哈尼族"叫魂"仪式中的经文只能用哈尼语来念。哈尼族山寨还有很多特产,这些东西在汉族地方是没有的,它们只有哈尼语的名字,比如一些哈尼族草药。另外,哈尼族婉约动听的"爱情调子"(情歌)更是只能用哈尼语才能唱出特有的韵味。

问:政府部门在保护哈尼文化和哈尼语方面采取了哪些措施?

答:为了保护哈尼族文化,政府拨出专款支持哈尼文化的保护。作为文化站的工作者,我每年有1000元的业务费。我们把哈尼歌谣刻成VCD,配上汉语和哈尼语两种文字的歌词出版;我们组织哈尼语的歌舞演出,让老百姓对哈尼族文化耳濡目染。很多哈尼族的歌曲,例如敬酒歌,在羊街乡以及更远的哈尼族山寨广泛流传。文化工作者发掘整理的哈尼族传统作品,都由政府赞助出版。政府每年拨出专门的资金,帮助哈尼族欢度传统节日。政府还协助文化部门搜集哈尼族的古歌和民谣,培养哈尼族的歌手。

问:哈尼族对自己的母语有什么样的感情?

答:哈尼族对自己的母语感情很深,从小到大都喜欢用自己的母语。一些走出大山到外工作的哈尼族人往家打电话时,仍然满口哈尼话。因为外出打工或求学等原因,长期在外的哈尼族如果回家后不说哈尼话就会受到其他哈尼族的指责。我们乡曾出现过这样的情况:一个在外当兵多年的哈尼族小伙子回家后不说哈尼语,他母亲当时就哭了。哈尼人认为不说哈尼语的哈尼人是出卖祖宗,大家会连饭都不做给他吃的。很多哈尼族聚居的村寨里,办红白喜事都离不开哈尼语,有的还要专门请"摩批"念经。我们哈尼族离不开哈尼语。

问:您认为哈尼语很有用吗?

答:对。至少在羊街乡哈尼语很有用。我们日常生活中处处、时时都会用到哈尼语。比如在一些哈尼族聚居的村寨,60岁以上的老人,40到50岁左右的妇女都听不懂汉语。宣传上级的政策也需要使用到哈尼语。

问:请您对哈尼语今后的发展做个预测吧。

答:我觉得哈尼语将来还是不会变。就好像哈尼族的"十月年"等节日一样,传了几十代都不会变。我们国家是一个农业大国,农村人口众多,我们这些农村都要使用自己的语言。日常生活中用这些语言更亲切,更方便。我对哈尼语今后的发展不担心。

问：您觉得过去的哈尼语和现在的哈尼语有什么不同？

答：我认为过去的哈尼语和现在的哈尼语是一样的。如果一定要说不同，那是会说哈尼语经文的人少了，会唱哈尼语古歌古调的人少了。哈尼族的"摩批"只把经文传给他的后代，不能传给外人，这限制了哈尼语经文的流传。但用于日常交流的哈尼语一点没变。

问：您先教您的孩子哈尼语还是汉语？

答：我先教三个孩子学哈尼语。其实也不用教，因为全村都是哈尼族，孩子们和同伴玩的时候就学会了哈尼语。汉语是孩子们在上学时才完全学会的。现在，我的两个女儿都在外地打工，一个在昆明，一个在大连。但她们回到家或者往家里打电话时都是说哈尼语。

问：羊街乡的外族人掌握哈尼语的情况如何？

答：地方的外族人，掌握哈尼语的情况不一样。嫁入哈尼族寨子的外族人，大多被哈尼族同化了。即使不说，听懂哈尼语是没有问题的。乡政府周围的外族人，特别是汉族，大多不会专门去学哈尼语，但经过和哈尼族长时间的接触后，也学会了听最基础的日常用语。应该说，在羊街乡，一句哈尼语都听不懂的人不多。

问：您能和我们谈谈哈尼族青少年掌握母语的情况吗？

答：哈尼族青少年普遍能较好掌握母语。在日常用语方面，青少年和老年人说的哈尼语基本一致，没有差别。青少年不会说古老的哈尼语故事，唱哈尼语歌谣，更不用说掌握哈尼语经文了，但听懂这些是没有问题的。即使外出打工的年轻人，回到家后，与家里老人用哈尼语交流也没有困难。现在有些哈尼族年轻人张口闭口汉语，并不是因为母语说得不好，而是要赶时髦。

（七）羊街乡刘跃云访谈录

访谈对象：刘跃云，男，32岁，汉族，初中学历，羊街乡羊街村委会三社村民（妻子是哈尼族）。

访谈时间：2008年1月2日。

访谈地点：羊街乡老生食馆。

访谈人：赵敏、朱茂云。

问：您能简单介绍一下您自己吗？

答：我是羊街乡羊街村委会人，汉族，今年32岁，初中学历。我已经结婚三年多了，媳妇是哈尼族。我有两个孩子，家里共有八口人，包括我的父母亲、我的弟弟和妹妹。我八年前就开始做生意了，以前卖过蔬菜、水果、猪肉，也开过录像厅。现在在家里种甘蔗，也帮我媳妇做点小生意。我媳妇平时在街上卖豆腐，赶集天做点米线卖。

问：您的哈尼语熟练程度如何？一般在什么情况下说哈尼语？

答：我是汉族，大多数时候我说汉语。我大概会说30%左右的哈尼语，能听懂60%左右。我媳妇虽然是哈尼族，但平时我们之间说话用汉语。我媳妇那边的一些亲戚听不懂汉语，他们来的时候，我就会和他们说哈尼语。我去岳父、岳母居住的哈尼族村寨时，也和那里的人说哈尼语。平时因为做生意的缘故，我常会到哈尼族村寨去买东西，那个时候我也会用哈尼语和哈尼族人沟通。

问：您觉得现在的哈尼语和以前的哈尼语相比有什么变化？

答：以前的哈尼语里原汁原味的东西多一些，现在有一部分他们不说了，总体感觉现在的哈尼语好像少了一些老的词或说法。哈尼族对长辈的称呼也有些改变，有很多用汉语来代替了。现在新出现的很多东西，比如飞机、汽车、味精都是用汉语说的，所以现在三句哈尼语里掺一句半汉语。相比较而言，老人说的哈尼语更丰富，年轻人说的哈尼语比较平淡。另外，哈尼族内部说汉语的人越来越多了，因为通婚等，有些哈尼族家庭内多了好几个说汉语的人。

问：您认为哈尼语对人们的日常生活有什么作用？

答：现在我们这地方，不管是做生意还是在单位里工作，能说哈尼语肯定要好办事。比如不会说哈尼语的老师去村子里家访，和老乡搭不上话，老乡就不会出来赶走自家的狗，老师很可能会被狗咬伤。政府干部到村寨里去调解纠纷，如果不懂一点儿哈尼语，根本没法调解清楚。我认识的一个朋友在变电站工作，他负责去村寨里收电费，他就遇到过这样的情况。农村里在家的很多是小孩和老人，他们的汉语都很差，只能用哈尼语沟通。过去，我的朋友不会说哈尼话，电费收不起来。有时因为要等着会说汉语的户主回来，一等就是一天，时间白白浪费了。后来，他学会了一些哈尼话，提高了工作的效率，一个村子的电费很快就收齐了。类似的经历我也有，有一次，我去哈尼族寨子收豆子，同样的收购价，因为我会说哈尼语，就比别人收得多。还有一次我去哈尼族寨子买猪，我出的价格和别人一样，但卖猪的哈尼族一听我会说哈尼语，就把猪卖给了我。去哈尼族山寨常会不小心迷路，如果你用汉语向哈尼族问路，他们可能都不会搭理。如果换成用哈尼语问，他们会很耐心地给你指路，甚至亲自带你去你要去的地方。

问：您周围主动学习哈尼语的汉族多吗？

答：多，为做生意而学习的有，为工作方便而学习的也有。我认识的李师傅就是其中的一个。他是单位里的工作人员，现在他会说80%的哈尼语，他学哈尼语是为了能更好地和哈尼族群众沟通，提高工作效率，也是为了帮助他媳妇卖干菜，他媳妇是做干菜生意的。

问：来赶集的人主要使用汉语还是哈尼语？

答：两种语言都用，但用哈尼语的明显更多。来赶集的哈尼族人很多，有的背自家田里的菜来卖，有的来买生活用品、食品等等。集市上的很多人都会说哈尼语。在市场里卖豆腐的人很多，我媳妇也是。她的豆腐质量和别人的一样，但因为会说哈尼语，就比别人卖得多，别人只能卖出一板豆腐，她就能卖出两板。

问：您先教您的孩子什么语言？您觉得教孩子学哈尼语重要吗？

答：我先教孩子说汉语，但我的孩子很小也学会了说哈尼语。孩子学习语言的能力比较强，经常和他妈妈回到外公外婆家玩，自然就学会了哈尼语，现在有时候说汉语还夹杂哈尼语。如果我的孩子要一直生活在羊街，那哈尼语对他就很重要，他必须学会说哈尼语。但如果有一天我们全家搬到外地，或者他今后都不在羊街生活了，那他就不一定要学哈尼语，因为用到的机会太少了。

问：在羊街乡不会说汉语的人多不多？

答：哈尼族寨子里多，都是上了年纪的老人。我媳妇的外婆和奶奶都还健在，她们都不会说，也不会听汉语。平时看电视的时候，她们也听不懂，但能看懂故事情节，她们的大脑还是比较活跃的。

问：哈尼族在什么时候说汉语？

答：有些哈尼族和汉族一起劳动的时候，去赶集的时候，逢年过节的时候。当他们到汉族地方去的时候也会说汉语，遇到我们这些汉族的时候也和我们说汉语。

问：您做生意时遇到的汉族多，还是哈尼族多？

答：我的顾客中哈尼族多，约占80%。他们很多都是老顾客，因为会说哈尼语，我们都很亲近，像朋友。平时不带钱或带的钱不够时，我也会赊账给他们。过一段日子他们不仅会来销账，还会带来一些其他的哈尼族顾客。相反，在羊街乡做生意的汉族要比哈尼族多，因为对市场更了解，对外面的进货渠道更熟悉。这里的人常说："哈尼族人卖得三分不够吃，汉族人卖得两分吃不完。"（注：因进价成本有差别，实际利益也不同）

问：您觉得，哈尼语在羊街乡保留得好吗？

答：我觉得保留得还可以。80%的哈尼语是很好地保留了，当然20年以前的哈尼语比现在的更纯。现在，哈尼族与汉族通婚的越来越多，哈尼族与外界接触的也越来越多，少部分哈尼族的哈尼语变成一半哈尼语一半汉语了。

问：您接触的哈尼族都希望保留自己的语言吗？

答：希望。甚至80%的哈尼族希望有自己的文字，更好地保留自己的语言。他们很想保留传统的哈尼族文化。他们都觉得哈尼族就应该说哈尼语。

问：杂居区使用的哈尼语和聚居区使用的哈尼语有什么不同？

答：哈尼族聚居村寨里说的哈尼语比较丰富，杂居地的哈尼族说的哈尼语则一半是哈尼语，一半是汉语。

问：您觉得，哈尼族使用汉语的人越来越多的原因是什么？

答：可能还是由于接触多的原因吧。以前哈尼族妇女没有出来做生意的，但现在有很多。赶集天，很多哈尼族妇女来卖农产品或做点小生意，这在很大程度上提高了她们的汉语水平。以前哈尼族地方重男轻女，经济也困难，所以哈尼族女子都不能到学校学习，现在越来越多的哈尼族女子可以到学校学习，汉语说得比男孩子还好。过去外出打工的人很少，现在打工的人多了,他们不仅学会了汉语,也把汉语传到了哈尼族寨子。如今全国上下都使用汉语,哈尼族也跟着时代走,使用汉语的哈尼族越来越多,汉语水平也越来越高了。

(八)元江县商务局白云访谈录

访谈对象:白云,女,44岁,傣族,元江县商务局干部。
访谈时间:2008年1月8日。
访谈地点:羊街乡老生食馆。
访谈人:赵燕珍、季红丽。

问:白老师,您好!能不能请您介绍一下您个人的情况?
答:好的。我叫白云,是元江县土生土长的傣族。1981年参加工作,做了11年的中学老师,1992年开始在元江县外事旅游侨台政府办工作,1997年调到元江县商务局工作,一直到现在。因为对元江各民族的历史文化比较感兴趣,所以一直以来都比较关注这方面的东西。

问:元江是一个多民族自治县,能不能请您介绍一下元江各民族之间的关系?
答:从历史上来看,元江地处交通要道,县城距云南省会昆明262公里,有古滇南雄镇之称,曾经是繁华的码头,热闹的埠头。傣族土司在这里执政十七代,历时278年。虽然说土司府是傣族,但是傣族文化中其实也都或多或少地包含了哈尼族文化、彝族文化及汉族文化的成分。同时,哈尼族文化里也有傣族、彝族文化的因子;彝族文化里也有哈尼族、傣族文化的影响。所以多元文化特征在元江非常突出,元江各个民族的文化都不是单一的,而是多元的。长期以来,元江各民族共同开发了这块热土,各民族你中有我,我中有你,团结和谐。

新中国成立后,尤其是改革开放以来,元江县历届党委政府结合元江实际,带领全县各族人民走出了一条适合元江发展的山坝结合的路子,即"山顶蓄水,山腰发电,山脚灌溉",山坝结合,易地脱贫。这也是民族和谐的表现之一,事实证明这是一条和谐发展的路子。

问:那从古至今,元江各个民族之间的相互往来包括哪些具体方面呢?
答:从婚姻关系来看,过去各民族相对保持比较纯的血缘,很少与外族通婚。但是也有一部分族际婚。比如,住在坝区的傣族就与住在山腰的哈尼族结过"牛亲家"。傣族将田地犁耙过后,把耕牛赶到山上吃草,让哈尼族朋友帮忙放养,年复一年,交往密切,感情也亲近了,有的因此而相互通婚,成为了"牛亲家",经济文化都得到了交流。改革开放以后,各民族活动空间扩大了,交流也更频繁,族际婚姻也随之增多了。比如我家就是傣族、彝族、哈尼族、汉族组成的大家庭。

再比如贸易方面,当时的普漂一带是个繁华的渡口,直通因远马帮古驿道,白族经常赶着马帮来普漂交易槟榔。当时元江这条河水还可以作航运,造船用木板必须是哈尼族地方的水冬瓜木。因为水冬瓜木木质轻巧,浮力较强,不容易下沉,而且经水浸泡后衔接更好,不会漏水,用它制造的木船可以承载若干吨货物,所以是当时制作原始木船最好的木料。由此可见,从古至今,元江的各个民族之间都有经济、文化等各方面的往来和交流。

问:那么在过去汉语不是很普及的年代,元江的各民族是怎样相互交流的?

答:过去,汉语还没有普及的时候,各民族为了方便交流,都相互学习对方的语言,比如我父亲就会讲哈尼语和彝语,而与傣族靠近的哈尼族和彝族会讲傣语的也很多。

问:各民族语言之间有没有相互影响的情况?

答:有的。据我了解,各民族在宗教祭祀上相同的用语很多,比如,有的傣族地方在杀牛祭祀时仍然用哈尼语讲"$a^{31} \, \eta u^{31} \, de^{31} \, te^{31}$,$a^{31} \, \eta u^{31} \, se^{31} \, lw^{31}$"(意为把牛按倒,把牛杀翻)。

问:各民族都能很好地保持自己的语言和文化,对民族和谐有没有好处?

答:各民族都能够很好地保持自己的语言和文化,同时又能够用通用的汉语来交流,不仅不会影响民族和谐,而且对民族发展更有利。

问:您对少数民族掌握汉语是怎么看的?

答:现在各民族都共同使用汉语,汉语似乎正在成为各少数民族的重要语言,这好像是一种大趋势。拿傣族来说,讲话不汉不傣的孩子越来越多。我女儿从小在汉语环境中长大,现在她傣语只会听不会讲了,如果将来她又嫁给了其他民族,她的子女就更不可能会傣语了。30年前有不会汉语的傣族,但是现在,我们的村子没有不会说汉语的傣族了,特别是青少年说汉语的趋势更突出。即便是在经济比较落后的地方,汉文化的影响也越来越突出,可以说没有哪个角落不使用汉语的了。

但是,就我个人的认识来说,我不希望所有民族都只讲一种语言。我认为文化应该保持多元。假如整个世界只有一种文化,那世界就变得单调乏味。我们只吃一种稻谷是不行的,长年累月只吃一种蔬菜也会导致营养不良,所以,我觉得保持文化的多样性如同保持物种的多样性一样重要。

问:那您觉得这种趋势会不会扩大,这种趋势扩大会带来什么影响?

答:这种趋势肯定会扩大。现在各民族的价值观都在发生变化,大家普遍有一种理解:汉文化就是先进文化,汉文化吸收得越多,能力越强,层次越高。这种认识改变了少数民族的人生观和价值观,不少地方因此放弃了自己的传统文化,不再过自己的民族节日,不再保留自己的语言和传统。所以,如何在保持各民族传统文化的基础上,吸收先进文化,也就是保护与发展相矛盾的问题如何解决,国家应该制定相应的政策和措施。

二　田野调查工作日志

2007 年 12 月 24 日

　　中央民族大学中国少数民族语言文学学院与玉溪师范学院联合建立了"民族语言文化培训基地"培训班,第一期学员报到。

　　下午,教师和学员参观了玉溪师范学院电教室,并调试了其设备。

2007 年 12 月 25 日

　　培训班开始培训。培训前举行简短的欢迎仪式。玉溪师范学院副院长任宏志教授致欢迎辞。白碧波老师主持。

　　之后全天,常俊之、赵敏、赵燕珍等博士研究生对参加培训的学员进行辅导。内容包括:语言国情调查概要、调查方法、调查表格填写方法及注意事项、国际音标及计算机操作方法等。

2007 年 12 月 26 日

　　课题组 8:30 乘车前往调查目的地——云南省元江哈尼族彝族傣族自治县羊街乡。路过元江县城时,得到县政府办公室主任郑荣的热情接待。

　　15:00 到达羊街乡,受到羊街乡党委书记白文华、乡长龙来明的热情欢迎。书记、乡长、乡文化站站长倪伟顺,与项目组进行了座谈,介绍了羊街乡概况。

　　调查组在乡政府借阅乡情材料,并从羊街乡中心小学借出朗支村委会的文化户口册。

　　晚,白碧波老师对调查工作做了部署,并对成员做了分组:第一组,常俊之、普亚强;第二组,赵敏、朱茂云;第三组:赵燕珍、白居舟。

2007 年 12 月 27 日

　　编写元江哈尼语 400 词词汇大纲。

　　到羊街乡中心小学参观并借阅其余五个村委会的文化户口册,得到校长李佳圣的热情欢迎与积极支持。调查组将文化户口册借到住宿地进行相关数据的统计和分析。

2007 年 12 月 28 日

　　统计各个村寨的情况。确定调查点。

　　对羊街中学党支部书记王才保进行访谈,并对其进行哈尼语 400 词测试。

　　开始录入所选点的人口情况。

2007 年 12 月 29 日

　　录入人口情况,包括乡机关、党舵村委会的三个村寨。

　　到羊街乡中心小学进行了两个哈尼语 400 词测试。

对乡文化站站长倪伟顺进行访谈。

到小学访谈五位老师，了解了羊街乡中心小学的基本情况，以及该校学生哈尼语的使用情况。还做了两个哈尼语400词测试。

2007年12月30日

邀请各调查点村寨组长到驻地核实数据材料。

做党舵村委会坡头寨、伙甫寨的个人语言情况调查。

做了八个哈尼语400词测试，三份问卷调查。

做了坝木村委会田房、东瓜林寨个人语言使用情况调查。

做了党舵村委会烧灰箐、戈垤村委会搓塔旧寨的语言使用情况调查。

开始做哈尼语词汇记录（发音合作人：张开波）。

2007年12月31日

调查朗支村委会勾着寨的语言使用情况。

做了七个哈尼语400词测试。

调查昆南寨、中梁子寨的语言使用情况。

调查阿寺党、沙梏寨、帕罗寨的语言使用情况。

做了五位村民的哈尼语400词测试。

做了一个人的访谈。

2008年1月1日

统计九个村寨的语言使用情况。

整理前一天的访谈录。

继续记录哈尼语词汇。

2008年1月2日

调查羊街乡当地汉族的汉语方言音系。

玉溪师范学院的杨艳、季红丽两位老师来到羊街乡加入调查组，调查组队伍人数增加到十人。

2008年1月3日

记录哈尼族汉语方言发音音系。

对中学教师、学生进行哈尼语400词测试。

调查组到小学了解相关情况，并做了部分学生的哈尼语400词测试。

2008年1月4日

调查组到党舵村委会坡头、烧灰箐两寨进行语言使用情况调查。乡政府派了杨合杰主任配合工作。

到坡头寨进行语言使用情况调查，受到热情款待。

晚，烧灰箐寨拉祜族（苦聪人）干部群众以最高的礼仪款待调查组，村民杀羊设宴招待。并与村民一起在操场上联欢,在尘土飞扬的场子里一起唱歌、跳舞。

2008年1月5日

乡政府派杨合杰主任送调查组成员到中梁子、大地等村寨进行彝族人语言使用情况调查。

到哈尼族聚居的孟义寨收集资料。

到哈尼族村寨大地进行调查,进行哈尼语400词测试和语言态度问卷调查。

2008年1月6日

在住地整理所收集的材料。

下午戴庆厦老师从北京赶到羊街,陪同来的有玉溪师范学院的许鲜明教授和徐达师傅。

继续记录哈尼语词汇。

对张开波、倪伟顺进行采访,收集当地哈尼族民间故事。

晚,戴老师听取了调查组的工作汇报,对已完成的工作给予肯定,并对章节的撰写进行了明确的分工。

2008年1月7日

到那诺乡了解相关情况。

玉溪文化传媒开发公司的领导、成员到达羊街乡,与乡领导、调查组一起座谈有关开发哈尼族"阿波密"文化遗产的事宜。

访谈元江县招商局白云女士。

晚,乡领导设宴招待,并请当地哈尼族民间歌手为调查组献歌。

回驻地后,调查组讨论羊街乡各民族语言使用的特点及形成原因。

2008年1月8日

调查、整理哈尼族说当地汉语方言的音系。

各组材料进行汇总、分析,找出需要重新收集的相关情况。

参观羊街集市,了解当地民风、民俗。

晚,对调查前期结果做了小结,并安排下一步工作。

2008年1月9日

到拉祜族(苦聪人)村寨烧灰箐再次了解补充材料。做了七人哈尼语400词测试和两人的访谈。下午,将拉祜族(苦聪人)武成芬请到驻地记苦聪话词汇。

其他调查组成员在家整理材料。

晚,召开会议汇报当日的工作情况,确定第二天到中梁子寨调查彝语使用情况。

晚,开始记录苦聪话词汇。

2008年1月10日

调查组有五人到朗支村委会中梁子寨进行第二次材料补充调查。

对五个拉祜族(苦聪人)学生做了苦聪话400词测试。

继续收集苦聪话词汇。

晚,汇报各组工作情况,并确定第二天去垤霞寨(哈尼族寨子)调查哈尼语及汉语使用情况。

2008年1月11日

调查组一行六人到垤霞寨调查当地哈尼族人语言使用情况。

晚上7:00,调查组四人到羊街乡新村寨(哈尼族寨子)走访,分别走访了三个专业户:烤酒专业户、豆腐专业户和运输专业户,了解语言使用情况。

2008年1月12日

继续记苦聪话词汇。

中午集中开会,确定1月22日离开羊街乡。

晚上7:00,羊街乡的汉族刘跃云到来,校对当地汉族说汉语音系的记音。

2008年1月13日

全组集中写稿。

对中梁子寨彝族老人跳的彝族烟盒舞录像。

核对中梁子寨家庭语言使用调查表。

2008年1月14日

继续写稿。

2008年1月15日

继续写稿。

校对哈尼语音系。

晚,总结这几天写稿情况,商量最后几天工作的具体事项。

2008年1月16日

继续写稿。对部分章节稍作调整。

下午,调查组把文化户口册交还给羊街乡中心小学。

2008年1月17日

继续写稿。

到那诺乡参观考察。

晚,调查组举行答谢宴会,宴请了乡党政领导、乡文化站站长倪伟顺、乡中心小学校长李佳圣等。

2008年1月18日

继续写稿。

中午12:00乡党政领导在乡政府宴请调查组。

2008年1月19日

上午8:45,调查组所有成员告别羊街乡,乡长龙来明亲自驾车送调查组到元江县城。

中午,元江县政府办主任郑荣在金华酒店与调查组座谈,并安排食宿。

继续写稿、改稿。

2008年1月20日

继续写稿、改稿。

2008年1月21日

继续写稿、改稿。

下午回到玉溪。玉溪师院领导热情接待。

晚，改稿、统稿，校对词汇和录音，至凌晨3点。

2008年1月21日

早点后，调查组成员分别回原单位。

2008年2月15日至26日

部分成员在北京再次改稿、定稿。

2008年2月27日

将书稿送商务印书馆。

三 哈尼语词汇

汉义	羊街乡依垤哈尼语①
天	m̩⁵⁵
太阳	nɯ³¹ ma³¹
月亮	pa³¹ ɬa³¹
星星	a⁵⁵ kɤ⁵⁵
云	m̩⁵⁵ tum⁵⁵
雷	m̩⁵⁵ tɕi³¹ (tɕi³¹)
霹雳	tsho⁵⁵ ti³¹
风	a⁵⁵ ɬi⁵⁵ (po³³)
虹	pɛ⁵⁵ taŋ⁵⁵ laŋ³¹ tshu³³ (tshu³³)
雪	xa⁵⁵ ŋɛ⁵⁵
雹子	xa⁵⁵ sɿ³¹
霜	ŋɛ⁵⁵
露水	tʂɯ⁵⁵ xa³¹
雾	tsø⁵⁵ xø³¹
冰	xa⁵⁵ ŋɛ⁵⁵
火	a⁵⁵ tsa³¹
烟（火烟）	a⁵⁵ xø³¹
烤烟	tʂʅ³¹ su³¹
气	sa⁵⁵
地（田地）	taŋ⁵⁵ ɕa⁵⁵
地（天地）	mi³¹ tsha⁵⁵ (m̩⁵⁵ mi³¹)
山	xaŋ⁵⁵ thɛ⁵⁵
山坡	xaŋ⁵⁵ tum⁵⁵
岩石	xa³³ ɬo³³ ɬo⁵⁵ ma³¹

---

① 发音人：白岩松。白岩松，男，哈尼族，1982年2月出生于羊街乡垤霞村委会依垤寨，其父母是哈尼族，他的母语是哈尼语，他在羊街乡读完了小学和初中。

山洞	mi⁵⁵ pø³¹
洞	zɔ³¹ pø³¹（pø³¹）
孔	zɔ³¹ pø³¹（pø³¹）
河	lo³¹ pɑ⁵⁵
田埂	ɕa³¹ tɤ³³ paŋ⁵⁵
湖	tv³¹ paŋ³¹ paŋ⁵⁵ ma³¹
海	pɑ³¹ ma³¹
池塘	tv³¹ paŋ³¹ paŋ³¹ za⁵⁵
沟	ɯ⁵⁵ ka⁵⁵
井	ɯ³¹ tv⁵⁵
坑	ɯ⁵⁵ khɔ³¹（khɔ³¹）
堤	tɤ⁵⁵ paŋ⁵⁵
路	ka⁵⁵ ma³¹
小径	ka⁵⁵ tshø³¹
平坝	tɛ⁵⁵ ɣaŋ⁵⁵
水塘	tv³¹ paŋ³¹
山崖	xa³¹ ɬo³¹ pa⁵⁵ ɣa⁵⁵
草地	ta⁵⁵ ɣo³¹ ɣo³¹ tɛ³¹
土	mi³¹ tsha⁵⁵
台地	ɬo⁵⁵ khɔ⁵⁵
水田	ɯ⁵⁵ ɕa⁵⁵
秧田	ɣo³¹ phaŋ⁵⁵
水沟	ɯ⁵⁵ ka⁵⁵
田埂壁	ɕa³¹ pa⁵⁵ ɕo³¹
田埂子	ɕa³¹ tɯ⁵⁵ paŋ⁵⁵
田水口	ɕa³¹ ɬo⁵⁵ xɛ³¹
梯田	ɕa³¹ ɬo⁵⁵
旱地	taŋ⁵⁵ ɕa⁵⁵
石头	xa³¹ ɬo³¹
沙子	mi⁵⁵ tshɛ⁵⁵；ɬo⁵⁵ tshɛ⁵⁵
尘土	xa⁵⁵ ɬɛ⁵⁵
泥巴	xa⁵⁵ tɕhi³¹；i⁵⁵ na³¹
水	a⁵⁵ khɛ⁵⁵
水滴	ɯ⁵⁵ tsa³¹

泡沫	xa⁵⁵mɤ³¹
波浪	ɯ⁵⁵cɤ⁵⁵
泉水	ɯ⁵⁵pe³¹
森林	lɤ³¹
矿	phv³¹tv⁵⁵
金子	ʂɤ³¹
银子	phv³¹
铜	kɯ⁵⁵ʂɤ⁵⁵
铁	ʂum³¹
锡	tɕhø³¹
铝	kɯ⁵⁵phv⁵⁵
生锈	ɕo³¹tsa⁵⁵
煤	mɤ³¹（汉借）
炭	xɤ³¹tɕi³¹
盐	a⁵⁵tɤ³¹
草木灰	xa⁵⁵ɬɛ⁵⁵
石灰	ɬv⁵⁵ɬɛ⁵⁵
地方	mi³¹xaŋ⁵⁵
国家	ko³¹tɕa⁵⁵（汉借）
街（赶集）	tsɤ³¹（tsv⁵⁵li³¹）
村子	tsaŋ⁵⁵phv³¹
家（房子）	e⁵⁵xa⁵⁵
家（家庭）	la⁵⁵xɔ⁵⁵
学校	ɕo³¹ɕɔ²⁴（汉借）；su⁵⁵ɤa³¹tsɔ³¹la⁵⁵xɔ⁵⁵
商店	ʂaŋ⁵⁵tiɛn²⁴（汉借）；mo⁵⁵kum³¹aŋ⁵⁵tv³¹
医院	ʑi⁵⁵ʐɛ²⁴（汉借）；i⁵⁵sɛŋ⁵⁵sɛŋ⁵⁵num⁵⁵
人家	ʐo⁵⁵hɔ³¹
衙门	ʐa³¹mɛ³¹ɤo³¹mɑ³¹（半借）
庙	mɛ³¹ɔ⁵⁵
碑	pɛ⁵⁵（汉借）
寺院	sʅ³¹ʐuɛ²⁴（汉借）
棚子	ɕa⁵⁵tshum⁵⁵
桥	ta⁵⁵tsum⁵⁵
坟	ɬɔ³³m⁵⁵

塔	tha³¹（汉借）
身体	o³¹ ɬum⁵⁵
头	v⁵⁵ tʋ³¹
头发	tsaŋ⁵⁵ khɯ⁵⁵
辫子	tsaŋ³¹ phc⁵⁵
额头	nɛ⁵⁵ tɤ⁵⁵
眉毛	ma⁵⁵ xaŋ⁵⁵
眼睫毛	mɑ³¹ mum³¹
眼睛	ma³³
鼻子	nɑ³¹ pɔŋ⁵⁵
耳朵	na⁵⁵ pɔ⁵⁵
脸	mɑ³¹ pho⁵⁵
嘴	mɛ³¹ tsv³¹
上唇	tha³¹ xo³¹
下唇	o³¹ xo³¹
胡子	mɛ⁵⁵ tʂhʅ³¹
连鬓胡	pa⁵⁵ ʂɛ⁵⁵
下巴	mɛ⁵⁵ tɤ³¹
脖子	aŋ⁵⁵ ɬɯ⁵⁵；khaŋ⁵⁵ ɬɯ⁵⁵
肩膀	pa³¹ phu³¹；pa³¹ fu³¹
背	tɔ⁵⁵ xɔ⁵⁵
腋	la⁵⁵ ɣo³¹
胸	nɯ³¹ ɣa³¹
乳房	a⁵⁵ tɕhø⁵⁵
心窝	nɯ⁵⁵ xaŋ⁵⁵
肚子（腹部）	o³¹ mɑ³¹
肚脐	tɕha⁵⁵ pø⁵⁵
小腹	o⁵⁵ za³¹
腰	tɔ³¹ tsɯ⁵⁵
屁股	taŋ³¹ paŋ³¹；taŋ³¹ pø³¹
腿	ɑ⁵⁵ phɑ³¹
膝盖	phɯ⁵⁵ tsɯ³¹
小腿	o³¹ tɛ³¹
脚	a⁵⁵ khɯ⁵⁵

脚踝	ʂu⁵⁵ mɑ³¹ phv³¹ lv⁵⁵
脚底板	pha⁵⁵ ɣɔ⁵⁵
脚后跟	tsa⁵⁵ nɯ³¹
手臂	la³¹ tv³¹
肘	la⁵⁵ nɯ³¹
手	a⁵⁵ la³¹
手腕	la⁵⁵ tsɯ³¹
手指	la⁵⁵ nø⁵⁵
拇指	lɑ³¹ mɑ³¹
中指	ɣaŋ³¹ thaŋ⁵⁵
小指	tɕe³¹ tʂhɑ⁵⁵
指甲	la⁵⁵ sɤ³¹
拳	la³¹ thv³¹
掌心	la³¹ xɔ³¹
肛门	tɔŋ³¹ bø³¹
男生殖器	tɕho⁵⁵
睾丸	tɛ³¹ v³¹
女生殖器	a⁵⁵ pɔ³¹（pɔ³¹ tɛ³¹）
阴毛	a⁵⁵ mɤ³¹
脐带（剪）	tʂhɑ³¹ phi³¹
皮肤	ʂa⁵⁵ kɯ⁵⁵
皱纹	pa⁵⁵ kɯ⁵⁵
汗毛	tʂhɑ³¹ m³¹
痣（手脚上）	tshɛ⁵⁵ sʅ³¹
疮	a⁵⁵ na⁵⁵
伤口	nɑ³¹ xɛ⁵⁵
疤	na³¹ pa⁵⁵
天花	na³¹ po⁵⁵
牛奶	no⁵⁵ tɕhø⁵⁵
血	sʅ⁵⁵ ni⁵⁵
筋	ʂa⁵⁵ kv³¹
脑髓	v⁵⁵ nɔ³¹
骨头	ʂa⁵⁵ ø³¹
骨髓	phv³¹ thaŋ⁵⁵

脊椎骨	tɔ⁵⁵ xɔ⁵⁵ ʂa⁵⁵ ø³¹
牙齿	sɤ⁵⁵
牙龈	sɤ⁵⁵ phɛ³¹
牙根	sɤ⁵⁵ tɕhi⁵⁵
尽头牙	pa³³ li³³ sɤ⁵⁵
龅牙	sɤ³¹ thɔ³¹
舌头	me⁵⁵ ɬa⁵⁵
小舌	ɬa³¹ zɑ⁵⁵
腭	tha³¹ xo³¹
喉咙	khaŋ³¹ xo³¹
喉结	khaŋ⁵⁵ sɿ³¹
嗓子	khaŋ⁵⁵ pɑŋ³¹
肺	ʂa⁵⁵ phɔ³¹
心脏	nɯ³¹ ma³¹
肝	ʂa³¹ tʂhɤ³¹
肾	ɣø⁵⁵ sɿ³¹
胆	phɛ⁵⁵ khɯ⁵⁵
胃	v⁵⁵ mɑ³¹
脾	phɛ³¹
肠子	v⁵⁵ xɑ⁵⁵
小肠	xɑ⁵⁵ zɑ³¹
大肠	xɑ³¹ mɑ³¹
膀胱	sɿ⁵⁵ phv³¹
屎	a⁵⁵ tɕhi³¹ (tɕhi³¹)
尿	ɯ⁵⁵ tɕɛ⁵⁵ (tɕɛ³¹)
屁	ɛ⁵⁵ xɑ³¹ (phɛ⁵⁵)
汗	khɯ⁵⁵ phv⁵⁵ (to³¹)
痰	ø⁵⁵ tshø³¹
唾液	ɯ⁵⁵ tʂha⁵⁵ (mɛ³¹)
鼻涕	a⁵⁵ pɛ⁵⁵ (khø³¹)
眼泪	ma⁵⁵ ɯ⁵⁵
脓	pɯ³¹
污垢	tsø⁵⁵ mo³¹ ; ʐɔ³¹ ɕi³¹
声音	ʐɔ⁵⁵ thi⁵⁵

话	to^{55}
气息	sa^{55} ɣɔ^{31}
生命	zɿ^{31}（a^{55} zɿ^{55}）
汉族（人）	phɔ^{55} nø^{55}；xaŋ^{24} tshv^{31}（汉借）
彝族（人）	la^{55} ɣɔ^{55}
回族（人）	xui^{31} tshv^{31}（汉借）
藏族（人）	tsaŋ^{24} tshv^{31}（汉借）
人	tshɔ^{31}
成年人	tshɔ^{55} xa^{31}
小孩儿	za^{55} kv^{31}
婴儿	za^{55} naŋ^{31}
老人	tsho^{31} mo^{55}
老头儿	a^{55} pɔ^{55} tsho^{31} mo^{55}
老太太	a^{31} za^{55} za^{55} mo^{31}
女（性）	xɑ^{31} mi^{31} za^{55}
男（性）	xɑ^{31} ʐo^{31} zɑ^{55}
小伙子	tshɔ^{31} ta^{55}
姑娘	mi^{55} ta^{31}
百姓	mi^{31} xaŋ^{55} tshɔ^{31}
士兵	mɑ^{55} za^{31}
干部	a^{55} ɣɔ^{55}
学生	ɕo^{31} sɛŋ^{55}（汉借）；su^{55} ɣa^{31} tsɔ^{31} tshɔ^{31}
老师	lɔ^{33} sɿ^{31}（汉借）；su^{55} ɣa^{31} me^{55} ʁ^{33} la^{55} tɕhi^{31}
医生	i^{55} sɛŋ^{55}（汉借）；na^{31} tshɿ^{55} la^{55} tɕhi^{31}
社长	ʂɤ^{31} tʂaŋ^{31}（汉借）
穷人	za^{55} tshø^{31}
富人	ʐo^{31} xa^{31}
木匠	tum^{31} mɑ^{33} la^{55} tɕhi^{31}
铁匠	ʂum^{31} ti^{55} la^{55} tɕhi^{31}
石匠	xa^{31} ɬo^{55} la^{55} tɕhi^{31}
裁缝	a^{31} xɑŋ^{55} ɬa^{55} phɔ^{55} la^{55} tɕhi^{31}
船夫	ɬo^{55} xɤ^{33} la^{55} tɕhi^{31}
猎人	ʂa^{55} lɛ^{31} la^{55} tɕhi^{31}
摩批	mɔ^{55} phɛ^{55}

阴魂巫师	tsha⁵⁵phɛ⁵⁵
巫婆	nɛ⁵⁵mɔ⁵⁵
乞丐	xo³¹ʑɑ³¹
贼	sɔ³¹xø⁵⁵
强	tɑ⁵⁵tɕɛ⁵⁵
病人	tshɔ⁵⁵nɑ⁵⁵
官	ɑ⁵⁵ɣɔ⁵⁵tsø³¹mo³¹
国王	ko³¹waŋ³¹
朋友	tshɔ⁵⁵ɣø⁵⁵ɛ³¹tɕho⁵⁵
瞎子	xɑ⁵⁵ɕɑ³¹
跛子	khɯ⁵⁵tshɔ³¹
聋子	nɑ⁵⁵thaŋ³¹
秃子	v⁵⁵tsu⁵⁵
驼子	tɔ³¹o⁵⁵(o⁵⁵)
弓背	tɔ⁵⁵lv³¹(lv³¹)
傻子	ʑɔ³³xəŋ⁵⁵
疯子	ʑɔ³¹m³¹
结巴	ɬɑ³¹ŋɑ⁵⁵
哑巴	ʑɑ³¹pø⁵⁵
独眼龙	mɑ³¹thɛ⁵⁵
主人	num⁵⁵sɯ⁵⁵
客人	tɑ³¹ʑi³¹
伙伴	ɛ³¹tsho⁵⁵
祖宗	ɑ⁵⁵phø³¹ɑ³¹tɑ³¹
爷爷	ɑ⁵⁵pɔ⁵⁵
奶奶	ɑ³¹ʑɑ⁵⁵
父亲	ɑ³¹tɑ³¹
母亲	ɑ³¹mɑ³¹
儿子	ʑɑ³¹ʑo³¹
媳妇（儿媳）	khɯ³¹mɑ³¹
女儿	ʑɑ⁵⁵mi³¹
女婿	ɑ⁵⁵ʑɑ³¹
孙子	ø⁵⁵phɑ³¹
孙女儿	ø³¹mɑ³¹

哥哥	a^{55}ʑɤ^{31}；a^{31}ko^{55}（汉借）
姐姐	a^{55}pɑ^{31}
弟弟	a^{55}n̩^{55}
妹妹	a^{55}n̩^{55}（tum^{55}mɑ^{31}）
伯父	tɑ^{31}mo^{55}
伯母	mɑ^{31}mo^{55}
叔叔	tɑ^{55}tɑ^{31}
婶母	a^{31}mɯ^{31}
侄子	za^{55}tu^{55}
兄弟	tshɤ^{55}ʑa^{31}
姐妹	num^{31}ʑa^{55}
兄妹	a^{55}maŋ^{55}tum^{55}mɑ^{31}
姐弟	a^{55}maŋ^{55}tum^{55}mɑ^{31}
嫂子	ɑ^{31}tshv^{31}
舅父	ɑ^{31}ɣø^{31}
舅母	ɑ^{31}mɯ^{31}
姨父	tɑ^{31}mo^{55}
姨母	mɑ^{55}mɑ^{31}
姑父	a^{55}ʂaŋ^{31}
姑母	a^{55}xo^{31}
亲戚	ʐɔ^{55}tshɔ^{55}
本家	tʂhɯ^{55}ʑɛ^{55}
岳父	ɑ^{31}tɑ^{31}；ʑø^{55}phɑ^{31}
岳母	ɑ^{31}mɑ^{31}；ʑø^{31}mɑ^{31}
公公	ɑ^{31}tɑ^{31}；ʑø^{55}phɑ^{31}
婆婆	ɑ^{31}mɑ^{31}；ʑø^{31}mɑ^{31}
丈夫	xa^{31}ʐo^{31}
妻子	xɑ^{55}mi^{31}
继母	ma^{55}n̩^{55}
继父	ta^{33}n̩^{55}
寡妇	mi^{55}tɕhø^{31}ɑ^{31}mɑ^{31}
鳏夫	po^{31}taŋ^{55}
孤儿	m̩^{31}tɕhø^{55}tɕhø^{55}za^{31}
牲畜	tɕɛ^{55}ʑa^{31}

家畜	xø⁵⁵ tɕɛ³¹
牛	a⁵⁵ no³¹
黄牛	no⁵⁵ ni⁵⁵
水牛	no⁵⁵ phɯ⁵⁵；a⁵⁵ phɯ⁵⁵
牛犊	no⁵⁵ za³¹
公牛	la⁵⁵ ɕi⁵⁵
公牛（水牛）	no⁵⁵ phɯ⁵⁵ phɯ⁵⁵ ɕi⁵⁵；a⁵⁵ phɯ⁵⁵
母牛	no³¹ mɑ³¹
公黄牛	la⁵⁵ ɕi⁵⁵；la³¹ pv³¹
母黄牛	la⁵⁵ xa⁵⁵
牛粪	no⁵⁵ tɕhi³¹
犄角	v⁵⁵ khø⁵⁵
蹄	pha⁵⁵ sɛ³¹
皮	ʂa⁵⁵ kɯ⁵⁵
毛	(no³¹) m³¹
粪	(no³¹) tɕhi³¹
尾巴	tɑŋ⁵⁵ mi³¹
马	ɑ⁵⁵ mɑŋ³¹
马驹	mɑŋ⁵⁵ za³¹
公马	mɑŋ⁵⁵ phɑ³¹
母马	mɑŋ³¹ mɑ³¹
马鬃	mɑŋ³¹ tsv³¹
马粪	mɑŋ⁵⁵ tɕhi³¹
羊	a⁵⁵ tʂhɿ³¹
绵羊	a⁵⁵ zɔ⁵⁵
公绵羊	tʂhɿ⁵⁵ pu³¹
母绵羊	tʂhɿ³¹ mɑ³³
山羊	a⁵⁵ tʂhɿ³¹
羊羔	tʂhɿ⁵⁵ za³¹
羊毛	tʂhɿ³¹ m³¹
羊粪	tʂhɿ⁵⁵ tɕhi³¹
骡子	lo³¹ tsɿ³³（汉借）
驴	mo⁵⁵ lø⁵⁵（汉借）
骆驼	lo³¹ tho⁵⁵（汉借）

猪	ɑ⁵⁵ɣɑ³¹
公猪	ɣɑ⁵⁵phɑ³¹
母猪	ɣɑ³¹xo³¹
猪崽	ɣɑ⁵⁵zɑ³¹
小母猪	ɣɑ⁵⁵ɬɛ⁵⁵
猪粪	ɣɑ⁵⁵tɕhi³¹
狗	ɑ⁵⁵khɯ³¹
公狗	khɯ⁵⁵phɑ³¹
母狗	khɯ³¹mɑ³¹
狗崽	khɯ⁵⁵zɑ³¹
猎狗	ʂɑ⁵⁵lɛ³¹ɑ⁵⁵khɯ³¹
猫	o⁵⁵mo³¹
兔子	tho³¹ɬɑ³¹
鸡	ɑ³¹hɑ³³
公鸡	hɑ⁵⁵phø⁵⁵
母鸡	hɑ³¹mɑ³¹
雏鸡	hɑ³¹zɑ⁵⁵
鸡冠	mo³³ɣo³¹
阉鸡	sueŋ³¹tɕi⁵⁵（汉借）；hɑ³¹ʂo⁵⁵
翅膀	ɑ⁵⁵taŋ⁵⁵
羽毛	hɑ³¹m̩³¹
鸭子	o³¹ɑ³¹
公鸭	o⁵⁵tsa⁵⁵
母鸭	o³¹mɑ³¹
鹅	o⁵⁵ŋ⁵⁵
公鹅	ŋo⁵⁵tʂa⁵⁵
母鹅	ŋo³¹mɑ³¹
鸽子	xaŋ⁵⁵xø³¹
公鸽子	xø⁵⁵thaŋ⁵⁵
母鸽子	xø³¹mɑ³¹
野兽	n̩³¹tɕɛ⁵⁵
老虎	xɑ⁵⁵zɣ³¹
狮子	xɑ⁵⁵ɬɑ³¹
龙	pɛ³¹ʐaŋ⁵⁵

爪子	phɑ⁵⁵ sɤ³¹
猴子	xa³¹ mu⁵⁵
公猴	mo⁵⁵ thaŋ⁵⁵
母猴	mo³¹ mɑ³¹
象	ʑɑ³¹ mɑ³¹
豹子	xɔ⁵⁵ zɤ³¹
熊	xa⁵⁵ m̩⁵⁵
野猪	ɣɑ⁵⁵ thɛ³¹
鹿	xa³¹ tshɛ³¹
麂子	ʂa⁵⁵ tɕhi⁵⁵
獐子	tɔŋ³¹ ɬa⁵⁵
麝香	ɬa⁵⁵ ɕum⁵⁵
水獭	ɯ⁵⁵ ɕum⁵⁵
穿山甲	tho⁵⁵ khɯ³¹
豪猪	fv⁵⁵ phv⁵⁵
刺猬	fv³¹ phɛ⁵⁵
老鼠	fv³¹ tsha⁵⁵
松鼠	fv³¹ pɑ⁵⁵
豺（狼）	tshɛ³¹ la³¹（汉借）
狐狸	xaŋ⁵⁵ ɣaŋ⁵⁵ pa⁵⁵ ɕi⁵⁵
穴	kø⁵⁵ pø³¹
鸟	xa⁵⁵ tʂɿ⁵⁵
鸟窝	tʂɿ³¹ pɯ⁵⁵
老鹰	xa⁵⁵ tsɛ⁵⁵
鹞子	tsɛ⁵⁵ phɯ⁵⁵
雕	tɔ³¹ pa⁵⁵
秃鹫	v⁵⁵ li³¹ xa⁵⁵ tsɛ⁵⁵
猫头鹰	xaŋ³¹ pv³¹
燕子	xa³¹ ma³¹ kɤ⁵⁵ lɤ⁵⁵
大雁	tsɛ⁵⁵ ŋɔ⁵⁵
野鸭	nɛ⁵⁵ ɣo³¹
白鹤	kɤ³¹
麻雀	xa⁵⁵ tsa⁵⁵
蝙蝠	a⁵⁵ pv⁵⁵ laŋ³¹ ɣa⁵⁵

喜鹊	xa³¹ pa⁵⁵
乌鸦	xa³¹ na³¹
野鸡	ɬɯ³¹ ha³¹
斑鸠	pɛ⁵⁵ taŋ⁵⁵ xɑŋ⁵⁵ xø³¹
布谷鸟	ɣo⁵⁵ po³¹
画眉	tɕhø⁵⁵ ʂɯ⁵⁵
蛇	ɔ⁵⁵ ɬɔ⁵⁵
四脚蛇	a⁵⁵ tɕa³¹ la⁵⁵ tɕa⁵⁵；sɿ²⁴ tɕo³¹ sɤ²⁴（汉借）
青蛙	xɑ⁵⁵ phɑ³¹
田鸡	pha⁵⁵ sɯ⁵⁵
癞蛤蟆	phaŋ³¹ pi³¹
小绿蛙	tsv⁵⁵ ɛ⁵⁵
蝌蚪（变成青蛙的）	xo⁵⁵ paŋ³¹
石蚌	pha⁵⁵ ɣaŋ⁵⁵
鱼	ŋɑ⁵⁵ ʂa³¹
鳞	ŋa³¹ ɣɔ³¹
鳝鱼	ɑ³¹ ke³¹
泥鳅	ɑ³¹ tsv³¹
虾	pø⁵⁵ tø⁵⁵ tɔ³¹ ɣo⁵⁵
虫	a⁵⁵ tsv³¹
跳蚤	khɯ⁵⁵ ti⁵⁵
虱子	ʂɛ⁵⁵ phv⁵⁵
虮子	ʂɛ⁵⁵ v³¹
苍蝇	sa⁵⁵ sa³¹
蛆	ɕa⁵⁵ ɬo³¹
蚊子	ɕa³¹ ko⁵⁵
蜘蛛	a³¹ ma³¹ tʂɿ⁵⁵ kv⁵⁵ tɑ⁵⁵ lɑ³¹
蜈蚣	ɣa³¹ mo³¹ mo⁵⁵ ʂɛ³¹
蚯蚓	pø⁵⁵ tø⁵⁵
蛔虫	pø⁵⁵ tø⁵⁵
蚂蟥	a⁵⁵ ɕi³¹
蟋蟀	maŋ³¹ pa³¹ fv⁵⁵ tshv⁵⁵
蚂蚁	a³¹ ho³¹
蚕	pø⁵⁵ ɑ³¹ mɑ³¹

蜜蜂	pa⁵⁵ tɕhy⁵⁵
蜂蜜	pa⁵⁵ ɣɯ⁵⁵
蜂蜡	pa⁵⁵ ʂaŋ³¹
蝗虫（蚂蚱）	a⁵⁵ tɛ⁵⁵
螳螂	ʑɛ³¹ ma³¹ o³¹ tsɤ³¹
蜻蜓	xo⁵⁵ paŋ³¹
蝴蝶	xa³¹ v³¹ tsɛŋ³¹ pɔ⁵⁵
蜗牛	ni⁵⁵ xa³¹ a³¹ no³¹ tʂa⁵⁵ ɬa⁵⁵
螃蟹	ɑ³¹ khɑ³¹ la⁵⁵ nɔ³¹
蚌	a³¹ no³¹ tʂa³³ ɬa³³
螺丝	a³¹ no³¹
树	sɯ⁵⁵ tsɯ⁵⁵
树枝	sɯ⁵⁵ la³¹
树梢	v⁵⁵ nɛ³¹
树皮	sɯ⁵⁵ tʂɯ⁵⁵ pa³¹ xɔ³¹
树桩	taŋ⁵⁵ ŋɛ³¹
根	taŋ⁵⁵ tɕhi⁵⁵
叶子	xa³¹ pha⁵⁵
花朵	tʂa³¹ ʑi³¹
水果	a⁵⁵ sʅ³¹ a⁵⁵ ɣɔ³¹
核儿	ʑɔ³¹ nɯ³¹
芽儿	ʑɔ³¹ tɕhø³¹
蓓蕾	ʑɔ³¹ tʂhv⁵⁵
桃树	a⁵⁵ m³¹ m⁵⁵ pɔ⁵⁵
李树	a⁵⁵ tʂha³¹ tʂha⁵⁵ pɔ⁵⁵
梨树	a⁵⁵ phɛ⁵⁵ phɛ⁵⁵ pɔ⁵⁵
柳树	o³¹ m⁵⁵ m⁵⁵ pɔ⁵⁵
杉树	a⁵⁵ m⁵⁵ m⁵⁵ pɔ⁵⁵
柏树	tho³¹ ʂum⁵⁵ ʂum⁵⁵ pɔ⁵⁵
松树	a⁵⁵ tho³¹ tho⁵⁵ pɔ⁵⁵
松香	tho⁵⁵ xɛ⁵⁵
松明	a⁵⁵ ta⁵⁵
竹子	hɑ⁵⁵ ; ha⁵⁵ pɔ⁵⁵
竹笋	ha⁵⁵ pɛ³¹

竹篾	ɛ³¹ni⁵⁵
藤子	ɛ⁵⁵ni³¹
硬藤子	ni³¹xa³¹a³¹tʂha³¹
葛根藤	tɕhi³¹kv⁵⁵
耕绳藤	pø⁵⁵zɛ⁵⁵a³¹tʂha³¹
脆藤子	nɛ³¹kɔ³¹a³¹tʂha³¹
刺儿	a³¹kaŋ³¹
桃子	a⁵⁵m̩³¹
梨	a⁵⁵phɛ⁵⁵
李子	a⁵⁵tʂha³¹
橘子	ma⁵⁵ɬø⁵⁵
柿子	a⁵⁵pɯ⁵⁵
苹果	phiŋ³¹ko³¹
葡萄	a⁵⁵pa³¹
椎栗	tshɛ⁵⁵sɿ³¹
芭蕉	ŋa³¹sɿ⁵⁵
甘蔗	phaŋ⁵⁵tɕhø⁵⁵
山楂	ʂaŋ³¹lɛ⁵⁵ko³¹
核桃	ɔ⁵⁵tɔ⁵⁵
多依果	a⁵⁵phø³¹
庄稼	kha⁵⁵ʑi³¹
粮食	tsa⁵⁵sɿ³¹
水稻	tshɛ³¹
糯米	xo⁵⁵no³¹
种子	ʐo³¹y⁵⁵
秧	ɣo³¹khɯ⁵⁵
穗	tshɛ⁵⁵num⁵⁵
稻草	ɣɔ³¹ø⁵⁵
谷粒	tshɛ³¹sɿ⁵⁵
小麦	mɤ³¹tsɿ³³（汉借）
大麦	ta²⁴mɤ³¹（汉借）
青稞	tɕhiŋ⁵⁵kho⁵⁵（汉借）
荞麦	ɣa³¹lɛ³¹
玉米	tshɛ⁵⁵tv³¹

棉花	tshɑ⁵⁵ ɬa³¹
麻（线）	ma³¹ sɛ²⁴（汉借）
蔬菜	ɣo³¹ pɛ³¹
白菜	ɣo³¹ pɛ³¹ pɛ³¹ phv⁵⁵
青菜	ma⁵⁵ sɿ⁵⁵ ɣɔ⁵⁵ pha³¹
油菜	zø³¹ tshɛ²⁴（汉借）
韭菜	kv³¹ tʂhɿ³¹
苤菜	kv⁵⁵ pha³¹
芫荽	ʑɛŋ³¹ ɕi⁵⁵
草果	ɔ⁵⁵ sɔ⁵⁵
八角	pa³¹ kɔ³¹（汉借）
萝卜	ɣɔ⁵⁵ phv⁵⁵
芋头	pɛ⁵⁵ sɿ³¹
辣椒	la⁵⁵ phi⁵⁵
葱	sɛ³¹ paŋ⁵⁵
蒜	xa⁵⁵ sɛ⁵⁵
姜	a⁵⁵ tshɤ³¹
莴笋	ɣo⁵⁵ suɛŋ³¹（汉借）
香椿	zɯ⁵⁵ pv³¹
瓜	kua⁵⁵
南瓜	thɑŋ⁵⁵ xo³¹
冬瓜	sa⁵⁵ phɯ⁵⁵
黄瓜	sɿ⁵⁵ xo³¹
葫芦	xɑŋ³¹ phv⁵⁵
黄豆	num³¹ sɿ⁵⁵
黑豆	num³¹ na³¹
蚕豆	wo⁵⁵ tɤ³¹（汉借）
豌豆	m̩³¹ tɤ⁵⁵（汉借）
豆芽	num³¹ tɕhø³¹
花生	lo³¹ ti⁵⁵ saŋ⁵⁵（汉借）
芝麻	num⁵⁵ ʂɛ⁵⁵
草	tʂa³¹ ɣɑ⁵⁵
种子	ʂv⁵⁵ ma³¹
高粱	sɛ³¹ ɬaŋ⁵⁵

茅草	ɬɑ⁵⁵ʑi³¹
蓝靛草	mɯ⁵⁵mɯ⁵⁵pɔ⁵⁵
蘑菇	tshɛ⁵⁵m⁵⁵
鸡㙡	xum⁵⁵num⁵⁵na³¹tɕhɛ³¹
干巴菌	no⁵⁵tshi³¹tshɛ⁵⁵m⁵⁵
木耳	na³¹xɣ³¹
烟叶	tʂʅ³¹ʂu³¹xa³¹pha⁵⁵
当归	taŋ⁵⁵kui⁵⁵（汉借）
三七	sa⁵⁵tshi³¹（汉借）
天麻	thiɛŋ⁵⁵ma³¹（汉借）
米	tɕhɛ⁵⁵phu⁵⁵
饭	xo⁵⁵
早饭	ʂɔ⁵⁵o³¹
中饭	nɯ³¹o⁵⁵
晚饭	tɕhi⁵⁵o³¹
粥（稀饭）	tʂha⁵⁵ɕa³¹
面条	miɛ²⁴thiɔ³³；kua³¹mɛ³¹（汉借）
米线	mi³³ɕɛ³¹（汉借）
卷粉	mi³³kaŋ⁵⁵（汉借）
粑粑	xo⁵⁵no³¹ɣa³¹pa³¹
菜	ɣo³¹pɛ³¹
肉	ʂa⁵⁵ni⁵⁵
牛肉	no⁵⁵ʂɑ³¹
羊肉	tʂʅ⁵⁵ʂɑ³¹
猪肉	ɣa⁵⁵ʂɑ³¹
肥肉	ʂa⁵⁵tshv⁵⁵
瘦肉	ni⁵⁵tso³¹
油	tshʅ³¹
脂肪油	pa⁵⁵tshʅ⁵⁵（半借）
香油	num⁵⁵ɣɯ⁵⁵
薄荷	aŋ⁵⁵tsʅ⁵⁵
醇芹	tʂhum⁵⁵tshʅ⁵⁵
豆腐	nv³¹kv⁵⁵
醋	tshv²⁴（汉借）

酱油	tɕhiŋ⁵⁵ tɕɛ²⁴（汉借）
胡椒	tsɔ⁵⁵ ni⁵⁵
花椒	tsɔ⁵⁵ ɬa³¹
糖	phaŋ⁵⁵ tɤ³¹
红糖	phaŋ⁵⁵ tɤ³¹ ʂa⁵⁵ thaŋ⁵⁵（半借）
蛋（鸡蛋）	ha³¹ v³¹
汤	pɛ⁵⁵ ɣɯ⁵⁵
酒	a³¹ pɑ⁵⁵
甜白酒	tʂɿ⁵⁵ tɕhø⁵⁵
开水	ɯ⁵⁵ pɯ⁵⁵
茶	la⁵⁵ pha³¹
烟（吸的烟）	tʂhɿ³¹ sv³¹
鸦片	zaŋ³¹ zɛŋ⁵⁵（汉借）
药	nɑ³¹ tʂhɿ⁵⁵
糠	xɔ⁵⁵ phɯ³¹
猪食	ɣa⁵⁵ tsa⁵⁵
马料	maŋ⁵⁵ tshɛ⁵⁵ maŋ⁵⁵ tsa⁵⁵
饼	phaŋ⁵⁵ tɤ³¹ ɣa³¹ pa³¹
线	khɯ³¹ phaŋ⁵⁵
布	xa⁵⁵ pha⁵⁵
丝	bø⁵⁵ khɯ⁵⁵
绸子	tʂhɤ³¹ tsɿ⁵⁵（汉借）
缎子	tuaŋ²⁴ tsɿ³¹（汉借）
衣服	a³¹ xaŋ⁵⁵
衣领	ɬɯ⁵⁵ xaŋ⁵⁵
衣袖	a³¹ xaŋ⁵⁵ la⁵⁵ tv³¹
衣袋	phɔ⁵⁵ lɔ³¹
棉衣	a³¹ xaŋ⁵⁵ tsha⁵⁵ thɛ⁵⁵
长衫	taŋ³³ tʂɔ³³ a³¹ xaŋ⁵⁵
皮衣	ʂa⁵⁵ kɯ⁵⁵ a³¹ xaŋ⁵⁵
（扣）纽扣	phɔ⁵⁵ phi³¹（thum⁵⁵）
裤子	ɑ⁵⁵ ɬɑ³¹
裤腿儿	ɬɑ⁵⁵ khɯ⁵⁵
裤裆（破）	ɬɑ³¹ ɣɛ³¹（paŋ⁵⁵）

裤腰	ɬa⁵⁵ xaŋ⁵⁵
裙子	ɬa⁵⁵ thaŋ⁵⁵
短裤	ɬa⁵⁵ num⁵⁵
头帕	pha⁵⁵ tshaŋ³¹
包头	v³³ thɔ³³
帽子	v⁵⁵ tshaŋ³¹
腰带	ɬa⁵⁵ tshɿ³¹
裹腿	khɯ³¹ paŋ⁵⁵
袜子	zɤ⁵⁵ paŋ³¹
鞋	sɛ³¹ nɔ³¹
草鞋	zɛ³¹ nɔ³¹
木屐	tum³¹ ma³¹ sɛ³¹ nɔ³¹
梳子	phe⁵⁵ thaŋ³¹
篦子	phe³¹ tsho³¹
耳环	na⁵⁵ ɣɔŋ³¹（na⁵⁵ ɣo³¹；na⁵⁵ ɣɤ³¹）
戒指	nø³¹ tv⁵⁵
手镯	la⁵⁵ tv³¹
毛巾	pha⁵⁵ ʂɯ⁵⁵
背带（背小孩用）	pɯ³¹ ɣɯ⁵⁵
穗子	pha⁵⁵ tɕhɛ⁵⁵
被子	a³³ pɯ³¹
毛毯	a³³ pɯ³³ ɕø⁵⁵ thɛ⁵⁵
毡子	xø⁵⁵ tsaŋ³¹
棉絮	a⁵⁵ pɯ⁵⁵ tsha⁵⁵ thɛ⁵⁵
枕头	ø⁵⁵ ɣum³¹
席子	tsa³¹ sɤ³¹
垫子	tsɔ⁵⁵ thɛ⁵⁵
蓑衣	zɛ⁵⁵ kɯ⁵⁵
斗笠	ɬaŋ³¹ ɣo³¹
房子	ɛ⁵⁵ xaŋ⁵⁵
房顶	xaŋ⁵⁵ pø³¹
房檐	num³¹ taŋ⁵⁵ num⁵⁵ tsɛ⁵⁵
地基	tsaŋ⁵⁵ a⁵⁵
院子	tɛ³¹ kha⁵⁵

走廊	tso⁵⁵ thɑŋ³¹
厨房	xo⁵⁵ tʂha⁵⁵ tv³¹
楼房	xo⁵⁵ tha³¹
楼上	tha³¹ lɔ³¹
楼下	o³¹ lɔ³¹
火塘	ɬɛ⁵⁵ ɣum⁵⁵
仓库	tshaŋ⁵⁵ tɕi⁵⁵（汉借）
牛圈	no³¹ kho³¹
猪圈	ɣa³¹ kho³¹
马圈	maŋ³¹ kho³¹
羊圈	tʂhɿ³¹ kho³¹
鸡圈	ha³¹ kho³¹
砖	mo⁵⁵ xo³¹ na³¹ ka⁵⁵
瓦	mo⁵⁵ xo³¹
土墙	tshaŋ⁵⁵ tɕhi³¹
石墙	xa³³ ɬo³³ a⁵⁵ khɯ⁵⁵
围墙	laŋ⁵⁵ paŋ⁵⁵
墙	na³¹ ka⁵⁵ lɛ⁵⁵
木头	tum³¹ mɑ³¹
柱子	zʁ⁵⁵ mɑ³¹
门	nɑŋ⁵⁵ ɣo³¹
门槛	ɣo⁵⁵ xum⁵⁵
大门	ɣo³¹ mɑ³¹
门框	ɣo⁵⁵ paŋ⁵⁵
门闩	tso³¹ ɕø⁵⁵
窗子	pa³¹ ɣo³¹
梁	la⁵⁵ tum³¹ tum³¹ mɑ³¹
椽子	num⁵⁵ nø⁵⁵
台阶	ta³¹ thɛ⁵⁵
梯子	ta⁵⁵ tsum⁵⁵
篱笆	khɛ⁵⁵ paŋ⁵⁵
园子	khɛ⁵⁵ ɕa⁵⁵
东西	mo⁵⁵ kum³¹
桌子	tsa⁵⁵ tsʁ³¹

凳子	nɯ³¹ maŋ⁵⁵
椅子	nɯ³¹ ko⁵⁵
床	m̩⁵⁵ tha³¹
抽屉	ɕo³¹ khɤ³¹
箱子	paŋ³¹ khɤ³¹
柜子	paŋ³¹ khɤ³¹
盒子	zo³¹ xo⁵⁵
盆	xo³¹ ma³¹
脸盆	ma³¹ tsɯ⁵⁵ xo³¹
肥皂	tsho³¹ pio³¹（汉借）
镜子	pho³¹ thɛ³¹
玻璃	po⁵⁵ li³¹（汉借）
刷子	sua³¹ tsʅ³³（汉借）
扫帚	tɕhɛ⁵⁵ phɔ⁵⁵（ʑa⁵⁵ phɔ⁵⁵）
灯	tɛŋ⁵⁵ xo³¹（汉借）
灯芯	tɛŋ⁵⁵ siŋ⁵⁵（汉借）
灯罩	tɛŋ⁵⁵ tɕo³¹（汉借）
马灯	ma⁵⁵ tɛŋ⁵⁵（汉借）
蜡烛	pa⁵⁵ ʂaŋ³¹ a⁵⁵ ta³¹
灯笼	tɛŋ⁵⁵ lɔŋ⁵⁵（汉借）
柴	a⁵⁵ tsa³¹
火炭（燃着的炭）	xɤ³¹ tɕi³¹
火柴	fa³¹ tʂv³¹（汉借）
香（烧的香）	ɕaŋ⁵⁵（汉借）
垃圾	pɛ³³ pɯ⁵⁵
油漆	tɕhi³¹（汉借）
染料	mɤ⁵⁵ tʂha³¹
灶	ø⁵⁵ tv³¹
铁锅	ɕy³¹ y⁵⁵
炒菜锅	ɕy³¹ y⁵⁵
锅盖	phi⁵⁵ kha³¹
蒸笼	tsɛŋ⁵⁵ lɔŋ⁵⁵（汉借）
土锅	ø⁵⁵ ɬaŋ³¹
甑子	xo⁵⁵ paŋ³¹

甑底	sa³¹ tho³¹
刀（菜刀）	tho³¹ pɑ⁵⁵
砍柴刀	mɑ³¹ to³¹
把儿（刀把儿）	zɔ³¹ y⁵⁵
锅铲	ko⁵⁵ tʂhaŋ³¹（汉借）
漏勺	lɤ³¹ tɤ⁵⁵ v³¹ tsha³¹（半借）
匙（调羹）	thiɔ³¹ kuɛŋ⁵⁵（汉借）
碗	xum⁵⁵ mɑ³¹
盘子	phaŋ³¹ tsʅ⁵⁵（汉借）
碟子	phaŋ³¹ tsʅ⁵⁵ tsʅ⁵⁵ zɑ³¹
瓶子	po⁵⁵ li³¹ phiŋ³¹ tsʅ³³（汉借）
筷子	tsv⁵⁵ ta⁵⁵
罐子	pv⁵⁵ za³¹
坛子	mɯ⁵⁵ thaŋ³¹
杯子	pɛ⁵⁵ tsʅ³¹（汉借）
壶	kɯ³¹ tʂhɛ³¹
缸	ɯ³¹ ø⁵⁵
水桶	thuŋ³¹（汉借）；thv⁵⁵
箍儿	pɛ⁵⁵ kaŋ⁵⁵
瓢	num⁵⁵ tʂhɔ³¹
三脚架	ʂɤ⁵⁵ xɤ⁵⁵
火钳	tʂhʅ³¹ nɔ³¹
吹火筒	po³¹ paŋ⁵⁵
竹筒	ɯ³¹ paŋ⁵⁵
提箩	la⁵⁵ phɛ³¹
篮子	kv³¹ laŋ³¹（汉借）
扇子	pɔ³¹ sɤ³¹
背袋	pha⁵⁵ ɤ⁵⁵
算盘	suaŋ²⁴ phaŋ³¹（汉借）
秤	sa³³ tɕi⁵⁵
斗	pa⁵⁵ tʂhɔ⁵⁵
升	phɛ⁵⁵ tɤ⁵⁵
钱（货币）	thv⁵⁵ tshɛ⁵⁵（汉借）
银元	thaŋ³¹ xɔ³¹（汉借）；phv³¹

本钱	ɣa⁵⁵ phø³¹ ; tɕɛ⁵⁵
货物	mo⁵⁵ kum³¹
价钱	ɣa⁵⁵ phø³¹
工钱	tsho³¹ ɣa⁵⁵ ɣa⁵⁵ phø³¹
利息	zɔ³¹ za⁵⁵
债	tsɛ⁵⁵ tso³¹
欠债	tsɛ⁵⁵ tso³¹ ta³¹
尺子	tshɿ³³ tsɿ⁵⁵（汉借）
针	a⁵⁵ ɣɔ³¹
锥子	lɛ⁵⁵ zɑ³¹
钉子	tiŋ⁵⁵ tsɿ³¹（汉借）
剪子	tsɛ⁵⁵ ta⁵⁵
夹子	tɕa³¹ tsɿ⁵⁵（汉借）
伞	pɯ³¹ khɑ⁵⁵
锁	tʂo³¹
钥匙	tʂo⁵⁵ tv⁵⁵
链子	ʂum⁵⁵ tʂha³¹
棍子	ti⁵⁵ tv⁵⁵ mi⁵⁵ kho³¹
轮子	kv³¹ lv³¹（汉借）
马车	mɑ⁵⁵ tʂhɤ⁵⁵（汉借）
马鞍	maŋ³¹ ɣa³¹
马笼头	maŋ⁵⁵ tʂha³¹
马掌	maŋ⁵⁵ sɛ³¹
马槽	maŋ⁵⁵ ɬo³¹
马后鞧	taŋ⁵⁵ paŋ⁵⁵
牛后鞧	ø⁵⁵ paŋ⁵⁵
鞭子	maŋ⁵⁵ tʂɤ³¹
驮架	tha³¹ ɣa³¹
牛轭	no⁵⁵ khɯ³¹
牛鼻圈	na⁵⁵ tʂha³¹
轿子	pa⁵⁵ num⁵⁵
桨	xɤ⁵⁵ tv⁵⁵
船	ɬo⁵⁵ xɤ³¹
汽车	tɕhi³¹ tʂhɤ⁵⁵（汉借）

单车	taŋ⁵⁵ tɕhɤ⁵⁵（汉借）
谷船	ti⁵⁵ ɬo³¹
斧头	ʂɤ⁵⁵ tsaŋ⁵⁵
锤子	ti⁵⁵ phv³¹
凿子	tʂaŋ⁵⁵
锯子	ʂum⁵⁵ ʂo⁵⁵
锉	tsho⁵⁵ tsʅ³¹
刨子	thø⁵⁵ pɔ³¹（汉借）
钳子	tɕhɛn³¹ tsʅ³³（汉借）
铲子	tʂhaŋ⁵⁵ tʂhaŋ⁵⁵（汉借）
墨斗	mɤ³¹ xv³¹（汉借）
墨线	mɤ³¹ xv³¹ a³¹ tɕhɑ³¹（半借）
胶	no³¹ phi³¹ tɕo³³（汉借）
犁	no⁵⁵ tshɛ³¹
犁木架	tshɛ⁵⁵ kv⁵⁵
铧	tshɛ⁵⁵ ʂum⁵⁵
耙	no³¹ kha³¹
耙齿	kha³¹ ʂɤ⁵⁵
木板耙	ʂo⁵⁵ paŋ³¹
铁锹	zaŋ³¹ wa⁵⁵（汉借）
锄头	tshɛ⁵⁵ ɣo³¹
扁担	pɛŋ⁵⁵ taŋ³¹（汉借）
绳子	a³¹ tʂha³¹
麻袋	pha⁵⁵ ɤ⁵⁵
箩筐	pa⁵⁵ tɤ⁵⁵
楔子	tha⁵⁵ tʂhum³¹
桩子	ta⁵⁵ xɤ⁵⁵
背篓	a³¹ xa³¹
撮箕	tɕu⁵⁵ kha⁵⁵
谷种	tʂhɛ³¹ ʑø⁵⁵；ɣo³¹ ʑø⁵⁵
厕所	tshɤ³¹ so²⁴（汉借）；ka³¹ xɛ⁵⁵ pa³³ tsʅ³¹
肥料	tʂɛ⁵⁵ khɯ³¹
复合肥	fv³¹ xo³¹ fɛ³¹（汉借）
甲胺磷	tɕa³¹ ɣaŋ⁵⁵ liŋ³¹（汉借）

敌杀死	ti³¹ɕa³¹sɿ⁵⁵（汉借）
敌毒颗粒剂（氯氯粉）	lv³¹lv³¹fɛŋ³³（汉借）
尿素	sø⁵⁵sv³¹（汉借）
普钙	phv⁵⁵kɛ³¹（汉借）
碳氨	thaŋ³¹ɣaŋ⁵⁵（汉借）
镰刀	zɛŋ⁵⁵ɣo³¹
弯刀	ma³¹xo⁵⁵
水槽	ɯ³¹ɬo⁵⁵
碓（水碓）	ɯ⁵⁵tshum⁵⁵
石滚	tɕi³¹ɬo³¹
臼	mi³¹xɔ⁵⁵
筛子	tɕi⁵⁵kha⁵⁵
稀筛子	ɣɑ⁵⁵tɕi³¹
簸箕	ɣɑ⁵⁵ma³¹
小簸箕（祭祀）	ɣɑ³¹thaŋ⁵⁵
磨（石磨）	tɕi³¹ɬo³¹
织布机	nv⁵⁵kv⁵⁵
纺锤	tʂhan³¹ɣɔ³¹
柴刀	ma³³to³¹
刀鞘	tɕɛ⁵⁵pɛ³¹
子弹	ma³¹tsɿ³¹（汉借）
枪	mi³¹pɤ³¹
箭	kha³¹
弓	ø⁵⁵ɕa³¹
剑	kɯ⁵⁵
炮	phɔ²⁴（汉借）
圈套（捕兽圈套）	tʂha³¹ɣaŋ⁵⁵
铁夹子	thi³¹mɔ⁵⁵（汉借）；la⁵⁵no³¹
陷阱	ʂa⁵⁵pø³¹
火药	pɤ⁵⁵tsa⁵⁵
毒药	tv³¹ʐo³¹（汉借）
网	zɔ⁵⁵kha⁵⁵
渔网	ŋa⁵⁵kha⁵⁵
盖子	phi⁵⁵khɑ³¹

钩子	la⁵⁵ɣo³¹
字	sv³¹ma³¹
画	ʑɔ⁵⁵khɔ⁵⁵
书	sv⁵⁵ɣa³¹
本子	pɛŋ⁵⁵tsɿ⁵⁵（汉借）
铅笔	tɕhɛŋ⁵⁵pi³¹（汉借）
墨	mɤ³¹（汉借）
墨水	mɤ³¹sui⁵⁵（汉借）
话	to⁵⁵
故事	ʑo³¹li⁵⁵
谚语	to⁵⁵phø³¹to³¹ma³¹
笑话	ɯ⁵⁵xø⁵⁵xø³¹to⁵⁵
谜语	tɑ³¹tʂhɑ⁵⁵tʂhɑ⁵⁵
歌	ɬɑ³¹pa⁵⁵
山歌	pa³¹ɬv³¹（ɬv³¹）
舞蹈	ʑɔ³¹sɛ⁵⁵；ɣø³¹sɛ⁵⁵
戏	la³¹pɤ³¹phø⁵⁵ø⁵⁵to³¹
荡秋千	i⁵⁵ɣɤ³¹（ɣɤ³¹）
锣	pø³¹lø³¹
钹	pv³¹tɕhaŋ⁵⁵
钟	tʂoŋ⁵⁵（汉借）
笛子	la⁵⁵pi⁵⁵
箫	pi³¹li⁵⁵
胡琴	aŋ³¹ʂɤ³¹
三弦	tɛ³¹aŋ³¹
铃	tʂhv⁵⁵ʂv⁵⁵；liŋ³¹tsɿ⁵⁵（汉借）
喇叭（唢呐）	tɕhɛ⁵⁵pɛ³¹
神仙	ʑo⁵⁵sɤ⁵⁵
鬼	ni⁵⁵xɑ³¹
妖精	ma³¹tsa⁵⁵
龙王	pɛ³¹ʑoŋ⁵⁵a⁵⁵ɣ⁵⁵
灵魂	ʑɔ⁵⁵ɬa⁵⁵
福气	kɯ⁵⁵ɬaŋ³¹
运气	pɑ³¹tsɿ⁵⁵

力气	ɣa³¹ xa³¹
想法	nɯ³³ ma³³ nø⁵⁵
事情（多）	mo⁵⁵ tsa³¹ na³¹
办法	khø⁵⁵
脾气	phi³¹ tɕhi⁵⁵（汉借）
记号	zɔ³³ tsha⁵⁵（tsho³¹）
生日	tshɔ⁵⁵ nɯ³¹；po⁵⁵ nɛ³¹
年纪	tshɔ³¹ xo⁵⁵
姓	tshɔ⁵⁵ tɕha³¹
名字	tshɔ⁵⁵ mi⁵⁵
痛苦	ʂa⁵⁵
错误	tɕø³¹
危险	ɣa⁵⁵ ko³¹
区别	ma⁵⁵ to⁵⁵
份儿	to⁵⁵ ɣum⁵⁵；pɛ⁵⁵ ɣum⁵⁵
假话	tɕa⁵⁵ tɕi³¹
回音	thi⁵⁵ la⁵⁵
裂缝	zɔ³¹ pɛ⁵⁵；zɔ³¹ khɔ³¹
结子	zɔ³¹ sɿ⁵⁵
结结子	zɔ³¹ sɿ⁵⁵ kha⁵⁵ sɿ³¹
痕迹	zɔ⁵⁵ ɣa⁵⁵
样子	zɔ⁵⁵ ʐaŋ⁵⁵
影子	a³¹ pa³¹ la⁵⁵ pa⁵⁵
梦	ma³¹ tho³¹
好处	zɔ³¹ mɯ⁵⁵
方向	ø³¹ pho⁵⁵ ɕi³¹ pho⁵⁵
东（东方）	nɯ³³ mɑ³³ tɑ³¹ xɛ⁵⁵
西（西方）	nɯ³³ mɑ³³ kɑ³¹ xɛ⁵⁵
中间	ɣaŋ³¹ tɕhi³¹ khaŋ⁵⁵ ɬaŋ⁵⁵
中心	ɣaŋ⁵⁵ tɕhi³¹ tɕhi³¹ li³³
旁边	taŋ⁵⁵ tsɛ⁵⁵
左（左边）	tɕa⁵⁵ tɕhɔ⁵⁵
右（右边）	tɕa⁵⁵ ʑi³¹
前（前边）	kɑ⁵⁵ v³¹；la⁵⁵ v³¹

后（后边）	nɑ⁵⁵ xɑŋ³¹
外（外边）	la⁵⁵ n̩⁵⁵
里（里边）	ɣɑŋ³¹ tɕhi³¹
角儿	la⁵⁵ khø⁵⁵
尖儿	v̩³¹ tɕhɛ³¹
边儿	ʐɔ⁵⁵ tsɛ⁵⁵
周围	ɯ³¹ lɯ³¹ lɯ³¹ tɛ³¹
附近	ni³¹ tsa³¹ tɛ³¹
底下	a⁵⁵ ɣo³¹
界线	mi³¹ kha⁵⁵
正面	ka³¹ ʂɿ³¹ pho⁵⁵
背后	nɑ⁵⁵ xɑŋ³¹ pho⁵⁵
上方（地势；河流）	lo³¹ v̩⁵⁵
下方（地势；河流）	lo³¹ tɑŋ⁵⁵
上（桌子上）	xɔ³¹ tha⁵⁵
下（桌子下）	xɔ³¹ o⁵⁵
上（天上）	(m̩⁵⁵ xɔ³¹) tha⁵⁵
底下（天底下）	(m̩⁵⁵ xɔ³¹) o⁵⁵
上（挂在墙上）	(tshaŋ⁵⁵ tɕhi³¹) tha⁵⁵ pa³¹
顶上（房顶上）	(v̩⁵⁵ tv̩³¹ tv̩³¹ li³³) pa³¹
下（山下）	(xaŋ⁵⁵ thɛ⁵⁵) tɯ³¹ kɯ³¹
以上	tɯ³¹ nɑ³¹
以下	tɯ³¹ kɯ³¹
往上	a⁵⁵ tha³¹
往下	a⁵⁵ ɣo³¹
上半身	tha³¹ ɬo³¹
下半身	o³¹ ɬo³¹
现在	ʐa⁵⁵ m̩⁵⁵
时间	ʂɿ³¹ tɕɛ⁵⁵（汉借）; ɕo⁵⁵ m̩³¹
今天	ʐɑ³¹ nɯ³¹
昨天	mi⁵⁵ nɯ³¹
前天	fv̩³¹ nɯ³¹
大前天	ʂɿ³¹ v̩⁵⁵ nɯ³¹
明天	nɑ⁵⁵ nɯ³¹

明早	nɑ³¹ ʂo⁵⁵
后天	sa³¹ phi⁵⁵ nɯ³¹
大后天	sa⁵⁵ ɕa⁵⁵ nɯ³¹ ; phi⁵⁵ ɕa⁵⁵ nɯ³¹
今晚	ʑa⁵⁵ mi⁵⁵
明晚	nɑ³¹ tɕhi⁵⁵
昨晚	mi³¹ tɕhi⁵⁵
白天	m̩³¹ nɯ³¹
早晨	m̩⁵⁵ ʂo³¹
黎明	m̩⁵⁵ pa⁵⁵ tɕv⁵⁵ tɕv³¹
中午	nɯ⁵⁵ ɣaŋ⁵⁵
下午	m̩⁵⁵ tɕhi³¹ pho⁵⁵
黄昏	m̩⁵⁵ tɕhi³¹ tɕhi⁵⁵ sɛ³¹ sɛ³¹
晚上	m̩⁵⁵ tɕhi³¹
夜里	m̩⁵⁵ tɕhi³¹ tshɛ³¹
半夜	su⁵⁵ ɣaŋ⁵⁵
子（鼠）	xo³¹ ; xo³¹ xo⁵⁵
丑（牛）	no⁵⁵ ; no⁵⁵ xo⁵⁵
寅（虎）	ɬa⁵⁵ ; ɬa⁵⁵ xo⁵⁵
卯（兔）	li³¹ ; li³¹ xo⁵⁵
辰（龙）	laŋ⁵⁵ ; laŋ⁵⁵ xo⁵⁵
巳（蛇）	ʂɛ³¹ ; ʂɛ³¹ xo⁵⁵
午（马）	mɑŋ⁵⁵ ; mɑŋ⁵⁵ xo⁵⁵
未（羊）	ʑɔ³¹ ; ʑɔ³¹ xo⁵⁵
申（猴）	mo⁵⁵ ; mo⁵⁵ xo⁵⁵
酉（鸡）	ha³¹ ; ha³¹ xo⁵⁵
戌（狗）	khɯ⁵⁵ ; khɯ⁵⁵ xo⁵⁵
亥（猪）	ɣa⁵⁵ ; ɣa⁵⁵ xo⁵⁵
属相	xo⁵⁵ nɯ³¹
日子	nɯ³¹
初一	ɬa³¹ ʂɤ⁵⁵ tɕhi⁵⁵ ɕa³¹
初二	ɬa³¹ ʂɤ⁵⁵ n̩⁵⁵ ɕa³¹
初三	ɬa³¹ ʂɤ⁵⁵ sum³¹ ɕa³³
初十	ɬa³¹ ʂɤ⁵⁵ tshɛ³¹ ɕa⁵⁵
月	pa³¹ ɬɑ³¹

一月	i³¹ ʐø³¹；tsɛŋ³¹ ʐø³¹（汉借）
二月	ɤ²⁴ ʐø³¹（汉借）
三月	saŋ³³ ʐø³¹（汉借）
四月	sɿ³³ ʐø³¹（汉借）
五月	v³¹ ʐø³¹（汉借）
六月	lv³¹ ʐø⁵⁵（汉借）
七月	tɕhi³¹ ʐø⁵⁵（汉借）
八月	pa³¹ ʐø⁵⁵（汉借）
九月	tɕv³³ ʐø³¹（汉借）
十月	ʂɿ³¹ ʐø⁵⁵（汉借）
十一月（冬月）	ʂɿ³¹ i³¹ ʐø³¹；tɔŋ³¹ ʐø³¹（汉借）
十二月	ʂɿ³¹ ɤ²⁴ ʐø³¹（汉借）；a³¹ ʐø³¹
闰月	ɬa³¹ xɯ⁵⁵
平月	ɬa⁵⁵ ŋ̍⁵⁵
月初	ɬa³¹ sɤ⁵⁵；ɬa³¹ v⁵⁵
月中	ɬa⁵⁵ ɣaŋ⁵⁵
月底	ɬa³¹ mi⁵⁵
年	xo⁵⁵
今年	ʑa³³ nɯ³³ xo⁵⁵；tʂhɤ³³ nɯ³³ xo⁵⁵
去年	mi³¹ nɯ³¹ xo⁵⁵
前年	fv³¹ nɯ³¹ xo⁵⁵
明年	na⁵⁵ xo³¹
后年	sa³¹ phi⁵⁵ xo⁵⁵
从前	la⁵⁵ v⁵⁵
以前	la⁵⁵ v⁵⁵
古时候	ɕi⁵⁵ pa³¹ la⁵⁵ v⁵⁵；ka⁵⁵ v⁵⁵ la³¹ xo⁵⁵
现在	ʑa⁵⁵ m̍⁵⁵
近来	ʑa⁵⁵ m̍⁵⁵ ɕø⁵⁵ tø⁵⁵
将来	kɔ⁵⁵ lɔ³¹；kɔ⁵⁵ na⁵⁵ xaŋ³¹
以后	na⁵⁵ xaŋ³¹ pa³¹
今后	ɕi⁵⁵ pa⁵⁵ na⁵⁵ xaŋ³¹
开始（开始时）	ʐo³¹ pɛ³¹；a³¹ pɛ³¹
最后	na⁵⁵ xaŋ³¹ xaŋ³¹ li⁵⁵
星期	ɕiŋ³³ tɕhi³³（汉借）

星期一	ɕiŋ³³ tɕhi³³ zi³¹（汉借）
星期二	ɕiŋ³³ tɕhi³³ ɣ²⁴（汉借）
星期三	ɕiŋ³³ tɕhi³³ saŋ⁵⁵（汉借）
星期四	ɕiŋ³³ tɕhi³³ sɿ²⁴（汉借）
星期五	ɕiŋ³³ tɕhi³³ v⁵⁵（汉借）
星期六	ɕiŋ³³ tɕhi³³ lv³¹（汉借）
星期日	ɕiŋ³³ tɕhi³³ tiɛn⁵⁵（汉借）
春	ɣum⁵⁵ to³¹
夏	zɛ⁵⁵ ɣaŋ⁵⁵
秋	tʂhaŋ³¹ to³¹
冬	ɣɛ³¹ ɕɛ³¹
除夕	xo⁵⁵ mi³¹；xo⁵⁵ ø⁵⁵
新年	xo⁵⁵ sɣ³¹
节日	taŋ⁵⁵ xɣ⁵⁵ to³¹
化肥	tsɛ⁵⁵ khɯ³¹；xua²⁴ fɛ³¹（汉借）
烟叶站	zɛ⁵⁵ zi³¹ tʂaŋ²⁴（汉借）
信用社	ɕi³¹ zɔŋ³¹ sɣ²⁴（汉借）
旅社	li³³ sɣ²⁴（汉借）
计生站	tɕi³¹ sɛŋ⁵⁵ tʂaŋ²⁴（汉借）
兽医站	sɣ³¹ zi⁵⁵ tʂaŋ²⁴（汉借）
水管站	sø⁵⁵ kɔŋ⁵⁵ tʂaŋ²⁴（汉借）
羊街中学	zaŋ³¹ kɛ⁵⁵ tʂɔŋ⁵⁵ ɕo³¹（汉借）
羊街小学	zaŋ³¹ kɛ⁵⁵ ɕɔ³³ ɕo³¹（汉借）
汽车站	tɕhi³¹ tʂhɣ⁵⁵ tʂaŋ²⁴（汉借）
农贸市场	noŋ³¹ mɔ³¹ sɿ²⁴ tʂhaŋ³³（汉借）
供销社	kɔŋ⁵⁵ ɕɔ⁵⁵ sɣ²⁴（汉借）
一	tɕhi³¹
二	n̩³¹
三	sum⁵⁵
四	ø⁵⁵
五	ŋɑ⁵⁵
六	kho⁵⁵
七	sɿ⁵⁵
八	hɛ⁵⁵

九	ɣø⁵⁵
十	tshɛ³¹
十一	tshɛ³¹ tɕhi⁵⁵
十二	tshɛ³¹ n̩⁵⁵
十三	tshɛ⁵⁵ sum⁵⁵
十四	tshɛ³¹ ø⁵⁵
十五	tshɛ³¹ ŋɑ⁵⁵
十六	tshɛ³¹ kho⁵⁵
十七	tshɛ³¹ ʂʅ⁵⁵
十八	tshɛ³¹ hɛ⁵⁵
十九	tshɛ³¹ ɣø⁵⁵
二十	n̩⁵⁵ tshɛ⁵⁵
三十	sum⁵⁵ tshɛ⁵⁵
四十	ø⁵⁵ tshɛ⁵⁵
五十	ŋɑ⁵⁵ tshɛ⁵⁵
六十	kho⁵⁵ tshɛ⁵⁵
七十	ʂʅ⁵⁵ tshɛ⁵⁵
八十	hɛ⁵⁵ tshɛ⁵⁵
九十	ɣø⁵⁵ tshɛ⁵⁵
百	tɕhi⁵⁵ ɕa⁵⁵
一百零一	tɕhi⁵⁵ ɕa⁵⁵
千	tɕhi⁵⁵ thaŋ⁵⁵
万	tɕhi⁵⁵ mɛ⁵⁵
十万	tshɛ³¹ mɛ³¹
百万	tɕhi⁵⁵ ɕa⁵⁵ mɛ³¹
千万	tɕhi⁵⁵ thaŋ⁵⁵ mɛ³¹
亿	tɕhi⁵⁵ mɛ⁵⁵ mɛ³¹
一半	tɕhi³¹ pha³¹
第一	la⁵⁵ v³¹ tɕhi⁵⁵ mɔ⁵⁵
第二	la⁵⁵ v³¹ n̩⁵⁵ mɔ⁵⁵
个（一个人）	(tshɔ³¹ tɕhi⁵⁵) ɣa³¹
个（一个碗）	(xum⁵⁵ mɑ³¹ tɕhi⁵⁵) xum³¹
条（一条河）	(lo³¹ pɑ⁵⁵ tɕhi⁵⁵) khɯ⁵⁵
条（一条绳子）	(a³¹ tɕha³¹ tɕhi³¹) tɕha³¹

张（一张纸）	（sv⁵⁵ ɣa³¹ tɕhi³¹）lɔ³¹
页（一页书）	（sv⁵⁵ ɣa³¹ tɕhi⁵⁵）pho³¹
个（一个鸡蛋）	（ha³¹ v³¹ tɕhi⁵⁵）sʅ³¹
只（两只鸟）	（xa⁵⁵ tʂʅ⁵⁵ n⁵⁵）za³¹
根（一根棍子）	（ti⁵⁵ tv⁵⁵ tɕhi⁵⁵）khaŋ³¹
根（一根草）	（tɕa³¹ ɣɔ⁵⁵ tɕhi³¹）khɯ³¹
粒（一粒米）	（tɕhɛ⁵⁵ phv⁵⁵ tɕhi⁵⁵）sʅ³¹
把（一把扫帚）	phɔ⁵⁵
把（一把刀）	khɯ⁵⁵
棵（一棵树）	（sɤ⁵⁵ tsɤ⁵⁵ tɕhi⁵⁵）pɔ⁵⁵
本（两本书）	（sv⁵⁵ ɣa³¹ n⁵⁵）pɤ³¹
行（一行麦子）	khɔ³¹；tsɛ⁵⁵
座（一座桥）	（ta⁵⁵ tʂum⁵⁵ tɕhi⁵⁵）tʂum⁵⁵
把（一把菜）	tʂɤ³¹；thv³¹
把（一把米）	thv³³
支（一支笔）	（po⁵⁵ tv⁵⁵ tɕhi⁵⁵）mɔ⁵⁵
堆（一堆粪）	（tɕɛ⁵⁵ khɯ³¹ tɕhi³¹）tʂhv³¹
桶（一桶水）	（thv⁵⁵ tɕhi⁵⁵）thv³¹（a⁵⁵ khɛ⁵⁵）
碗（一碗饭）	（xo⁵⁵ tɕhi⁵⁵）xum³¹
块（一块地）	（taŋ⁵⁵ ɕa⁵⁵ tɕhi⁵⁵）khɔ⁵⁵
块（一块石头）	（xa³¹ ɬo³¹ ɬo⁵⁵ pa³³ tɕhi⁵⁵）sʅ³¹
片（一片树叶）	（sɤ⁵⁵ tsɤ⁵⁵ xa³¹ pha⁵⁵ tɕhi⁵⁵）pha³¹
朵（一朵花）	（tɕa³¹ zi⁵⁵ tɕhi⁵⁵）mɔ⁵⁵
句（一句话）	（to⁵⁵ tɕhi⁵⁵）xɛ³¹
首（一首歌）	（tʂhaŋ³¹ ko⁵⁵ tɕhi⁵⁵）mɔ⁵⁵
件（一件衣）	（a³¹ xaŋ⁵⁵ tɕhi⁵⁵）khɔ³¹
双（一双鞋）	（sɛ³¹ nɔ³¹ tɕhi⁵⁵）tʂum⁵⁵
对（一对兔子）	（tho³¹ ɬa³¹ tɕhi⁵⁵）tʂum⁵⁵
群（一群羊）	（a⁵⁵ tʂhʅ³¹ tɕhi⁵⁵）pɯ³¹
段（一段路）	（ka⁵⁵ ma³¹ tɕhi⁵⁵）tshɛ³¹
节（一节竹子）	（ha⁵⁵ tɕhi⁵⁵）tshɯ³¹
天（一天路）	tɕhi³¹ nɯ³¹（zo⁵⁵ a⁵⁵ ka⁵⁵ ma³¹）
只（一只鞋）	（sɛ³¹ nɔ³¹ tɕhi⁵⁵）thɛ³¹
家（一家人）	（tɕhi⁵⁵ xɔ³¹）tshɔ³¹

叠（一叠）	(thv⁵⁵ tshɛ⁵⁵ tɕhi⁵⁵）tsɤ³¹
剂（一剂药）	(na³¹ tshʅ⁵⁵ tɕhi⁵⁵）tʂhv³¹
卷（一卷布）	(tɕhi⁵⁵）tum⁵⁵
匹（一匹布）	(tɕhi⁵⁵）sʅ³¹
筐（一筐菜）	(ɣo³¹ pɛ³¹ tɕhi⁵⁵）tɤ³¹
背（一背柴）	(ɑ⁵⁵ tsɑ³¹ tɕhi⁵⁵）zɜ⁵⁵
捆（一捆）	(tsa³¹ tsɤ⁵⁵ tɕhi⁵⁵）tsɤ³¹
捧（一捧）	(tɕhi⁵⁵）la³¹ xɔ³¹
驮（一驮）	(tɕhi⁵⁵）tɕhi³¹
袋（一袋烟）	(tɕhi⁵⁵）pɑŋ³¹
排（一排房子）	(ɛ⁵⁵ xaŋ⁵⁵ tɕhi⁵⁵）tʂɛ³³
串（一串珠子）	(zɔ³¹ sʅ⁵⁵ tɕhi⁵⁵）phv⁵⁵
滴（一滴油）	(tshʅ³¹ tɕhi³¹）tsa³¹
面（一面旗子）	(ta³¹ tɕhi³¹ tɕhi⁵⁵）mɔ⁵⁵
份（一份）	(tɕhi⁵⁵）ɣum⁵⁵
层（两层楼）	(n⁵⁵）thɛ³¹
台（一台梯田）	(ɕa³¹ n⁵⁵）thɛ³¹
封（一封信）	(tɕhi⁵⁵）khum³¹
间（一间房）	(ɛ⁵⁵ xaŋ⁵⁵ tɕhi⁵⁵）lɔ³¹
包（一包东西）	(zɔ³¹ xo⁵⁵ tɕhi⁵⁵）tʂhv³¹（汉借）
瓶（一瓶酒）	(a³¹ pa⁵⁵ tɕhi⁵⁵）phiŋ⁵⁵（汉借）
盒（一盒药）	(na³¹ tshʅ⁵⁵ tɕhi⁵⁵）pɛ³¹
摊（一摊泥）	(xa³¹ ɕa⁵⁵ tɕhi³¹）tʂhv³¹
一斤半	(tɕhi⁵⁵ tɕi⁵⁵ tɕi⁵⁵）pha³¹（汉借）
半（斤）	(tɕi⁵⁵）pha³¹（汉借）
斤（一斤）	(tɕhi⁵⁵）tɕi⁵⁵（汉借）
两（一两）	(tɕhi⁵⁵）ɬɑŋ³¹（汉借）
（一）秤（十斤）	(tɕhi³¹）sa³¹
钱（两钱）	tɕhɛŋ³¹（汉借）
斗（一斗）	tʂhɔ⁵⁵
升（一升）	(tɕhi⁵⁵）phɛ³¹
升（二升）	(n⁵⁵）phɛ³¹
厘（一厘长）	(nø³¹ tʂhɤ⁵⁵ tɕhi⁵⁵）tshɤ³¹
庹（一庹）	(tɕhi⁵⁵）ɬum⁵⁵

尺（一尺）	(nø⁵⁵ tho⁵⁵ ŋ⁵⁵) tho⁵⁵
（一）丈	(la⁵⁵ ɬum⁵⁵ ŋ⁵⁵) ɬum⁵⁵
（两）尺	(nø⁵⁵ tho⁵⁵ ø⁵⁵) tho⁵⁵
拃（一拃）	(tɕhi⁵⁵) tho⁵⁵
指（一指宽）	(tɕhi⁵⁵ nø⁵⁵ tɕi³¹) tɕ³¹
（一）步	(khɯ³¹ tho⁵⁵ tɕhi⁵⁵) tho³¹
肘（一肘的长度）	(la⁵⁵ ɣo³¹ tɕhi⁵⁵) ɣo³¹
架（一架牛）	(no⁵⁵ tshɛ³¹ tɕhi⁵⁵) khɯ⁵⁵
寸（一寸）	(la⁵⁵ nø⁵⁵ ŋ⁵⁵) nø⁵⁵
（一）分	(thv⁵⁵ tshɛ⁵⁵ tɕhi⁵⁵) ɕa⁵⁵
元（一元）	(tɕhi³¹) pa³¹
角（一角）	(tɕhi⁵⁵) xɔ⁵⁵
亩（一亩）	(sum³¹ ɣa⁵⁵ tshɛ³¹) a⁵⁵
（一）小时	(tɕhi³¹) ʂeŋ³¹
一会儿	(na³³ tɛ³¹ tɕhi⁵⁵) xɛ³¹
一块儿	tɕhi³¹ khum³¹ mɛ³¹
天（一天）	(tɕhi³¹) nɯ³¹
夜（一夜）	(tɕhi⁵⁵) mi⁵⁵ ; (tɕhi⁵⁵) tɕhi³¹
月（一个月）	(tɕhi⁵⁵) sɿ³¹
年（一年）	(tɕhi⁵⁵) xo³¹
岁（一岁）	(tɕhi⁵⁵) xo³¹
辈子（一辈子）	(tɕhi⁵⁵) zɿ⁵⁵
（一）代（人）	(tsho³¹ tɕhi³¹) phɛ³¹
步（走一步）	(khɯ³¹ tho⁵⁵ tɕhi⁵⁵) tho³¹
次（去一次）	(tɕhi³¹) pɔ³¹
回（来一回）	(tɕhi³¹) pɔ³¹
顿（吃一顿）	(tɕhi⁵⁵) pɔ⁵⁵
声（喊一声）	(tɕhi⁵⁵) xɛ³¹ kv³¹
下（打一下）	(tɕhi⁵⁵) la³¹ ti³³
脚（踢一脚）	(tɕhi⁵⁵) la⁵⁵ thɛ³³
口（咬一口）	(tɕhi⁵⁵) xɛ³¹ khɔ³³
一点	a⁵⁵ ɣɯ³³
一些	(tɕhi⁵⁵) ɣɯ³³ ; (tɕhi⁵⁵) pi³¹
几个	mɯ³¹ na³¹ ɣa³³

每天	ʐo³¹ nɯ³¹ ʐo³³
天天（常常）	nɯ³¹ tʂho³¹ tɛ³¹
每个	ʐo³¹ ɣa³¹ ʐo³³
倍（一倍）	(tɕhi⁵⁵)to³¹
我	ŋa³¹
我俩	ŋa³¹ tɤ³¹ n̩⁵⁵ ɣa³¹
我们	ŋa³¹ tɤ³¹ tʂhɤ³³
我的	ŋa³¹ ɤ³¹
我俩的	ŋa³¹ n̩⁵⁵ ɣa³¹
我们的	ŋa³¹ tɤ³¹ ɤ³³
你	nɔ³¹
你俩	no³¹ ʐa³¹
你们	no³¹ ʐa³¹
他	a⁵⁵ ʐø³¹
他俩	a⁵⁵ ʐø³¹ n̩⁵⁵ ɣa³¹
他们	a³¹ ʐa³³ tʂhɤ⁵⁵ ; a⁵⁵ ʐø³¹ tʂhɤ⁵⁵
咱们	a³¹ tɤ³³ ; ŋa³¹ tɤ³³
咱们俩	ŋa³¹ tɤ³³ n̩⁵⁵ ɣa³¹
大家	tʂv³¹ tɛ³¹ ; ta⁵⁵ po³¹ ta³¹ tɕa³³
自己	ʐo³¹ ɣa³¹ ʐo³³
别人	xɤ³¹ ʐa³¹
这	ɕi⁵⁵
这些	ɕø⁵⁵ tø⁵⁵
这里	ɕi³¹ pa³¹
这边	ɕi³¹ phv⁵⁵
这样	ɕi⁵⁵ mɛ³¹
那（近指）	ø⁵⁵
那个	ø⁵⁵ mɔ⁵⁵ ; ø³¹ ɣa⁵⁵
那（远指）	ø³¹ phv⁵⁵ ; a⁵⁵ kɯ³¹
那些	ø⁵⁵ tø⁵⁵
那里	ø³¹ pa³¹
那边	ø³¹ pho⁵⁵
那样	ø⁵⁵ mɛ³¹
谁（谁呀）	a³¹ tha⁵⁵ ; a⁵⁵ sv⁵⁵ ma³¹

什么	xa³¹mɣ⁵⁵
哪个	a³¹tha⁵⁵;xa³¹ɣa⁵⁵
哪里	xa³¹pa³¹
几时	xa³¹v³¹lo³¹xo⁵⁵tɛ³¹
怎么	xa⁵⁵mɛ³¹
多少	xa⁵⁵na³¹tɛ³¹
几个（疑问代词）	xa³¹na⁵⁵mo³¹
为什么	xa³¹mɣ⁵⁵khɛ³¹
不少	ma⁵⁵nɯ³¹
不多	ma⁵⁵na³¹
其他	ɣa⁵⁵tsɛ⁵⁵
各自	zɔ³¹ɣa³¹zo³³
一切	mɛ³¹tɛ³¹
大	xɯ⁵⁵
小	n̩³¹
大小	xɯ⁵⁵n̩³¹;zɔ³¹xɯ⁵⁵zɔ⁵⁵n̩⁵⁵
大大小小	zɔ³¹xɯ⁵⁵zɔ⁵⁵n̩⁵⁵mɛ³¹
粗	pɛ³¹tɣ⁵⁵tɛ³¹
细	ɛ⁵⁵ɕi³¹tɛ³¹
高	maŋ³¹;tɕhe³¹
低	mi⁵⁵;num³¹
凸	tʂhv³¹
凹	xɔ⁵⁵
长	maŋ³¹
长（时间长）	ɕɔ⁵⁵m³¹maŋ³¹
矮	num³¹
短	num³¹
远	xɯ⁵⁵
近	ni⁵⁵
宽	tɕi³¹
窄	aŋ⁵⁵
宽敞	lo⁵⁵ɣa⁵⁵tɛ³¹
狭窄	thɛ³¹khv³¹tɛ³¹
厚	thv³¹

薄	pɑ⁵⁵
深	na⁵⁵ ; xɑŋ⁵⁵
浅	ma⁵⁵ na³¹
满	pɯ³¹
空	ŋɛ⁵⁵ ; a³¹ ŋɛ⁵⁵
瘪	ʑɔ³¹ xɔ⁵⁵ xɔ⁵⁵
多	nɑ⁵⁵ ; nɑ⁵⁵ ʂɤ³¹
少	nɯ⁵⁵ ; nɯ⁵⁵ ʂɤ³¹
方	ø⁵⁵ khø⁵⁵ mɛ³¹
圆（平面）	ɬɯ⁵⁵ xo⁵⁵ tɛ³¹
圆（立体）	ɬɯ⁵⁵ xo⁵⁵ tɛ³¹
扁	pa³³ la³³ sa⁵⁵ tɛ³¹
尖	v³¹ tɕhɛ³¹ tɕhɛ³¹
秃	tsv³¹ li⁵⁵ li⁵⁵ tɛ³³
平	tɛ⁵⁵ ɣaŋ⁵⁵ sa³¹
皱	tʂv⁵⁵
正（正面）	ka³¹ ʂɿ³¹
反（反面）	ɬi⁵⁵ pho³¹
准（打得准）	zo³¹
偏	khɛ⁵⁵
歪	khɛ⁵⁵ ; ʑɔ³¹ khɛ⁵⁵
顺	tɕhi³¹ li³¹ mɛ³¹
倒	pa³¹ ʑɿ⁵⁵ ; ka⁵⁵ pa³¹
横（横的）	ʑi⁵⁵ tshe³¹ mɛ³¹
竖（竖的）	thaŋ³¹ khɯ³¹ mɛ³¹
直（直的）	tʂo³¹ tha³¹ tɛ³¹
斜	ʑi⁵⁵ tshe³¹ mɛ³¹
弯（弯的）	ʑɔ³¹ ɣɔ⁵⁵ ɣo⁵⁵
黑	ʑɔ³¹ na³¹
黑的	na³³ tɕho⁵⁵ tɛ³¹
白	ʑɔ⁵⁵ phv⁵⁵
红	ʑɔ⁵⁵ ni⁵⁵
黄	ʑɔ⁵⁵ ʂɤ⁵⁵
绿	ʑɔ⁵⁵ nø⁵⁵

蓝	zɔ⁵⁵ phɯ⁵⁵
紫	phɯ⁵⁵ sɛ³¹ tɛ³¹
灰（灰的）	phɯ⁵⁵ sv⁵⁵ tɛ³¹
亮（亮的）	pɑ³¹ tɛ³¹
暗	xɤ³¹ li⁵⁵ tɛ³¹
重	tʂhɤ³¹
轻	ɕɔ³¹
快（走得快）	zo³¹ pɛ³¹
勤快	pɛ³¹
慢	ɔ⁵⁵ lɔ³¹ ɔ⁵⁵ lɔ³¹ tɛ³¹
空闲	lɔ³¹ ; ŋɛ⁵⁵
早	na³³
迟	mɑ³¹
锋利	tso³¹
钝	lv⁵⁵
清（清的）	kɯ³¹
浑浊	ti³¹
胖	tshv³¹
肥（猪肥）	ɣa⁵⁵ tshv³¹
瘦	zo³¹ kɔ³³
瘦（地瘦）	mi⁵⁵ tʂv⁵⁵
干	zo³¹ kɯ³¹
湿	z̩³¹ kɯ³¹
稀（头发稀）	kha⁵⁵ xɛŋ³¹ tɛ³¹
硬	xa³¹ tʂhɔ⁵⁵ tɛ³³
软	nɑŋ³¹ kɑ³³ tɛ³¹
黏	kha⁵⁵ la³¹ tɛ³¹
光滑	ko⁵⁵ tɕø³¹
粗糙	kaŋ⁵⁵ sa⁵⁵ tɛ³¹
滑（路滑）	kɑ⁵⁵ tɕø³¹
紧	thɛ⁵⁵
松	kho⁵⁵ ɕa³¹ tɛ³¹
脆	phɤ³¹
结实	taŋ⁵⁵ tɛ³¹

乱	pɯ⁵⁵
对	ŋɤ³¹
错（做）	pa³¹
真	zɔ⁵⁵ tʂɯ⁵⁵
假	ma⁵⁵ tʂɯ⁵⁵
生（生的）	zɔ³¹ tʂum⁵⁵
新	zɔ³¹ ʂɤ⁵⁵
旧	zɔ⁵⁵ hø⁵⁵
好	phɤ⁵⁵；mɯ⁵⁵
坏	pa³¹
贵（价钱贵）	xa³¹
便宜	ɕa³¹
老（植物老）	zɛ³¹
嫩（植物嫩）	nɑŋ⁵⁵
年老	tshɔ³¹ xo⁵⁵ la³¹
年轻	tshɔ³¹ xo⁵⁵ nɑŋ⁵⁵
美	phɤ⁵⁵；tsɑ⁵⁵
丑	zɔ³¹ tshø⁵⁵
热	ɬaŋ³¹；ɬum³¹
冷	ka³¹；tshɛ⁵⁵
温（水温）	ɬaŋ⁵⁵ mɛ³¹ mɛ³¹
冰冷	tshɛ⁵⁵ thɤ⁵⁵ thɤ³¹ tɛ³¹
暖和	ɬum⁵⁵ pɤ³¹ tɛ³¹
凉快	tʂhu⁵⁵ ʂɛ³¹ tɛ³¹
难	khø⁵⁵ tɕhi⁵⁵ tɛ³¹
容易	ɕɔ⁵⁵ tsa³¹ tɛ³³
香（气味香）	sɔ³¹
臭	pv⁵⁵
香（味道香）	sɔ³¹ xɤ⁵⁵ tɛ³¹
酸	tɕhɛ³¹
甜	tɕhy³¹
苦	xɑ⁵⁵
辣	tshɿ³¹
咸	xɑ⁵⁵

淡（盐淡）	ɕɔ⁵⁵ ka³¹ tɛ³¹
涩	phɛ³¹
腥	ʂa³¹ num³¹
鱼腥草	sa⁵⁵ num⁵⁵
臊	ʐɔ³¹ xɤ³¹ tshø³¹ tɛ³³
腻	lo⁵⁵
闲	lɔ³¹
忙	thɛ⁵⁵
富	ʐɔ³¹ xa³¹
穷	za⁵⁵ tɕhø³¹
丰富	ʐa³¹ ɣɑŋ⁵⁵
干净	ʂo⁵⁵ ka³¹ lɛ⁵⁵ tɛ³¹
脏	mɑ⁵⁵ ʂɔ⁵⁵
安静	tʂʅ⁵⁵ hɤ³¹ tɛ³¹
活（活的）	ʐɔ³¹ tɛ⁵⁵ tɛ⁵⁵
新鲜	ʐɔ³¹ ʂɯ⁵⁵ ʂɯ⁵⁵
死（死的）	ʂʅ³¹
一样的	tɕhi⁵⁵ ʂɯ⁵⁵
清楚	ɑ⁵⁵ tshɑ³¹ po³¹ tɛ³¹
明亮	pa³¹ lo⁵⁵ tɛ³¹
好吃	mɛ³¹ za³¹
不好吃	mɑ⁵⁵ mɛ⁵⁵ za³¹
好听	nɑ³¹ xa⁵⁵ sa³¹
好看	fv³¹ phɤ⁵⁵
难看	mɑ⁵⁵ phɤ³¹
好笑	ɯ⁵⁵ xɤ⁵⁵ to³¹
响	mɯ³¹ la³¹
辛苦	ɣa⁵⁵ ka⁵⁵ ɔ³¹ ʂa³¹
闷	sa⁵⁵ tshɤ³¹
慌张	thɛ³¹ li³¹ thɛ⁵⁵ ʂʅ⁵⁵
急忙	lɛ³¹ kɑ⁵⁵ kɯ³¹
花（花的）	ʐɔ³¹ po⁵⁵
聪明	khø³¹
傻	ʐɔ³¹ xaŋ⁵⁵

蠢	ʐɔ³¹ tʂo⁵⁵
机灵	khɯ³¹ la⁵⁵ ɕɔ³¹
老实	tʂɯ³¹ tɛ³¹
狡猾	ɬum⁵⁵ phv³¹ m̩³¹；tɕo⁵⁵ xua²⁴（汉借）
细心	nø⁵⁵ tɕhi³¹
和气	nɑŋ³¹ kɑ³¹ tɛ³¹
骄傲	khø³¹ nɑ⁵⁵；tɕɔ⁵⁵ ɔ³¹（汉借）
合适	tsɑ³¹
勇敢	m̩³¹ phɤ⁵⁵；tʂaŋ³¹ phɤ⁵⁵
凶恶	khø³¹ nɑ⁵⁵
厉害	khɔ⁵⁵ v³¹
客气	to⁵⁵ mɯ⁵⁵
吝啬	la³¹ thv³¹ zɿ⁵⁵；a³¹ tɕhɿ³¹
勤快	m̩⁵⁵ pɛ³¹；m̩³¹ tsa⁵⁵ nɑŋ³¹
懒	tɔ⁵⁵ tɕɛ³¹
懒汉	a⁵⁵ kø³¹ kø⁵⁵ phɯ⁵⁵；laŋ⁵⁵ xaŋ³¹（汉借）
巧	la⁵⁵ tɕhi³¹
努力	ɣa³¹ xa³¹ phɛ⁵⁵
乖（乖孩子）	ɛ³¹ to⁵⁵ nɑ³¹ xa⁵⁵
可怜	ɣø⁵⁵ ʂa³¹
高兴	ɣø³¹
幸福	ʐɔ⁵⁵ ɣø⁵⁵ sa³¹
平安	sa³¹ ma⁵⁵ sa⁵⁵ sa³¹
舒服	mɯ⁵⁵
悲哀	ʂɑ⁵⁵ nɑ⁵⁵
亲热	maŋ³¹ tsa³¹ tɛ³¹
讨厌	saŋ⁵⁵ ʐɑ³¹
单独	mɔ³¹ thɛ⁵⁵；ɣa⁵⁵ thɛ⁵⁵
陡峭	pa⁵⁵ tɕɛ⁵⁵
早早地	na⁵⁵ tɛ³¹；na⁵⁵ na⁵⁵ tɛ³¹
慢吞吞	mɑŋ³¹ thaŋ⁵⁵ lɛ⁵⁵ tɛ³¹
亮晶晶	lo⁵⁵ lo⁵⁵ tɛ³¹
黑洞洞	na³¹ tɕho⁵⁵ tɕho³¹ tɛ³¹
灰扑扑	xa⁵⁵ ɬɛ⁵⁵ ɬɛ⁵⁵ ʂo⁵⁵

绿油油	nø^{31} zɔ^{55} tɛ^{31}
红彤彤	ni^{55} tʂhv^{55} tʂhv^{31} tɛ^{31}
黄灿灿	ʂɤ^{55} khɑ^{31} khɑ^{31} tɛ^{31}
轻飘飘	ɕɔ^{55} sa^{31} sa^{31} tɛ^{31}
水淋淋	ɯ^{55} kɯ^{55} zɔ^{55} tɛ^{31}
赤裸裸	tʂv^{31} tɕi^{55} lɛ^{55} tɛ^{31}
乱七八糟	ʑi^{31} taŋ^{55} ɕi^{31} taŋ^{55} mɛ^{31}; ø^{55} mɛ^{31} ɕi^{55} mɛ^{31} tɛ^{31}
老老实实	zɔ^{55} tʂɤ^{55} mɛ^{31}
零零碎碎	zɔ^{31} ka^{31} zɔ^{31} ʂa^{55}
紧紧张张	thɛ^{31} khv^{31} thɛ^{31} lv^{31}
慌慌张张	thɛ^{31} khv^{31} thɛ^{31} lv^{31}
马马虎虎	ŋɤ^{31} maŋ^{55} ŋɤ^{55} mɛ^{31}
啰里啰唆	ø^{31} taŋ^{55} ɕi^{31} taŋ^{55}
糊里糊涂	nɯ^{31} tshø^{55} tshø^{55}
半新半旧	ma^{55} ʂɤ^{31} ma^{55} hø^{55}
弯弯曲曲	i^{55} ɣo^{31} la^{31} ɣa^{33} mɛ^{31}
不上不下	mɑ^{31} kɑ^{31} ma^{31} ta^{33}
隔壁邻居	kɯ^{55} xɔ^{55} la^{55} num^{55}
说去说来	ɛ^{31} tɕhi^{55} ɛ^{55} ni^{55}
高高兴兴	ɣø^{31} li^{31} ɣø^{55} tɕhi^{31}
高高兴兴地	ɣø^{31} li^{31} ɣø^{55} tɕhi^{31} mɛ^{31}
不喜欢不讨厌	ma^{55} ɣø^{55} ma^{31} sv^{31}
青梅竹马	xɯ^{55} tɕho^{31} maŋ^{31} tsho^{55}
打去打来	ti^{55} ɣo^{31} ti^{55} tum^{55}
挨打	pi^{31} ti^{55}
挨近	ni^{55} la^{31}
爱	ɣø^{31}
爱（爱吃）	tsa^{55} kɔ^{31}
安慰	ɛ^{55} sa^{55}
安装	pa^{55} tsho^{31}
按	tɛ^{55}; thø^{55}
熬（药）	phv^{55}
熬（粥）	tɕho^{55} ɕa^{31} phv^{55}
拔（草）	ɣɤ^{31}

拔（火罐）	tshɛ³¹ phv⁵⁵ tɤ³¹
把（尿）	pa⁵⁵ tɕɛ⁵⁵
耙（耙田）	(ɕa³¹) khɑ⁵⁵
种（庄稼）	(kha⁵⁵ʑi³¹) khɑ³¹
掰开	ɤɤ⁵⁵ pha³¹
摆（摆整齐）	pa³¹ ɬɤ³¹
摆动	ŋo³¹ ɬv³³
败	ʂɿ³¹；pɛ²⁴（汉借）
拜（拜菩萨）	tsa³¹ xɤ³¹ xɤ³¹
搬（搬家）	pa³¹ pho³¹
搬（搬凳子）	pa⁵⁵（汉借）
帮助	xaŋ⁵⁵ m̩⁵⁵
绑	kha⁵⁵ thɛ³¹
包（包药）	kha⁵⁵ tʂhv³¹
剥（剥花生）	ɬɤ⁵⁵
剥（剥牛皮）	no⁵⁵ kɯ⁵⁵ ʑɛ³¹ zɔ³¹
剥落	zɔ³¹（zɛ⁵⁵ xɔ³¹ cɔ³¹）
保护	zo³¹ ɬɯ³¹ ɬɯ³¹
饱	tɛ³¹；po³¹
抱	tɕhi⁵⁵（pi³¹）
刨	tɕi³¹
背（背孩子）	ɤ⁵⁵
怀孕	a⁵⁵ n̩⁵⁵ phi³¹
焙干	ɬv⁵⁵ kɯ³¹
迸（迸出）	ka⁵⁵ to³¹
比	pa³¹ tɕhi³¹
闭（闭口）	m̩³¹ tʂhum⁵⁵；m̩³¹ phi⁵⁵
编（编辫子）	(tʂaŋ³¹ phɛ⁵⁵) phɛ⁵⁵
编（编篮子）	tsɤ⁵⁵
织腰带	(pha³¹ ɤa⁵⁵) ɤa⁵⁵
变化	pho³³ la³³
改变	m⁵⁵ pha⁵⁵；tʂhum⁵⁵ pha⁵⁵
变大	xɯ⁵⁵ lɑ³¹
变小	n̩³¹ tsɿ³¹

变黑	na³¹ li³¹
变红	ni³¹ la³¹
压扁	zɤ⁵⁵ pa³¹
病	na³¹
补（补衣）	to⁵⁵
补（补锅）	to⁵⁵
擦（擦桌子）	sɿ³¹
擦掉	sɿ³¹ za⁵⁵
猜（猜谜）	tɕa³¹ tshɑ⁵⁵ tshɑ⁵⁵
猜中	tshɑ³¹ ʐo³¹
裁	phɛ³¹
踩	no⁵⁵
刺痛	tʂho⁵⁵ kɔ⁵⁵
藏（藏东西）	xø⁵⁵ ɤa³¹
蹭（蹭痒）	a³¹ tɕhi³¹ tɕhi³¹
插（插牌子）	tv³¹ khɯ³¹；tshɔ⁵⁵ khɯ³¹
插（插秧）	tɕhɛ³¹ thi³¹
差（两斤）	ma⁵⁵ lo³¹
查（查账）	fv³¹ tsɿ³¹
拆（拆衣服）	ɤɤ⁵⁵ phɛ⁵⁵
拆（拆房子）	xɛ⁵⁵ pa³¹
塌毁	ka⁵⁵ pa³¹
搀扶	num³¹ thɛ⁵⁵
掺（掺水）	xɛ³¹ khɤ⁵⁵；pa⁵⁵ khɤ³¹
缠（缠线）	ɤɤ⁵⁵ ɤɤ³¹
馋（馋肉）	mɛ⁵⁵ ʐa³¹
好吃	mɛ³¹ ʐa³¹；khɯ³¹ ʐa³¹
馋（嘴馋）	mɛ⁵⁵ ɬo³¹ maŋ³¹；za⁵⁵ xɔ³¹
尝	tsa³¹ fv³¹
偿还	xɛ³¹ ɤo⁵⁵ a³¹ pi³¹
唱	zɿ³¹
吵	tʂha³¹
炒	ɬv³¹
沉	ka³¹ v⁵⁵

称（称粮食）	(tɕhɛ³¹) sa³¹
称赞	ɛ³¹ phø⁵⁵
炫耀	ɛ⁵⁵ fv³¹；tsaŋ⁵⁵ fv³¹
撑住	phi³¹ thɛ⁵⁵
撑（口袋）	ɣɤ⁵⁵ phɛ³¹
撑（撑伞）	tho⁵⁵ pɛ³¹
撑（船）	xɤ³¹
成（了）	ŋɤ³¹ pɛ³¹
完成	m⁵⁵ pɛ⁵⁵
盛（饭）	ɣɛ³¹
盛得下	tɛ³¹ li³¹
承认	tɕhiɛŋ³¹ ʐɛŋ²⁴（汉借）
充满	pɯ³¹
澄清	pi⁵⁵ kɯ⁵⁵ la³¹
吃	tsɑ⁵⁵
冲（冲在前）	thaŋ³¹ to³¹ li³³
冲（用水冲）	pv⁵⁵ to³¹ la³³
春	thaŋ⁵⁵
抽（抽出）	ɣɤ⁵⁵ to³¹
抽（抽烟）	ʂv³¹
抽打	tsɯ⁵⁵ a³¹ pi³¹
出产	to³¹ ɤ³¹；to³³ tu⁵⁵
出嫁	za⁵⁵ mi³¹ pi⁵⁵；xa³¹ ʐo³³ ʂa³¹ tsɑ⁵⁵
出（水痘）	ʐɔ³¹ sʅ⁵⁵ sʅ⁵⁵ lɑ³¹
出去	to³¹ tsʅ³¹
出（出太阳）	to³¹
出来	to³¹ ʑi³¹
取出	xɛ⁵⁵ to³¹
锄（草）	tɕa³¹ ɣa⁵⁵ tʂho³¹
穿（衣）	tum³¹
穿（鞋）	(sɛ³¹ nɔ³¹) nɔ³¹
穿（针）	ɣo⁵⁵ nɑ³¹ sʅ⁵⁵ ɛ³¹
传染	na⁵⁵ ko⁵⁵ to³¹ la³¹
吹（喇叭）	mɯ³¹

吹（灰）	po³¹
捶打	(ti⁵⁵ phv³¹)ti⁵⁵
喘（气）	sa⁵⁵ ɣɔ³¹
戳	tsho³¹（汉借）
刺（痛）	tʂhɔ⁵⁵ na⁵⁵
搓（搓绳）	a³¹ tʂha³¹ xø³¹
错（错了）	tsø³¹（汉借）
搭（架子）	ʐɔ⁵⁵ xɤ⁵⁵ tv³¹
答应	ɛ³¹ thv⁵⁵
打（打人）	ti⁵⁵
打（手势）	(a⁵⁵ la³¹) mi³¹
打（针）	(ta⁵⁵ tɕɛŋ⁵⁵)（汉借）ti³¹
打（棍子）	ti³¹
打（猎）	ʂa⁵⁵ pɤ³¹ ; ɣa⁵⁵
打（枪）	(mi³¹ pɤ³¹) pɤ³¹
打（中）	pɤ⁵⁵ ʐo³¹
打仗	kɯ³¹ ti³¹
打架	ti⁵⁵ thɛ⁵⁵ a³¹
（队伍）打散	pɤ³¹ sɛ⁵⁵ ʐa⁵⁵
失散	tɤ⁵⁵ po³¹ lɔ⁵⁵
打倒	ti³¹ phy³³ ʐa⁵⁵
打（水）	a⁵⁵ khɛ⁵⁵ khv³³
打（柴）	a⁵⁵ tsa³¹ xɛ⁵⁵
打扮	sɔ⁵⁵ pɔ⁵⁵ a³¹
打赌	ɛ³¹ pa³¹
打比方	i⁵⁵ mɔ⁵⁵ la⁵⁵ ka⁵⁵
打瞌睡	ʐø⁵⁵ xø⁵⁵ xø³¹
打喷嚏	xa³¹ tsɿ⁵⁵ phɔŋ⁵⁵
打滚儿	a³¹ pho³¹ pho³¹
打哈欠	a⁵⁵ ɕy⁵⁵ ɕy³¹
打嗝儿	xɯ⁵⁵ thɤ³¹ thɤ³¹
打饱嗝儿	ʐɔ³¹ ɣɤ⁵⁵ ɣɤ⁵⁵
打鼾	khaŋ³¹ xo³¹ xo³¹
打开	ɣɤ⁵⁵ phɛ⁵⁵

打霹雳	m̥⁵⁵ tɕi³¹ tɕi³¹ thɛ³¹ thɛ³¹
打闪	m̥⁵⁵ mɛ³¹ mɛ⁵⁵
打雷	tsho⁵⁵ ti³¹
带（钱）	xɛ³¹ la⁵⁵
带（孩子）	za⁵⁵ kv³¹ ʂɤ³¹ la⁵⁵
带（路）	kɑ⁵⁵ mɑ³¹ ʂɤ⁵⁵
戴（帽子）	v⁵⁵ tʂhaŋ³¹ tʂhaŋ⁵⁵
戴（包头）	v³¹ thɔ³¹ thɔ³¹
戴（手镯）	la⁵⁵ tv³¹ tə⁵⁵
当（兵）	taŋ⁵⁵ piŋ⁵⁵ kɯ³¹
挡（风）	(ɬi⁵⁵ thaŋ³¹) thaŋ³¹
（墙）倒	ka⁵⁵ pa³¹
弄倒（弄倒墙）	ɣo³¹ phv³¹ za³³
捣碎	thaŋ³¹ num³¹
倒（倒过来）	ɬɯ⁵⁵ pho³¹ ʑi³³
倒掉（倒掉水）	ŋɔ⁵⁵ xa⁵⁵ za³¹
到达	khɤ³¹ la³¹
得到	ɣɑ³¹
等待	to⁵⁵
地震	mɛ³¹ ɬo³¹ ɬo³¹
滴（水）	(ɯ⁵⁵ tsa³¹) tsa³¹
低（头）	(v⁵⁵ sʅ³¹) mi³¹
点（头）	(v⁵⁵ sʅ³¹) mi³¹
点（灯）	khɯ⁵⁵ tə³¹
点（火）	khɯ⁵⁵ tə³¹；khɯ⁵⁵ phɛ³¹
燃烧	tə⁵⁵ la³¹
垫	xo⁵⁵
凋谢	ʑi³¹ nø⁵⁵ tɕ³¹
叮	tho³¹ thɛ⁵⁵
掉（过头）	phɔ³³ la³³
掉（掉下）	kɑ⁵⁵ kɑ³¹
掉（眼泪）	ma⁵⁵ ɯ⁵⁵ to³¹
吊	phɛ³¹ tɕhɛ³¹
钓（鱼）	(ŋa⁵⁵ ʂa³¹) tiɔ²⁴（汉借）

跌倒	thɛ⁵⁵ pho³¹
叠（被）	(ʐo³³ tum⁵⁵) tum³¹
叮（蚊子）	(ɕa³¹ ko⁵⁵) khɔ⁵⁵
钉（钉子）	(tiŋ⁵⁵ tsʅ³¹) ti⁵⁵（汉借）
丢失	ka⁵⁵ po³¹
懂	xɤ³¹
冻（肉冻）	khɔ⁵⁵
冻（手冻了）	tshɛ⁵⁵
冬眠	ʐv³¹ thaŋ⁵⁵ thaŋ⁵⁵
动（虫子在动）	ɬv³¹ la³¹
使动	xɛ⁵⁵ ɬv³¹
兜着	tho³¹ tʂhv⁵⁵
读	tsɔ³¹；ɣo³¹
堵塞	kɑ³¹ tshy⁵⁵
赌博	thv⁵⁵ tʂhɛ⁵⁵ pɤ³¹ tsa⁵⁵
渡（渡河）	kv⁵⁵ li³¹
断（气）	tshɛ³¹
断（线断）	tshɛ³¹
弄断（弄断线）	ɣɤ⁵⁵ tshɛ³¹
断（棍子断）	ka⁵⁵ tshɛ³¹
弄断（弄断棍子）	xɛ⁵⁵ tshɛ³¹
堆（堆草）	tʂa³¹ ɣɑ⁵⁵ pɑ³¹ tɕhv³¹
蹲	taŋ⁵⁵ tsv⁵⁵ tsv³¹
炖	sa⁵⁵
躲藏	xø³¹ ɣɔ³¹
剁（肉）	tɤ⁵⁵ num³¹
跺（脚）	no⁵⁵
饿	mɛ⁵⁵
恶心	ø⁵⁵ phɛ³¹ ta³¹
发生	to³¹ la³¹
发展（事业发展）	fa⁵⁵ tʂaŋ³¹（汉借）
发誓	ɛ⁵⁵ ʐo³¹
发抖	ni³¹ ni⁵⁵ tɛ³¹
发酵	v⁵⁵

发烧	v⁵⁵ tv³¹ phɯ³¹
发（芽）	(ʐɔ³³ tɕhy³¹) tɕhy³¹ la³¹
罚（处罚）	pi³¹ pa⁵⁵ ; pi⁵⁵ to³¹
翻（过来）	a³¹ pho³¹ pho³¹
翻（身）	(mi³¹ xaŋ⁵⁵) sa³¹ la³¹
犯法	faŋ²⁴ fa³¹（汉借）
犯罪	faŋ²⁴ tsø³³（汉借）
纺（纱）	ɣo³¹
放（水）	(a⁵⁵ khɛ⁵⁵) ɣe³¹
放置	phɛ⁵⁵ tɯ⁵⁵
放（盐）	(a⁵⁵ tʁ³¹) ɣɛ³¹
放（牧）	ɬo⁵⁵
放（火）	(ɑ⁵⁵ tsɑ³¹) khɯ⁵⁵ tə³¹
放（屁）	(ɛ⁵⁵ xɑ³¹) phɛ⁵⁵
放（假）	faŋ³¹ tɕa²⁴（汉借）
飞	pv³¹
分（分东西）	pɛ³¹
分（家）	pɛ³¹
疯	ʐo³¹ m³¹ m³¹
缝	kv⁵⁵
敷	pa⁵⁵ v³¹
孵	v³¹
扶（扶着栏杆）	num³¹ thɛ⁵⁵
符合（符合条件）	tsɑ³¹
符合（使符合）	tsaŋ⁵⁵ tsɑ³¹
腐烂	pv⁵⁵ li³¹
盖（土）	khɑ⁵⁵
盖（被）	khɑ⁵⁵
盖（房子）	(ɛ⁵⁵ xaŋ⁵⁵) tsho³¹
干（干了）	kɯ³¹
晒干	ɬɔ³¹ kɯ³¹
感冒	tshø⁵⁵ na⁵⁵ na³¹
感谢	ɣø³¹ pi³¹ ʐa³¹
赶集	ʐo⁵⁵ tsɯ³¹ tsv⁵⁵

赶（牛）	le^{55}
赶（上）	le^{55}mi^{55}
敢	m̩^{31}phɤ^{55}
干（活儿）	(mo^{55})m̩^{31}
告诉	ɛ^{55}to^{31}
告状	a^{55}ɣɔ^{55}khɑ^{31}
割（肉）	ʑɛ^{55}
割下	ʑɛ^{31}kɑ^{31}
割（绳）	ʑɛ^{31}
割（草）	(tɕa^{31}ɣa^{55})ʑɛ^{55}
隔（河）	khɑ^{55}
给	pi^{55}
够（长度）	(mɑŋ^{31})lo^{55}
够（数）	lo^{55}
耕	ɕa^{31}tshe^{55}
（猪）拱（土）	(a^{55}ɣa^{31})pø^{55}
估计	fv^{31}tʂha^{55}；ku^{55}tɕi^{31}（汉借）
故意	tɤ^{31}ʑi^{55}mɛ^{31}
箍	ø^{31}tɕo^{31}tɕo^{31}
鼓	ɬɯ^{55}tɯ^{31}
雇	ɣa^{55}ɯ^{55}
刮（毛）	tɕi^{31}；tɕho^{31}
刮（风）	(a^{55}ɬi^{55})po^{31}
挂（住）	phɛ^{55}tʂhɤ^{31}
关（门）	(tɛ^{55})phi^{31}
关（羊）	kho^{55}ɬaŋ^{55}
关住	kho^{55}thɛ^{31}
管	fv^{55}ɬɯ^{31}
跪	phɯ^{55}tʂhɯ^{31}thaŋ^{55}
滚	ŋo^{31}pho^{31}
过（年）	(mɛ^{31}ʂɯ^{55})tsɑ^{55}
过（桥）	kv^{55}
过（两年）	pɯ^{31}
共计	tʂv^{31}tɛ^{31}

害羞	ʂa⁵⁵ tɔ⁵⁵
害怕	ko³¹
含	m⁵⁵ thɛ³¹
喊（喊人开会）	kv³¹
焊	haŋ²⁴（汉借）
（天）旱	(m⁵⁵ ɣɑ³¹) xa³¹
喝	tɔ³¹
合适	tsɑ³¹
合上（合上书本）	pɑ⁵⁵ phi³¹
恨	sv³¹
烘	ɣɔ³¹
哄	m³¹ na⁵⁵ ʐa⁵⁵
划（船）	(ɬo⁵⁵ xɣ³¹) xɣ³¹
怀疑	xø⁵⁵ nø³¹
还（账）	(ɣa³¹ pi⁵⁵) ɣo⁵⁵
还（钢笔）	(pi⁵⁵) ɣo³¹
换	phɑ³¹ tsɑ⁵⁵
唤（狗）	tʂaŋ³¹ ɣo⁵⁵
回	ɣo⁵⁵ la³¹
回忆	nø³¹ to³¹ ɣo⁵⁵
回答	ɛ⁵⁵ to³³
会（会写）	tɕhi³¹
混合	xɛ³¹ khɣ⁵⁵
浑浊	ɯ⁵⁵ ti³¹
搅浑	xɣ⁵⁵ ti³¹
活（活了）	tɛ⁵⁵
养活	tʂv³¹ tɛ⁵⁵
获得	ɣɑ³¹ pi³¹ a³¹
和（和泥）	(mi⁵⁵ tʂhɛ⁵⁵) tʂhɛ³¹
积（积水）	(a⁵⁵ khɛ⁵⁵) tɯ⁵⁵
集（聚集）	tsø³¹ la³¹
（很）挤	thɛ⁵⁵ (ʐa³¹)
挤（牙膏）	(ʐa³¹ kɔ⁵⁵) n⁵⁵
挤（奶）	(a⁵⁵ tɕhy⁵⁵) n⁵⁵

挤（脚）	thɛ⁵⁵（ʑɑ³¹）
积攒	xɛ⁵⁵ tɯ⁵⁵
记录	po⁵⁵ thɛ³¹
记得	nø⁵⁵ tɯ⁵⁵
寄存	fv⁵⁵ hɛ⁵⁵ tɯ³¹
寄（信）	(ʂu⁵⁵ ʏa³¹) tɯ³¹ li³³
系（腰带）	(ɬɑ⁵⁵ tsh₁³¹) tsh₁⁵⁵
夹（菜）	nɔ³¹（tsɑ⁵⁵）
嫁（女儿）	(za⁵⁵ mi³¹) pi⁵⁵ tsɑ³¹
捡	ʏo⁵⁵ ta³¹
减	xɛ⁵⁵ kɑ³¹
剪	nɔ³¹
讲（讲故事）	(ʑo³¹ li⁵⁵) ɛ³¹
降落	za⁵⁵ ʏo³¹ ʑi³¹
交（交朋友）	(ɛ³¹ tɕho⁵⁵) tɕho⁵⁵
浇（浇水）	phɛ⁵⁵
焦（烧焦）	(phɯ⁵⁵) khv⁵⁵
嚼	khɔ⁵⁵
教	ɛ³¹ mɛ⁵⁵
（公鸡）叫	(ha³³ phø⁵⁵) tɛ³¹
（母鸡）叫	(ha³¹ ma³¹) tɛ³¹
（猫）叫	(o⁵⁵ mo³¹) mʏ³¹
（驴）叫	(mɔ⁵⁵ lø⁵⁵) mʏ³¹
（马）叫	(a⁵⁵ maŋ³¹) mʏ³¹
（牛）叫	(a⁵⁵ no³¹) kø⁵⁵
（狗）叫	(a⁵⁵ khɯ³¹) tshɛ⁵⁵
（猪）叫	(a⁵⁵ ʏa³¹) mʏ³¹
（羊）叫	(a⁵⁵ tʂ₁³¹) mʏ³¹
（老虎）叫	(xa⁵⁵ zʏ³¹) kø⁵⁵
（狼）叫	(tshɛ³¹ la³¹) mʏ³¹
叫（名字）	(tshɔ⁵⁵ mi⁵⁵) kv³¹
结（果子）	(ʑo³¹ s₁⁵⁵) s₁⁵⁵ la³¹
结婚	xa⁵⁵ mi³¹ sʏ⁵⁵；khɯ³¹ ma³¹ zu³¹
借（钱）	(thv⁵⁵ tsɛ⁵⁵) pha³¹

借（工具）	(mo^{55} kum^{31}) pha^{31}
浸泡	tɯ^{31}
禁止	tha^{31}
浸入	to^{31} ʑi^{31}
进（屋）	to^{31}
经过	zo^{31} ɕo^{31}
惊动	ɬv^{31} la^{31}
受惊	ko^{33} li^{33} ʑa^{31}
救	tʂaŋ^{31} tɛ^{55}
居住	tɕo^{31}
举（手）	(a^{55} la^{31}) pa^{31} tʂhe^{33}
锯	tɕi^{31}（汉借）；ʑɤ^{55}
聚齐	tsʅ^{31} la^{31}
卷（布）	lv^{31}
蜷缩	ɣɤ^{55} lv^{31}
掘	pɤ^{31} to^{31}
卡住	mɤ^{55} kho^{31}
（使）卡住	pi^{31} mɤ^{55} kho^{55}
开（门）	phaŋ^{31}
（水）开	pɯ^{31}
（花）开	tʂa^{31} ʑi^{31} ʑi^{31}
开（车）	(tɕhi^{31} tʂhɤ^{55}) le^{55}
开始	khɛ^{33} sʅ^{31}（汉借）
开（荒）	(sa^{31} xa^{31}) phɛ^{55}
砍（树）	(sɯ^{55} tsɤ^{55}) tɤ^{31}
砍（骨头）	(ʂa^{55} ø^{31}) tɤ^{31}
看	fv^{31}
（给）看	pi^{55} fv^{31}
看见	mɔ^{31} pa^{31}
（病人）看（病）	(tsho^{55} na^{55}) fv^{31}
扛	pa^{55}
烤（火）	(a^{55} tʂa^{31}) ɬum^{31}
靠	ɬɯ^{55} n^{55}
磕（头）	(v^{55} tv^{31}) thaŋ^{55}

咳嗽	ø⁵⁵ tshø³¹ tshø⁵⁵
渴	ʂu⁵⁵
刻	khɯ⁵⁵
肯	m⁵⁵ naŋ⁵⁵
啃	khɔ³¹
抠	xɤ³¹
扣（扣子）	thum⁵⁵
空闲	lɔ³¹
哭	ŋø³¹
困（倦）	m³¹ tum⁵⁵
拉	ɤɤ³¹
拉（屎）	(ɑ⁵⁵ tɕhi³¹) tɕhi⁵⁵
辣	tʂhɿ³¹
落（遗失）	kɑ⁵⁵ kɑ³¹；kɑ³¹ pɛ⁵⁵
来	la³¹
捞	num³¹ ta³¹ ɣo³³
老	mo⁵⁵
勒	thv³¹ thɛ⁵⁵
累	tum⁵⁵
连接	kha⁵⁵ tsha³¹
练	tʂaŋ⁵⁵ fv³¹
练就	tʂaŋ⁵⁵ tso³¹
炼（油）	(tʂhɿ³¹) kha³¹
炼（铁）	(ʂum³¹) ti⁵⁵
（饭）凉	tshɛ⁵⁵
凉（一下）	(aŋ³¹ ʂɿ⁵⁵ tɕhi⁵⁵ xɛ³¹) ʂɿ⁵⁵
量	pa³¹ tɕhi³¹
晾（衣）	(tsɛ³¹) ɬo⁵⁵
聊天	to³¹ kɯ³¹ tsɑ³¹
裂开	mi³¹ pɛ⁵⁵ pɛ⁵⁵
淋	ti⁵⁵
流（水）	xø³¹
流行	to³¹
留（种子）	(ʐɔ³¹ ø⁵⁵) tha⁵⁵

滤	pi³¹ tsɛ⁵⁵ ʑi³¹
搂（在怀里）	pɑ⁵⁵ thɛ³¹ li³³
漏（雨）	(ɑ⁵⁵ ʑɛ⁵⁵) tɔ³¹
轮到	khɤ³³ lɑ³¹
聋	(nɑ⁵⁵ thaŋ³¹) thaŋ⁵⁵
乱（了）	pɯ⁵⁵
弄乱	tʂaŋ³¹ pɯ⁵⁵
捋	pɑ⁵⁵ kaŋ³¹
（太阳）落	kɑ⁵⁵ tɔ³¹
麻木	(ɑ³¹ pi³¹) pi³¹
骂	tʂha³¹；kø⁵⁵
满（了）	pɯ³¹ ʂa³¹
布满	pɯ³¹
埋	kha³³ v⁵⁵
买	ɤ³¹
卖	ɑŋ⁵⁵
冒（烟）	(ɑ⁵⁵ xø³¹) tɑ³¹ lɑ³¹
没有	ma³¹ za³¹
发霉	(m³³ tshɿ³³) tshɿ³¹
蒙盖	pɑ⁵⁵ tʂhaŋ³¹
眯	(ma³¹ ʂu⁵⁵) ʂu⁵⁵
（鸟）鸣	(xa⁵⁵ tʂɿ⁵⁵) mɯ³¹
瞄准	fv³¹ tshɑ⁵⁵
灭（火）	(ɑ⁵⁵ tsɑ³¹) tʂaŋ⁵⁵ ʂɿ⁵⁵
明白	xɤ⁵⁵ tʂhaŋ⁵⁵
摸	so⁵⁵ fv³¹
磨（刀）	(ʂɿ³¹ ɬo³¹) ʂɿ⁵⁵
磨（面）	(ɣa⁵⁵ ɬø⁵⁵) tɕi³¹
拧（毛巾）	zɤ⁵⁵ tsɛ⁵⁵
拿	xɛ³¹
拿到	xɛ⁵⁵ zo³¹ pɑ³¹
挠（痒）	(tʂo³¹ ɣo³¹) pha³¹
（花）蔫	(tɕa³¹ ʑi³¹) nø⁵⁵ li³¹
捏	n̩⁵⁵

弄直	hɛ⁵⁵ tso³¹
弄乱	pha³¹ pɯ⁵⁵
弄歪	tʂɑŋ³¹ khɛ⁵⁵
弄湿	tʂaŋ⁵⁵ tɕɛ³¹
呕吐	(ø⁵⁵ phɛ³¹) phɛ⁵⁵
拍（桌子）	ti³¹ xo³¹
爬（树）	(a⁵⁵ tʂɯ⁵⁵) ta³¹
排（队）	ɕɔ⁵⁵ tɕɛ⁵⁵
派（人来）	pi⁵⁵ ʑi³¹ (la⁵⁵)
派（人去）	pi⁵⁵ li³¹ (tsʅ⁵⁵)
跑	tɕhi³¹
泡（菜）	(ɣɔ³¹ pɛ³³) tɯ³¹
赔偿	pi⁵⁵ ɣo³¹
赔（本）	(tɕɛ³¹ ma³¹) pɛ⁵⁵
捧	xɔ³¹
碰撞	thaŋ⁵⁵ thɔ³¹
膨胀	pø⁵⁵ tʂɤ³¹ la³³
披（衣）	(a³¹ xaŋ⁵⁵) phɛ⁵⁵ tʂhaŋ³¹
劈（柴）	tʂhɯ³¹ pha³¹
漂浮	pv⁵⁵ tʂhɛ³³
泼（水）	pɛ⁵⁵ xa⁵⁵
破（篾）	tʂha³¹ pha³¹
（衣服）破	ka⁵⁵ tɕɛ³¹
（竹竿）破	ka³¹ pɛ⁵⁵
（碗）破	ka³¹ pɛ⁵⁵
打破（碗）	ti⁵⁵ pɛ³¹
剖	khɯ³¹ pha³¹
佩戴	pa⁵⁵ tɔ³¹
铺	ho⁵⁵
欺负	ɬa⁵⁵ ko³¹
欺骗	tso³¹ tɕɛ³¹ tɕɛ³¹
砌	tsɯ⁵⁵；lɛ⁵⁵
骑	tsʅ⁵⁵
起来	thv³¹ la³¹

使起	pi⁵⁵ thv⁵⁵ la³¹
生气	(nɯ³¹ ma³¹) sv³¹
牵（牵牛）	tʂʰɯ³¹
欠（欠钱）	ta³¹
掐	kʰɯ⁵⁵ tʂʰɯ³¹ tʂʰɯ³³
抢	kʰo⁵⁵
敲	ti⁵⁵
翘（尾巴）	(taŋ⁵⁵ mi³¹) pa³¹ tʂʰe³³
撬	pɛ³¹
劁（猪）	(taŋ⁵⁵ mi³¹) tsʰɯ⁵⁵
切（切菜）	(ɣo³¹ pɛ³¹) zɤ⁵⁵
亲（亲小孩）	mɛ⁵⁵ tɕʰø⁵⁵ n̩⁵⁵
驱逐	lɛ³¹ to³¹
赶（路）	(ka⁵⁵ ma³³) zo⁵⁵ mɔ³¹
取	ɣɤ⁵⁵ to³¹
取（名）	(tsʰɔ³³ mi⁵⁵) mi³¹
娶	(xa⁵⁵ mi³¹) ʂɤ⁵⁵；(kʰɯ³¹ ma³¹) zu³¹
去	li³¹；tsʅ³¹
痊愈（病）	mɯ⁵⁵ ɣo³¹
缺（口）	(ʐo³¹ xa⁵⁵) xa⁵⁵
瘸（了）	(kʰɯ⁵⁵ kɛ³¹) kɛ³¹
染（布）	mɯ⁵⁵ tʂʰa³¹ tʂʰa⁵⁵
让（路）	tɤ³¹ ɕo⁵⁵
绕（道）	(ka³¹ ɣ³¹) ɣ³¹
热（饭）	(xo⁵⁵) xɛ⁵⁵ ɬaŋ⁵⁵
忍耐	(nɯ³¹ ma³¹) naŋ⁵⁵
认（认字）	(sv³¹ ma³¹) xɤ³¹
认得	xɤ³³ tʂʰaŋ⁵⁵
扔	pɛ⁵⁵ za³¹
溶化（使溶化）	(tʂaŋ⁵⁵) kɯ⁵⁵
揉（揉面）	ni³¹
洒（水）	xɔ⁵⁵ tʂʰɯ³¹
撒谎	a³¹ tɕɤ³¹ tɕɤ³¹
撒（尿）	(ɯ⁵⁵ tɕɤ⁵⁵) tɕɤ³¹

撒（种）	(ʐɔ³¹ y⁵⁵) sɛ⁵⁵
塞（洞）	tɛ⁵⁵ tshø³¹
散开（鞋带）	ka⁵⁵ phɯ⁵⁵
解开	phɯ³¹
散步	tɤ⁵⁵ ɣɑ³¹
扫	ʑa³¹
杀（鸡）	(a³¹ ha³³) sɛ⁵⁵
筛（米）	tɕi⁵⁵
晒（衣服）	(a³¹ xɑŋ⁵⁵) ɬɔ⁵⁵
晒（太阳）	(m⁵⁵ tsha⁵⁵) ɬum³¹
扇（风）	(a⁵⁵ ɬi⁵⁵) po³¹ tʂhv⁵⁵
骟（牛）	(la⁵⁵ sɔ³¹) sɔ⁵⁵
商量	tɔ⁵⁵ tsɿ⁵⁵ to³¹
上（楼）	(xɔ⁵⁵ tha³¹) ta³¹ li³¹
上（肥）	(tɕɛ⁵⁵ khɯ³¹) pa³¹ ta³¹
烧（火）	(a⁵⁵ tsa³¹) pa⁵⁵ tɔ³¹
烧荒	mi⁵⁵ ɬaŋ⁵⁵ phɯ³¹
射（箭）	(kha³¹) pɤ³¹
射中	pɤ⁵⁵ zo³¹
伸	pa³¹ to³¹
生长	xɯ⁵⁵ la³¹ maŋ³¹ la³¹
生（锈）	(ʂo³¹) thv⁵⁵ li³¹
生（疮）	(a⁵⁵ na⁵⁵) na³¹
生（孩子）	(a⁵⁵ n̩⁵⁵) po³¹
剩	tsɛ⁵⁵
胜利	la⁵⁵ tha³¹
升起	tshɛ³¹ la³¹
失败（输）	la⁵⁵ ɣo³¹
使（他做）	(a⁵⁵ ʐø³¹ pɑ³¹) pi⁵⁵ m̩⁵⁵
使用	m⁵⁵ zo³¹
释放	phɛ⁵⁵ ɣo³¹
试	tʂaŋ⁵⁵ fv³¹
是	ŋɯ³¹
收割	ʑɛ⁵⁵ ɣo³¹ la⁵⁵

收到	xɛ⁵⁵ ɣɑ³¹
收拾	ɣo⁵⁵ ɬɯ³¹
守卫	ʂaŋ³¹
梳	kha³¹
熟悉	xɤ⁵⁵ tʂhaŋ⁵⁵
熟（饭熟）	tʂa⁵⁵
熟（果子熟）	mi³¹
瘦（瘦了）	kɔ³¹
数（数目）	kɯ⁵⁵ fv³¹
漱（口）	(mɛ³¹ tʂo³¹) tʂo³¹
竖立	pɑ³¹ khɯ³¹
摔倒	thaŋ⁵⁵ ʂʅ⁵⁵
甩	tʂɯ⁵⁵
闩（门）	tso³¹ sø⁵⁵
拴（牛）	pha⁵⁵ thɛ³¹
涮	tshʅ⁵⁵
睡	zv⁵⁵
（使）睡	pi³¹ zv⁵⁵
睡着	zv⁵⁵ ʂa³¹
吮	tʂhv⁵⁵
说	ɛ³¹
撕	ɣɤ⁵⁵ tsɛ³¹
死	ʂʅ³¹
算	suaŋ²⁴（汉借）；kɯ⁵⁵ fv³¹
碎（米粒碎了）	xɛ⁵⁵ ɬø⁵⁵
压碎	zɤ⁵⁵ ɬø⁵⁵
（腿）酸	(a⁵⁵ khɯ⁵⁵) ʂʅ³¹
损坏	tʂaŋ⁵⁵ pa³¹
锁（门）	kho⁵⁵ thɛ³¹
塌	ka⁵⁵ pa³¹；pa³¹ tsʅ⁵⁵
踏	no⁵⁵；tsho⁵⁵
抬	pa⁵⁵
贪心	nɯ³¹ ma³¹ maŋ³¹
弹（棉花）	(tsha⁵⁵ ɬa³¹) pɤ³¹

弹（琴）	(tɛ⁵⁵ɣɔŋ³¹) pɤ³¹
淌（淌泪）	(ma³³ɯ⁵⁵) to³¹
躺	ɬɯ³¹
烫（烫手）	phɯ³¹
逃跑	tɕhi³¹ pɛ³¹
掏	xɛ⁵⁵ to³¹
讨（讨饭）	(xo³¹ʐa³¹)ʂa³¹
套（衣服）	(tɕhi⁵⁵) tsum³¹
（头）痛	(v⁵⁵tv³¹) khɔ³³
疼（孩子）	kɑ⁵⁵
踢	thɛ³¹
提（篮子）	phɛ⁵⁵
剃（头）	(v⁵⁵tv³¹) tsho³¹
（天）阴	(m⁵⁵ʐ̩⁵⁵)ʑi³¹
（天）晴	(m⁵⁵sa⁵⁵) sa³¹
（天）亮	(m⁵⁵)pɑ³¹
（天）黑	(m⁵⁵) tɕhi³¹
填（坑）	pɑ⁵⁵xum³¹
舔	mɤ⁵⁵
挑选	xɛ³¹tsɛ⁵⁵
挑（担）	pa⁵⁵
跳舞	ʐo³¹sɛ⁵⁵sɛ⁵⁵
跳（脉跳）	(ʂ̩³¹khɯ³¹) tsho⁵⁵
贴	thɛ³¹
听	na³¹ ha⁵⁵
听见	kɑ⁵⁵
停止	phɛ⁵⁵thɑ³¹
（路）通	paŋ⁵⁵
通知	ɛ³¹kɑ⁵⁵pi³¹
捅	tv⁵⁵
吞	mɤ³¹tɔ³¹
偷	xø⁵⁵
投掷	ɣ⁵⁵ to³¹
（湿）透	tɕɛ³¹

吐（痰）	mɛ⁵⁵ to³¹
涂（漆）	lɛ³¹ ta³¹
推	tɛ⁵⁵
推动	tɛ⁵⁵ ; tɛ³¹ ɬv³³
推托	pa⁵⁵ ta⁵⁵
退货	hɛ³¹ ɣo⁵⁵
退（后退）	(nɔŋ⁵⁵ tɔŋ³¹) tɔŋ³¹
蜕（皮）	(ʂa⁵⁵ kɯ⁵⁵) pha³¹
拖（木头）	(tum³¹ mɑ³¹) ɣɤ³¹
拖延（时间）	(ɕo⁵⁵ m³¹) tʂaŋ⁵⁵ mɑ³¹
脱（衣）	(a³¹ xɔŋ⁵⁵) ɬɛ³¹
（头发）脱落	(tʂaŋ⁵⁵ khɯ⁵⁵) ka⁵⁵ to³¹
脱（臼）	ka⁵⁵ ɬɛ³¹
驮	tɕhi³¹
挖	tshɛ⁵⁵
弯	ʑi³¹ ɣo⁵⁵ ; zɔ³¹ ɣo⁵⁵
弯（腰）	(tɔ³¹ tsɯ⁵⁵) ɣo⁵⁵ ʑi³¹
弄弯	tʂaŋ³¹ ɣo⁵⁵
完	m⁵⁵ pɛ⁵⁵ pa³¹
玩耍	ɣɑ⁵⁵ ɣɑ³¹ ; tɤ⁵⁵ ɣɑ³¹
忘记	ʑɛ³¹ ʑa⁵⁵
违反	tʂaŋ⁵⁵ pa³¹
喂（奶）	(a⁵⁵ tɕhø⁵⁵) pi⁵⁵ tɔ⁵⁵
歪（了）	(ʑo³¹ ɣo⁵⁵) ɣo⁵⁵
闻（嗅）	num⁵⁵ fv³¹
问	na³¹ xɑ⁵⁵
握（手）	(la³¹ tɕo³¹) tɕo³¹
握（笔）	xɛ³¹ thɛ⁵⁵
捂（嘴）	xɔ³¹ tshø⁵⁵
吸（气）	sa⁵⁵ ɣɔ³¹
洗（碗）	tshɿ⁵⁵
洗（衣）	tshɿ⁵⁵
洗澡	o³¹ ɬum⁵⁵ tsɯ⁵⁵
洗（脸）	(mɑ³¹ pho⁵⁵) tsɯ⁵⁵

喜欢	ɣø³¹
瞎	xa⁵⁵ɕa³¹
下（楼）	za⁵⁵ʑi³¹
下（猪崽）	(ɣa⁵⁵za³¹) po³¹
下（蛋）	(xa³¹v³¹) kha³³
下（雨）	(m⁵⁵ʐɛ⁵⁵) ʐɛ³¹
下（霜）	(ŋɛ⁵⁵) ka³¹
下（雪）	(ha⁵⁵) ka³¹
下垂	mi⁵⁵ʑi³¹
下陷	ka⁵⁵tɔ³¹
吓唬	ɬa⁵⁵ko³¹
献	pi⁵⁵ʐɔ³¹
想	nø³¹to³¹
想起	nø³¹to³¹la³³
想（去）	(tsɿ³¹) mo⁵⁵
相信	tʂʰɯ⁵⁵tʂa³¹
响	mɯ³¹la³¹
像	to³¹ʂɯ³¹
消化	tʂa⁵⁵li³¹
消失	ka⁵⁵po³¹
消灭	ti³¹mɛ³¹
削	tshɿ⁵⁵
小心	nɯ³¹ma³¹nø⁵⁵
笑	ɣɯ³¹
写	po⁵⁵
泻	o³¹ɕo³¹ɕo³¹
擤	(a⁵⁵pɛ⁵⁵) khø³¹
醒（睡醒）	nø⁵⁵la³¹
休息	ɣa⁵⁵na³¹na⁵⁵
修（机器）	tʂaŋ³¹ɣo⁵⁵
修（鞋）	(sɛ³¹nɔ³¹) kv⁵⁵thum⁵⁵
绣（花）	(tʂa⁵⁵po³¹) po⁵⁵；kv⁵⁵
学	ɣo³¹；tsɔ³¹
熏	(a⁵⁵xø³¹) xø⁵⁵

寻找	ʂa⁵⁵ pho³¹ ; ʂa⁵⁵ tʂho³¹
压	zɣ³¹
哑	(khɔŋ³¹ sa³¹) sa³¹
腌（菜）	(ɣo⁵⁵ tɕhɛ⁵⁵) tɕhɛ³¹
咽（口水）	mɣ³¹ tɔ³¹
研（药）	lɛ³¹ num³¹ ; thaŋ³¹ num³¹
仰（头）	(v⁵⁵ tv³¹) pa³¹ tɕhɛ³¹
痒	tʂa³¹ ɣo³¹ ɣo³¹
养（孩子）	tʂhv³¹
摇晃	ŋo³¹ ɬv³³
摇（头）	(v³¹ ɣɣ³¹) ɣɣ³¹
咬	khɔ⁵⁵
咬住	khɔ⁵⁵ thɛ³¹
舀（水）	khv⁵⁵
要	m̩³¹
医	tʂa³¹ mɯ⁵⁵
依靠	m̩³¹
溢（出来）	kɑ⁵⁵ xa⁵⁵
迎接	kɑ³¹ to⁵⁵ to⁵⁵
引（路）	(kɑ³¹ ʂɯ⁵⁵) ʂɯ⁵⁵
拥抱	pa⁵⁵ thɛ³¹
游泳	a⁵⁵ khɛ⁵⁵ ɯ³¹ ti⁵⁵ ti⁵⁵
有（钱）	(thv⁵⁵ tshɛ⁵⁵) ʐa³¹
有（人）	(tshɔ³¹) tsɔ³¹
有（事）	(mo⁵⁵ tsa³¹) ʐa³¹
（桌上）有（碗）	(tʂa⁵⁵ tsɯ³¹ pa³¹ xum⁵⁵ mɑ³¹) ʐa³¹
（碗里）有（水）	(a⁵⁵ khɛ⁵⁵) tɯ³³
有益	m̩³¹ mɯ⁵⁵
有用	m̩⁵⁵ ʐo³¹
遇见	thaŋ⁵⁵ phv³¹
约定	ɛ⁵⁵ tsɑ³¹ ; ɛ⁵⁵ tɯ⁵⁵ a³¹
越过	zo⁵⁵ kv³¹ li³³
晕（头）	ɑ³¹ mɯ³¹ mɯ³¹

允许	ɣɑ⁵⁵kɯ³¹
愿意	ɣø³¹ɔ³¹ɕɣ³¹
栽（树）	(ɑ⁵⁵tsɯ⁵⁵) khɑ³¹
在（屋里）	(lɑ⁵⁵xo⁵⁵) pɑ³³tʂɔ³¹
增加	tʂɯ⁵⁵lɑ³¹
凿	thɑ³¹pø³¹
扎（刺）	(ɑ³¹kaŋ³¹) tshɔ³¹
眨（眼）	(ma³¹mi³¹) mi⁵⁵tɛ³¹
榨（油）	(tʂhɿ⁵⁵) khɑ³¹
摘（花）	(tɕɑ³³ʑi³³)tshɣ³¹
粘（信）	maŋ⁵⁵thɛ³¹
站	ɕɔ⁵⁵
张（嘴）	(mɛ³¹tsv³³) phɛ³¹
长（大）	xɯ⁵⁵lɑ³¹
涨（水）	(ɑ⁵⁵khɛ⁵⁵) ʂɯ⁵⁵
胀（肚子）	(o⁵⁵) pø⁵⁵；(o⁵⁵) tsɣ³¹
着（火）	(ɑ⁵⁵tsɑ³¹) tɔ⁵⁵lɑ³¹
着急	thɛ⁵⁵
着凉	ka³¹
召集	kv³¹xɣ⁵⁵lɑ⁵⁵
找（零钱）	(thv⁵⁵tshe⁵⁵zɔ⁵⁵ɬø⁵⁵) to⁵⁵pha⁵⁵
找到	ʂɑ⁵⁵pho³¹ɑ³¹pɑ³¹
（太阳）晒	(ɑ⁵⁵tshɑ⁵⁵) ɬum³¹
蜇（马蜂）	tɛ³³
睁开（眼睛）	(ma³³) phɛ³³
遮蔽	ɣɣ³¹khɑ⁵⁵
震动	ɬu³¹lɑ³¹
争夺	kho⁵⁵tsa³¹
蒸	sa⁵⁵
知道	xɣ³¹
织	(xa⁵⁵pha⁵⁵) ɣɑ⁵⁵
指	thø⁵⁵
种（麦子）	(mɣ³¹tsɿ⁵⁵)khɑ³¹

肿	tsɤ³¹ lɑ³¹
拄（拄拐棍）	(tsa⁵⁵ ŋɛ³¹) ŋɛ⁵⁵
煮	tʂha⁵⁵
抓	n̩⁵⁵ thɛ³¹
抓住	n̩⁵⁵ thɛ³¹
转（身）	(o³¹ ɬum⁵⁵) phɔ³¹ lɑ³¹
转弯	la⁵⁵ tum⁵⁵ tum³¹
转动	ɬv³¹
（使）转动	ŋɔ³¹ ɬv³¹
装（装进）	xɛ⁵⁵ to³¹
装得下	tɛ³¹ li³¹
追	lɛ⁵⁵
准备	tʂaŋ⁵⁵ tɤ⁵⁵
捉（起来）	n̩⁵⁵ thɛ³¹
啄（鸡啄米）	(a³¹ ha³³ tʂhɛ⁵⁵ phv⁵⁵) tho³¹ tsɑ⁵⁵
走	zo⁵⁵
足够	lo⁵⁵ pɛ³¹
租（房）	(num⁵⁵ tsv³¹) tsv³¹
醉	a³¹ pa⁵⁵ tɔ⁵⁵ pu³¹
坐	tʂo³¹
做	m³¹
做（生意）	ɤ³¹ la⁵⁵ m³¹
代表	tɛ³¹ piɔ²⁴（汉借）
模范	mo³¹ faŋ³¹（汉借）
英雄	ʑi⁵⁵ ɕoŋ³¹（汉借）
民族	miŋ³¹ tshv³¹（汉借）
哈尼族	hɑ⁵⁵ n̩³¹ (n̩³¹ za³¹)
汉族	phɔ⁵⁵ nø⁵⁵；xaŋ²⁴ tshv³¹（汉借）
彝族	la⁵⁵ ɣo⁵⁵
白族	la⁵⁵ pɯ³¹
傈僳族	li³¹ sv⁵⁵ tshv³¹（汉借）
拉祜族	kha⁵⁵ kø³¹
苗族	miɔ³¹ tshv³¹（汉借）

瑶族	zɔ³¹ zeŋ³¹
傣族	a⁵⁵ tʂhum³¹
回族	xø³¹ tshv³¹（汉借）
壮族	tʂuaŋ²⁴ tshv³¹（汉借）
布依族	pu⁵⁵ ʑi⁵⁵ tshv³¹（汉借）
纳西族	na³¹ ɕi⁵⁵ tshv³¹（汉借）
景颇族	tɕiŋ³³ pho⁵⁵ tshv³¹（汉借）
布朗族	pu²⁴ laŋ³³ tshv³¹（汉借）
独龙族	tu³¹ lɔŋ³³ tshv³¹（汉借）
怒族	nu²⁴ tshv³¹（汉借）
佤族	wa³³ tshv³¹（汉借）
阿昌族	a⁵⁵ tʂhaŋ⁵⁵ tshv³¹（汉借）
蒙古族	maŋ³¹ kv⁵⁵ tshv³¹（汉借）
托儿所	tho⁵⁵ ɤ³¹ so³³（汉借）
办公室	pa³¹ kɔŋ⁵⁵ ʂʅ³¹（汉借）
政府	tʂɛŋ²⁴ fv³¹（汉借）
羊街乡政府	ʐaŋ³¹ kɛ⁵⁵ ɕaŋ⁵⁵ tʂɛŋ²⁴ fv³¹（汉借）
公社	khɔŋ⁵⁵ sɤ³¹（汉借）
大队	ta³¹ tui²⁴（汉借）
村委会	tshɛn⁵⁵ wei⁵⁵ xui²⁴（汉借）
派出所	phɛ²⁴ tʂhu³¹ so³³（汉借）
共产党	kɔŋ²⁴ tʂhan³³ taŋ³³（汉借）
共青团	kɔŋ²⁴ tɕhi⁵⁵ thɔn³¹（汉借）
人民	zeŋ³¹ mi³¹（汉借）
工人阶级	kɔŋ⁵⁵ zeŋ³¹ kai⁵⁵ tɕi³¹（汉借）
社会主义	ʂɤ³¹ xui²⁴ tʂu³³ ʑi³¹（汉借）
政治	tʂɛŋ³¹ tʂʅ²⁴（汉借）
经济	tsi⁵⁵ tɕin³¹（汉借）
文化	vei³¹ xua²⁴（汉借）
文化站	vei³¹ xua²⁴ tʂaŋ²⁴（汉借）
教育	tɕiɔ²⁴ zo³¹（汉借）
教育局	tɕiɔ²⁴ zo³¹ tɕy²⁴（汉借）
卫生所	vei³¹ ʂeŋ⁵⁵ so⁵⁵（汉借）

工厂	kɔŋ⁵⁵ tʂhaŋ³¹（汉借）
工业	kɔŋ⁵⁵ ni³¹（汉借）
农业	nɔŋ³¹ ni³¹（汉借）
革命	kɤ³¹ mi³¹（汉借）
政策	tʂɛŋ²⁴ tshɤ³¹（汉借）
思想	sɿ⁵⁵ ɕɛŋ³¹（汉借）
觉悟	tɕo³¹ v³¹（汉借）
报告	pɔ³¹ kɔ²⁴（汉借）
汇报	xui³¹ pɔ²⁴（汉借）
任务	ʐɛŋ³¹ v²⁴（汉借）
优点	ʐu⁵⁵ tiɛŋ²⁴（汉借）
缺点	tɕhø³³ tiɛŋ³¹（汉借）
错误	tsho³¹ v²⁴（汉借）
态度	thɛ³¹ thv²⁴（汉借）
民主	mi³¹ tsv³³（汉借）
自由	tsɿ³¹ ʐv³¹（汉借）
云南省	ʑiŋ³¹ naŋ³¹ sɛŋ³³（汉借）
元江县	ʐuŋ³¹ tɕaŋ⁵⁵ ɕɛŋ²⁴（汉借）；ɬa³³ ʂa³¹
生产	sɛŋ⁵⁵ tʂhaŋ³¹（汉借）
建设	tɕɛ²⁴ ʂɤ³¹（汉借）
提高	thi³¹ kɔ⁵⁵（汉借）
团结	thuaŋ²⁴ tɕi³¹（汉借）
商量	tɔ⁵⁵ tsɿ⁵⁵ to³¹
互助	ɣa³¹ tɕo³¹
开会	khai⁵⁵ hui²⁴（汉借）
讨论	tɔ⁵⁵ tsɿ⁵⁵ to³¹；tho⁵⁵ luɛŋ²⁴（汉借）
选举	ɕɛŋ²⁴ tɕø⁵⁵（汉借）
领导	liŋ⁵⁵ thɔ²⁴（汉借）
宣传	ɕɛŋ⁵⁵ tʂhuaŋ³¹（汉借）
拥护	ʐɔŋ⁵⁵ xv³¹（汉借）
解放	kɛ³³ faŋ²⁴（汉借）
胜利	la⁵⁵ tha³¹；ʂɛŋ³¹ li²⁴（汉借）
失败	ʂɿ³¹ pai²⁴（汉借）

表扬	pio²⁴ʑaŋ³¹（汉借）
批评	phi⁵⁵phiŋ³¹（汉借）
检查	tɕɛ⁵⁵tʂha³¹（汉借）
反对	tɔ³¹phv³¹phv³¹；faŋ⁵⁵tui²⁴（汉借）
斗争	tɤ²⁴tsɛ⁵⁵（汉借）；thɛ⁵⁵tsa³¹
立刻	li³³ka⁵⁵
经常	nɯ³³tʂho³³
慢慢（慢慢走）	(ɔ⁵⁵lɔ³³ɔ⁵⁵lɔ³³) zo⁵⁵
很（很小）	n³¹(na⁵⁵)
较（较好）	(phɤ⁵⁵) tsɛ³¹
最（最好）	phɤ⁵⁵na³¹na³³
更（更好）	phɤ⁵⁵tsɛ³¹
极（好极了）	ʑl̩³¹tɛ³¹(phɤ³¹)
太（太多了）	ʑl̩³¹tɛ³¹(na⁵⁵)
非常（非常高兴）	ʑl̩³¹tɛ³¹(ɣø³¹)
更加（更加努力）	ŋɛ⁵⁵ŋɛ³³(no⁵⁵li³¹ʂɤ³¹)
都（大家都去）	tɕv³¹tɛ³¹(li³¹)
也（他也去）	(a⁵⁵ʑø³¹)ti³¹(li³¹)
再（明天再来）	(na⁵⁵nɯ³³) ɣo⁵⁵(ʑi³¹)
开头	ʑo³¹pɛ³¹；ka⁵⁵v³¹
后来	na⁵⁵xaŋ³¹
完全（完全不同）	tɕhi⁵⁵ti³¹(ma³³to⁵⁵)
全（全国、全村）	tɕhi³¹phv³¹mɛ³¹
又（又快又好）	(pɛ³¹) ti³¹(pɛ³¹phɤ⁵⁵) ti³¹(phɤ⁵⁵)
将要（我将要去学哈尼文）	(ŋa³³) kɔ⁵⁵(ha⁵⁵n³¹to³³ɣo³¹li³³mɔ⁵⁵)
一定（一定去）	ma³¹(li³³) ma⁵⁵tɕhi³¹
另外（另外）	ɣa⁵⁵tsɛ⁵⁵
仍旧（他仍旧喜欢你）	(a⁵⁵ʑø³¹) ha³¹v³¹ti³¹(ɣø³¹)
恰巧（恰巧遇见他）	la⁵⁵thø⁵⁵
可以（可以进来）	ɣa⁵⁵ʂa³¹
大约（他大约有八十岁）	(a⁵⁵ʑø³¹xɛ⁵⁵tshɛ⁵⁵xo³¹)la⁵⁵ka⁵⁵pɯ³³
而且	ɤ³¹tɕhi³³（汉借）
即使	ti³¹

不过	pu³¹ ko³¹（汉借）
实在	z̩³³ tɛ³³；z̩³³ mɛ³³
究竟	tɕo⁵⁵ tɕiŋ³¹（汉借）
越……越……	ŋɛ⁵⁵ ŋɛ³³
又……又……	(tsa⁵⁵) ti³¹ (tsa⁵⁵ to³¹) ti³¹ (to³³)
不（他不来）	mɑ⁵⁵
别（别去）	tha³¹
还（我还要）	(ŋa³¹) kɛŋ²⁴ m³¹
一会儿	tshɛ³¹ mi⁵⁵ tɛ³¹
渐渐地	a⁵⁵ ɣɯ³³ a⁵⁵ ɣɯ³³ tɛ³¹
慢慢地	ɔ⁵⁵ lɔ³³ ɔ⁵⁵ lɔ³³ tɛ³¹
快快地	z̩³¹ tɛ³¹ pɛ³¹
已经	zo³³
和（我和你）	(ŋa³¹) khɛ³¹ (nɔ³¹)
或者	ma⁵⁵ ŋɯ⁵⁵ pɔ³¹；ŋɯ³³ pɔ³¹
如果	pɔ³¹；thɛ⁵⁵ mɛ³¹ pɔ³¹
因为	khɛ³¹
所以	ɕi⁵⁵ mɛ³³ khɛ³³
虽然	ti³¹
但是	(o⁵⁵ mi³³ ɣ³³) ti³¹
否则	ma³³ ŋɯ⁵⁵ pɔ³¹ lɔ³¹
从（从昆明到北京）	nɛ³³
用（用粮食来换猪）	nɛ³³
用（用布票来买布）	nɛ³³
沿（沿着河边走）	nɛ³³
比（你比他高）	tha⁵⁵
比（我比你矮）	tha⁵⁵
的（我的书）	ɣ³¹
的（新新的书）	ɣ³¹
地（快快地跑）	mɛ⁵⁵
着（我正吃着饭）	xa³¹ xa³³
了（我吃饭了）	pa³¹
过（我吃过饭）	pa³¹

吧（你来吧）	o^{31}
（咱们俩走）吧	o^{31}
吗（他吃饭了吗）	ma^{31}
呢（妈还没有吃呢）	ɑ^{31}
（我还没有吃）呀	ti^{31} ti^{31}
啊	o^{31}
哎（兄弟，来这里吧）	ɕi^{31}（a^{55}ȵ^{55}；ɕi^{55}pa^{31}ka^{55}la^{55}）

四　照片

1. 测试拉祜族（苦聪人）儿童的母语能力

2. 抢救记录哈尼语传统词汇

3. 泰国教授松巴与调查组同行在拉祜族（苦聪人）村寨调查

4. 调查哈尼族村寨的语言使用情况

5. 调查材料再核对一次

6. 了解哈尼族村寨为什么能保留本族语言

7. 了解中梁子寨彝族语言转用的原因

8. 在垤霞寨测试青少年哈尼语水平

9. 给哈尼族儿童做400词测试

10. 核对哈尼族说汉语的语音

11. 在拉祜族（苦聪人）村寨调查

参 考 文 献

1. 戴庆厦主编 2007《基诺族语言使用现状及其演变》,商务印书馆。
2. 玉溪市地方志编撰委员会办公室 2006《玉溪市乡镇简志》,云南出版集团公司云南人民出版社。
3. 元江哈尼族彝族傣族自治县志编撰委员会 1993《元江哈尼族彝族傣族自治县志》,中华书局。
4. 杨世华、白碧波 2003《玉溪哈尼族文化研究》,云南民族出版社。
5. 元江县统计局 2007《元江哈尼族彝族傣族自治县 2006 年统计年鉴》,内部出版物。

后 记

1956年7月,国家为了帮助少数民族发展自己的语言文字,由中国科学院组织了七个少数民族语言调查工作队分赴全国各地调查少数民族语言,并做民族文字的创制、改革、改进工作。当时我大学刚毕业留校任教,就有幸被派去参加这一具有历史意义的语言大调查。我分配在第三工作队哈尼语组,做哈尼语调查和哈尼文创制工作。原定是一年后就回学校。但20世纪50年代是个风云多变的年代,没想到一去就在云南待了三年。现在回想起来,这三年对我来说是十分有意义的,难得的语言调查实践为我后来的成长奠定了基础。这期间,我到过许多哈尼族地区调查哈尼语方言,除了红河州的元阳、绿春、金平、红河几个县外,还到了元江、墨江、普洱、思茅等区县调查。我曾在哈尼族村寨与哈尼父老乡亲长时间地同吃、同住、同劳动,在群众中推广试验新创的哈尼文,帮助他们学习汉语文。那时,"左"倾思潮猖獗,国家经济困难,我与哈尼族同胞同甘共苦,共同度过了艰难的岁月。我永远也忘不了哈尼同胞(包括与我一起做哈尼文工作的罗书文、白祖额、胡金华、李家有等哈尼族兄弟)对我在业务上和生活上的帮助。1960年,我奉命回校,主要从事语言学和景颇语文以及哈尼语文的教学和研究工作。后来,我的主要工作虽然不是哈尼语文,但我一直怀念当年在哀牢山与哈尼族建立的情谊,总想能为哈尼语的研究和应用再做些工作。

几十年过去了。2007年7月,为了完成教育部"985"工程中央民族大学中国少数民族语言国情调查课题,我带了10位教师和博士生到云南省通海县做蒙古族喀卓人和里山彝族的语言使用现状及其演变的国情调查。来到通海后,得到玉溪师范学院熊术新院长和语言所白碧波教授的热情支持和帮助。白碧波教授始终参加我们这次田野调查。期间我们萌生了两校建立少数民族语言培训基地,合作进行云南少数民族语言研究的念头。经过酝酿,双方很快就达成协议。7月19日,我与熊院长在玉溪师范学院举行的签字仪式上正式签字,并决定在今年12月在云南元江开办培训班并进行语言调查。之后玉溪师范学院科研处、许鲜明教授和白碧波教授开始运作这次结合培训的语言调查。

白碧波教授是哈尼人,曾在中国社会科学院攻读过语言学硕士,哈尼语、汉语、英语都很好,而且有很强的语言研究能力。更可贵的是,他对本族语言文化怀有很深的感情,一心想为发展哈尼文化多做工作。这次有幸与他以及一些从事哈尼族语言文化工作的同仁一起登上羊街乡合作语言调查研究,了却了我多年来重返哀牢山的心愿。

我们组成的"元江县羊街乡语言使用现状及其演变"课题组,共有11人。其中有中央民族大学的戴庆厦、常俊之、赵敏、赵燕珍,玉溪师范学院的白碧波、杨艳、季红丽,红河州人民广播电台的白居舟,红河州民族研究所的普亚强,墨江哈尼文化研究所的朱茂云,云南民族大学的白岩松。12月26日,课题组成员经培训后出发到达羊街乡,即日就开始工作。

羊街乡位于元江县东南部,雄伟的高山和层层的云雾,还有那耸入云霄的梯田,构成了一幅迷人的画卷。这里有保留民族生态的天然条件,古朴、纯真的民风,还有取之不尽的文化遗产,是开展民族学、语言学、文化学研究的宝地。课题组成员一到目的地就被深深地吸引住了。羊街乡是一个以哈尼族聚居为主并间有拉祜、彝、汉等民族杂居的区域,其语言使用特点有一定的代表性。这里的哈尼族、拉祜族(苦聪人)能够完好地保存使用自己的语言,是我们来之前所没有估计到的,其成因是我们感兴趣的问题。这里的彝族,三代之前已出现语言衰退,至今大部分人已转用汉语,其原因是什么,特点是什么,也是我们所要深入研究的。20多天的工作虽然是紧张的,但也是欢乐的。我们每天都在紧张地收集、分析材料,在细心提炼对课题的新认识。

我们忘不了羊街乡乡亲们对我们调查的支持和帮助。他们真心地把我们的调查当成了他们自己的事,为我们提供了最好的调查条件。我们一进寨,那一张张欢迎远方客人的笑脸,一个个争取多为我们做事的兄弟姐妹,使我们始终沉浸在和谐、温暖的环境里。我们能够顺利完成这次调查任务,应当首先感谢他们的深情厚谊。我们还要感谢羊街乡党委书记白文华、乡长龙来明、文化站站长倪伟顺对我们工作的全力支持和帮助,没有他们的重视和协调,我们就难以与下面的村寨建立畅通的联系渠道。原任羊街乡乡长、现任元江县政府办公室主任的郑荣,也给我们很大的帮助,他长期在羊街乡工作对那里各民族的风土人情有很多独到的见解。我们还要感谢玉溪师范学院熊术新院长、许鲜明教授等对这次合作课题的大力支持。两校合作课题是一种新的模式,对高校教学科研的建设是有价值的。我们还要感谢泰国清莱皇家大学的松巴教授,他是研究人类学的,我们调查期间他一直与我们一起下村寨调查,并主动地、不辞劳苦地在崎岖的山路上为我们驾车。

我们愿把这本书献给羊街乡的各族乡亲们,祝他们在现代化进程中飞得更高,过上更好的日子。

戴 庆 厦
2008年1月20日
于羊街乡